校企合作汽车专业系列丛书

互联网+创新型“十四五”精品教材

新能源汽车使用与检查

（微课版）

主　编　高鹏堂　鄂英子　张　奎
副主编　曾国梁　赵海军　邹宏图　廖　周
王芳芳　宋小彦　陈雄胜

哈爾濱工程大學出版社
Harbin Engineering University Press

内 容 简 介

本书内容新颖、知识面广、结构合理、实用性强，将内容与教学方法相融合。本书共七个项目，主要包括新能源汽车概述、新能源汽车购置与服务、纯电动汽车、混合动力汽车、燃料电池电动汽车、新能源汽车底盘系统维护、汽车整车控制系统。

本书既可作为应用型本科、职业院校汽车专业的通用教材，也可作为汽车修理厂、汽车类相关专业人员的参考用书。

图书在版编目（CIP）数据

新能源汽车使用与检查 ： 微课版 / 高鹏堂，鄂英子，张奎主编. —哈尔滨 ： 哈尔滨工程大学出版社，2024.5

ISBN 978-7-5661-4378-5

I. ①新… II. ①高… ②鄂… ③张… III. ①新能源－汽车－使用方法②新能源－汽车－车辆检修 IV. ①U469.7

中国国家版本馆 CIP 数据核字（2024）第 094053 号

新能源汽车使用与检查（微课版）

XINNENGYUAN QICHE SHIYONG YU JIANCHA（WEIKE BAN）

策划编辑 张林峰
责任编辑 章银武

出版发行 哈尔滨工程大学出版社
社　　址 哈尔滨市南岗区南通大街 145 号
邮政编码 150001
发行电话 0451-82519328
传　　真 0451-82519699
经　　销 新华书店
印　　刷 唐山唐文印刷有限公司
开　　本 889 mm×1 194 mm　1/16
印　　张 12.5
字　　数 360 千字
版　　次 2024 年 5 月第 1 版
印　　次 2024 年 5 月第 1 次印刷
书　　号 ISBN 978-7-5661-4378-5
定　　价 49.80 元

http://www.hrbeupress.com
E-mail:heupress@hrbeu.edu.cn

前　言

党的二十大报告指出，“坚持尊重劳动、尊重知识、尊重人才、尊重创造，实施更加积极、更加开放、更加有效的人才政策”“着力形成人才国际竞争的比较优势”“深化人才发展体制机制改革……把各方面优秀人才集聚到党和人民事业中来”。

近年来，新能源汽车发展迅猛，国家对其政策扶植力度也有增无减。随着新能源汽车在汽车领域的产业化发展，对新能源汽车的安全维护、使用、检测与维修等方面的专业技术人才的需求也会逐步扩大。

为满足相关专业职业教育的迫切需求，我们组织新能源汽车一线培训专家、维修技师、职教专家及职业院校资深教师，联合编写了本书。本书主要从学生所必备的基础技能出发，使学生快速掌握新能源汽车使用与检查方面的相关知识和技能，并具备实际操作能力和工作能力。

本书以学生就业为导向，从实用性人才培养原则出发，内容全面、重点突出、资料丰富、数据准确、层次分明。在理论体系、组织结构和文字论述方面均有新的尝试，能够满足新能源汽车技术领域培养实用型高素质人才的需要。

本书由高鹏堂（武威职业学院）、鄂英子（齐齐哈尔高等师范专科学校）、张奎（杭州电子科技大学）担任主编，由曾国梁（永州职业技术学院）、赵海军（郑州市国防科技学校）、邹宏图（泰安技师学院）、廖周（深圳市携创高级技工学校）、王芳芳（烟台汽车工程职业学院）、宋小彦（广东省农工商职业技术学校）、陈雄胜（广州市华风高级技工学校）担任副主编。本书的相关资料和售后服务可扫描封底微信二维码或登录 www.bjzzwh.com 下载获得。

在本书编写过程中，编者引用了大量原厂手册及文献资料，在此向原作者们表示衷心的感谢！由于新能源汽车领域的技术日新月异，同时编者的知识和能力也存在不足，书中难免存在疏漏之处，敬请读者及时反馈，以便后期修订。

编　者

目 录 CONTENTS

项目一

新能源汽车概述

项目概述

新能源汽车已成为当今汽车发展的一个主流方向，不仅仅降低了用车成本，同时对环境治理也起到了至关重要的作用。本项目介绍新能源汽车的概念及检测用具，包含以下三个任务。

任务一：汽车维护与保养概论。

任务二：新能源汽车高压安全与防护。

任务三：常用检测仪器设备使用。

通过以上三个任务的学习，能够掌握新能源汽车系统结构组成，正确操作新能源汽车，了解新能源汽车检修仪器。

学习目标

知识目标

◆了解新能源汽车的概念、发展及特点。

◆熟悉新能源汽车高压安全。

能力目标

◆能够简单运用各种检测仪器。

◆能够简述新能源汽车的发展过程。

素质目标

◆培养学生勇于负责、敢于创新、敢于承担风险的精神。

◆提升学生全面思考能力，增强学生逻辑思维。

思政目标

◆通过了解新能源汽车，引导学生深刻认识到“可持续发展战略”的重要性，知晓碳中和的重要意义。

◆提升学生专业素质，增强学生民族自豪感。

任务工单

1. 寻找成员

以 3 ～ 5 人为一组，选出组长并进行任务分工，将小组成员及分工情况填入表 1-1 中。

表 1-1 小组成员及分工情况

班级： 组号： 指导教师：

小组成员	姓名	学号	任务分工
组长			
组员			

2. 制订计划

（1）查阅相关资料，制订工作计划，并将其填入表 1-2 中。

表 1-2 工作计划

序号	工作内容	负责人

（2）将操作过程中所需的工具和耗材等填入表 1-3。

表 1-3 操作过程中所需的工具和耗材等清单

序号	名称	型号与规格	单位	数量	备注

3. 进行决策

（1）小组成员针对各自的工作计划展开讨论，并选出最佳工作计划。

（2）指导教师根据各小组提交的工作计划给出评价。

（3）各小组成员根据指导教师的评价对工作计划进行调整，调整合格后的工作计划即为最终实施方案。

4. 工作实施

根据最终实施方案，认识新能源汽车维护的主要作业项目及其位置。按实际操作过程，将实施内容、遇到的问题及解决办法等填入表 1–4 中。

表 1–4　工作实施过程记录表

序号	实施内容	遇到的问题及解决办法	结果

5. 考核评价

各组展示任务完成情况，并完成表 1–5 所示的考核评价表。

表 1–5　考核评价表

项目名称	评价内容	满分 / 分	评分 / 分		
			自评	互评	师评
职业素养考核项目 40%	穿戴规范、整洁	6			
	安全意识、责任意识及服从意识强	6			
	积极参加教学活动，按时完成任务工单	10			
	团队合作、沟通交流能力强	6			
	劳动纪律良好	6			
	维护场地、设备及工具等干净整洁	6			
专业能力考核项目 60%	了解新能源汽车历史	12			
	明确新能源汽车产业发展趋势	18			
	掌握个人防护用具的使用	12			
	掌握常用检测仪器的使用方法	18			
合计		100			
总评	自评（20%）＋互评（20%）＋师评（60%）＝	综合等级	指导教师（签名）：		

任务一　汽车维护与保养基本知识

一、新能源汽车的发展历史

（一）国外新能源汽车的发展

新能源汽车

纯电动汽车的起源比现在最常见的内燃机驱动的汽车要早。早在 1828 年，被称为直流电机之父的匈牙利发明家、工程师阿纽什·耶德利克（Ányos Jedlik）在实验室试验成功了电磁驱动的行动装置。1831 年法拉第（Faraday）发现了电磁感应定律，从而促进了电动机和发电机的发展，使电力交通成为可能。美国人托马斯·达文波特（Thomas Davenport）于 1834 年制造出第一辆直流电机驱动的搭载不可再充电电池的纯电动三轮车（图 1–1），因此托马斯于 1837 年获得美国电机行业的第一个专利。

图 1–1　第一辆纯电动三轮车

1832 年至 1838 年，苏格兰人罗伯特·安德森（Robert Anderson）发明了电驱动的马车，这是一辆使用不能充电的初级电池驱动的车辆。1838 年，苏格兰人罗伯特·戴维森（Robert Davidson）发明了电驱动的火车。1859 年，普莱德（Plante）的铅酸蓄电池研制成功；1874 年，萨洛蒙（Salomon）发明了由蓄电池驱动的电动三轮车；1881 年，真正的纯电动汽车由法国人古斯塔夫·特鲁夫（Gustave Trouve）制造问世，它采用铅酸蓄电池供电，由 0.1 hp 的直流电动机驱动。1899 年，德国人波尔舍（Ferdinand Porsche）发明了一台轮毂电动机，以替代当时在汽车上普遍使用的链条传动，随后开发了 Lohner–Porsche 电动车，该车采用铅酸蓄电池作为动力源，由前轮内的轮毂电动机直接驱动，这也是第一部以保时捷命名的汽车。

此后三四十年间，纯电动汽车在当时的汽车发展中占据着重要位置。据统计，截至 1890 年在全世界 4 200 辆汽车中，有 38% 为纯电动汽车，40% 为蒸汽汽车，22% 为内燃机汽车。

1899 年和 1900 年，纯电动汽车的销量要比其他类型汽车的销量都要好。实际上，根据全美人口调查局的调查显示，1900 年，纯电动汽车生产量占到美国汽车总产量的 28%，所出售的纯电动汽车总价值超过了当年汽油汽车和蒸汽汽车价值的总和。

在石油大量开发和内燃机技术提高的同时，电池技术的局限性导致纯电动汽车成本难以下降。1912 年，美国一款电动敞篷车的售价高达 1 750 美元，而一款燃油汽车售价仅有 650 美元；同时交通路网的快速建设完成，要求车辆行驶速度更快、续航里程更长，而这也恰好是纯电动汽车的缺陷。因为当时没有晶体管技术，电动汽车的性能受到限制，极速大约只有 32 km/h，而当时内燃机汽车的速度就已经超过 100 km/h，所以靠电力驱动的汽车逐渐退出市场，只是在少数城市保留着很少的有轨电车和无轨电车。在我国，随着城市建设的发展，曾经真正环保、在城市公交中起到重要作用的电车，也由于种种原因基本退出了。但与此相反的是在轨道交通方面，电力驱动得到了飞速发展。

在石油资源枯竭来临、大气污染问题开始受到关注的今天，各主要汽车生产厂家又重新把目光聚焦到了纯电动汽车，开始投入资金和技术在纯电动汽车领域进行研发和试制。20 世纪 60 年代，第一大汽车生产制造企业——通用汽车公司，投资 1 500 万美元开发出了 Electrovair 和 Electrovan 两款纯电动汽车。在 1990 年 1 月的洛杉矶汽车展上，通用汽车总裁向全球推介 Impact 纯电动轿车；1993 年，Impact3 开始进行批量生产；1995 年，通用 EV1 开始商业化生产，EV1 最高时速可达 128 km/h，从静止加速到 96 km/h 只需 9 s，一次充电可行驶 144 km。

后来，通用电气公司和福特汽车公司联合开发出 EXE- Ⅰ、EXE- Ⅱ纯电动汽车，以及福特自己生产的 ThinkCity。丰田的 RAV4 LEV 由于使用了镍氢电池，一次充电可行驶 200 km，零售价 4.2 万美元 / 辆（同型的汽油车零售价为 2 万美元 / 辆），其中电池成本占整车成本的 40%。

1997 年，法国雷诺公司推出装备锂电池的标致 106 纯电动汽车；1998 年在日本和美国销售的 ALTRA 电动汽车采用锂电池，循环寿命长，可反复使用 1 200 次，续驶里程 124 km；大众汽车公司在第 18 届国际纯电动汽车展会上，推出的纯电动汽车采用了 300 kg 的充电电池，汽车在 12 s 内可从 0 km/h 加速到 100 km/h，最高车速 140 km/h；雷诺的 Clio 等也开始进行批量化生产，这些批量化生产的纯电动汽车采用的均是除铅酸蓄电池组以外的电池技术，安装的电机是交流感应电机或永磁同步电机。

真正让纯电动汽车重新回到公众视野的是新成立的 Tesla 汽车公司，于 2006 年发布的 Roadster 跑车（图 1–2（a）），该车车速从静止加速到 96 km/h 只要 3.9 s，每次充电可行驶 321 km。到 2011 年，新上市的 Roadster 的续航里程超过了 386 km，但售价超过 10 万美元。而真正让纯电动汽车走入大众家庭的是，2010 年在美国开始销售的日产纯电动汽车 Leaf（图 1–2（b）），其续航里程为 160 km，价格在 3 万美元左右，所以目前仍旧是全球销量最好的纯电动汽车。

（a）　　（b）

图 1–2　Tesla Roadster 跑车和日产纯电动汽车 Leaf

（二）国内新能源汽车的发展

当前我国新能源汽车的发展状况主要表现为：纯电动汽车技术成熟，已在特定区域推广应用；混合动力汽车技术渐趋完善，进入商业化推广阶段；燃料电池汽车技术处于新的突破前期，正在成为新的研发重点。

我国较早涉足新能源研究的大型汽车集团是一汽集团，从混合动力到插电式混动再到纯电动汽车研发，一汽集团在新能源技术方面积累了一定经验，并于 2010 年 8 月成立了新能源汽车分公司，目前纯电动汽车产品主要是奔腾 B50 EV 和森雅 M80 EV。东风集团也是国内较早研究新能源汽车技术的集团之一，其纯电动技术的研发始于“八五”期间，至今已历时近 30 年，除了以日产公司的聆风车型为原型，合资生产纯电动汽车启辰晨风外，目前东风风神 E30 和 E30 L 也已上市（图 1–3）。

（a）　　（b）

图 1–3　东风风神 E30 和 E30 L

2001 年，天津清源电动车辆有限责任公司，是由中国汽车技术研究中心、天津力神电池股份有限公司、天津蓝天电源公司、天津汽车工业（集团）有限公司共同投资组建，专门从事电动车辆整车及关键零部件的研究、开发、生产与经营。2008 年，清源公司曾投入巨资建成了国内第一条纯电动汽车整车生产线和纯电动汽车动力总成生产线。另外一家较早进入批量化生产纯电动汽车的是比亚迪股份有限公司，由于以研发生产电池起家，比亚迪在电池技术领域处于国际领先水平。比亚迪 e6 先行者是全球首款采用铁电池为动力的纯电动汽车，其搭载的电池为自主研发的铁电池。

2009 年，我国“十城千辆节能与新能源汽车示范推广应用工程”的开展和《新能源汽车生产企业及产品准入管理规则》的推出，开启了新能源汽车发展的新篇章。与国际电动汽车品牌相比，自主品牌电动汽车企业更侧重于从市场接受度出发，重点发展微型和小型电动汽车。奇瑞、江淮、吉利、长安、北汽等传统汽车制造企业开始陆续进行纯电动汽车的生产开发。

2009 年 11 月 14 日，北汽集团成立北京新能源汽车股份有限公司，专门生产新能源纯电动汽车，第一款产品为 E150 EV。北汽新能源 EV 系列有 EV160、EV200；ES 系列作为国家会议专用贵宾车有 ES210；EX 系列的有 EX200、EX260；EU 系列的有 EU260 等。普通家用车的 EC 系列 EC180，物流车有威旺 306 EV、威旺 307 EV，这些系列成为纯电动汽车的引领者。

在国产纯电动汽车中，吉利众泰的知豆和吉利的康迪（图 1–4）是较早使用换电池模式的，主要在杭州电动出租车领域推行。这些电动出租车统一采用“国家电网”标准电池，采取“换电”能源供给模式，即购置电动出租车不需要购买电池，而是向杭州纯电动汽车服务公司长期租用电池及成套换电服务，租金按物价部门批准的 0.5 元 /km 的价格标准支付。后来，为了在其他地区开拓市场，吉利也生产非换电模式的纯电动乘用车。

图 1–4　吉利康迪汽车

二、新能源汽车的定义

由于分类标准及使用目的不同，新能源汽车的定义和分类标准尚未统一。目前新能源汽车分为纯电动汽车（BEV）、插电式混合动力电动汽车（PHEV）、增程式电动汽车（REV）和燃料电池汽车（FCV）。我国新能源汽车的分类及定义主要有以下两个层面。

（一）专家层面定义

2009 年 7 月 1 日，我国正式实施了《新能源汽车生产企业及产品准入管理规则》，明确指出：新能源汽车是指采用非常规的车用燃料作为动力来源（或使用常规车用燃料、采用新型车载动力装置），综合车辆动力控制和驱动方面的先进技术，形成的技术原理先进、具有新技术、新结构的汽车。新能源汽车包括电动汽车、气体燃料汽车、生物燃料汽车、氢燃料汽车等。这个定义是国家发改委公告的定义，也被称为专家层面定义。

（二）国家战略层面定义

2012 年 7 月 9 日，由工业和信息化部牵头制定的《节能与新能源汽车产业发展规划（2012—2020 年）》正式发布，明确指出：新能源汽车是指采用新型动力系统，完全或主要依靠新型能源（如电能）驱动的汽车。将新能源汽车的范围定为插电式混合动力汽车、纯电动汽车，燃料电池汽车，而常规混合动力汽车为节能内燃机汽车。

插电式混合动力汽车（图 1–5）是一种配有充电插口和具备车载供电功能的纯电能驱动的电动乘用汽车，同时按要求最高车速不低于 100 km/h，纯电驱动模式下综合工况续驶里程不低于 50 km。但目前我国部分插电式混合动力汽车是在混合动力汽车上增加了一个插座，不是完全依靠纯电能驱动，而是双模或混合驱动。

图 1–5　插电式混合动力汽车

纯电动汽车是指以车载电池为动力源，用电机驱动车轮行驶，符合道路交通、安全法规和国家标准各项要求的乘用车辆，如图 1–6 所示。它不需要其他能量（如汽油、柴油等），可以通过家用电源（普通插座）、专用充电桩或者特定的充电场所进行充电，以满足日常的行驶需求。

图 1–6　纯电动汽车

燃料电池汽车是一种用车载燃料电池装置产生的电力作为动力的汽车，如图 1–7 所示。氢气和氧气通过化学作用，而不是经过燃烧，直接转变成电能动力。

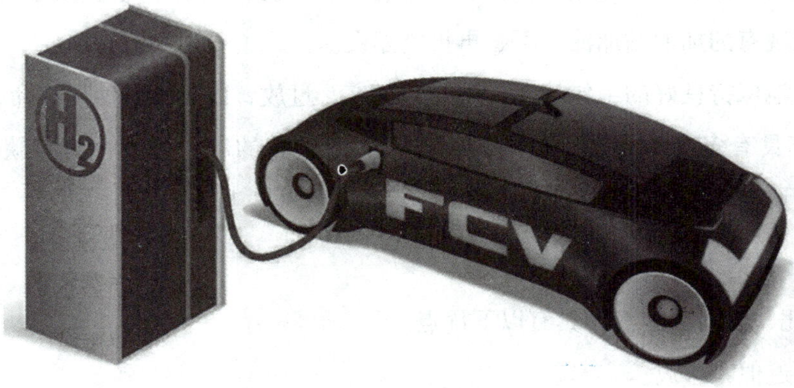

图 1–7　燃料电池汽车

节能汽车是指以内燃机为主要动力系统，通过应用先进技术手段使车辆油耗明显降低。传统的非插电式混合动力汽车被划归为节能汽车，不能享受新能源汽车的相关政策补贴。混合动力汽车是由发动机或电动机驱动的车辆，因此它免不了需要加油，通常能够行驶在纯电动模式、纯油模式，以及油电混合模式下。

混合动力汽车一般分为普通混合动力汽车、插电式混合动力汽车，以及增程式混合动力汽车。根据混合动力驱动的连接方式分为串联式混合动力汽车、并联式混合动力汽车和混联式混合动力汽车。根据在混合动力系统中电机的输出功率在整个系统输出功率中所占的比重，也就是混合度不同，混合动力系统还可以分为微混合动力系统（BSG 系统，发电起动一体式电动机或加强型起动机）、轻混合动力系统（ISG 系统，混合度一般在 20% 以下）、中混合动力系统（ISG 系统高压电机，混合度一般在 30% 左右）、完全混合动力系统（可纯电行驶，混合度超过 50%）。

三、新能源汽车特点

（一）纯电动汽车

从外观和内饰方面对比，纯电动汽车和传统汽车相差并不大，两者的核心区别是：电动机取代发动机。纯电动汽车具有很多优点：结构简单，使用维修方便；能量转换效率高；易实现制动能量回收，提高能量利用效率；无污染，噪声小；使用成本低；可在夜间利用电网廉价的“谷电”，而且纯电动汽车的转矩输出性能十分优秀。

（二）插电式混合动力汽车

插电式混合动力汽车具有以下优点。

（1）采用混合动力后可按平均需用功率来确定内燃机的最大功率，发动机相对较小，此时处于油耗低、污染少的最优工况下工作。由于内燃机可持续工作，电池又可以不断充电，故其行程和普通汽车一样。

（2）因为有了电池，所以可以十分方便地回收下坡时的动能。

（3）在繁华市区，可关停内燃机，由电池单独驱动，实现零排放。

（4）有了内燃机可以十分方便地解决耗能大的空调、取暖、除霜等纯电动汽车遇到的难题。

（5）可以利用现有的加油站加油，不必再投资建设。

（6）可以让电池保持良好的工作状态，不发生过充、过放，以延长其使用寿命，降低成本。

（7）由于整车具有多个动力源，可同时工作，因此整车的动力性能优良。缺点是系统结构相对复杂、长距离高速行驶省油效果不明显。

（三）燃料电池汽车

与传统汽车相比，燃料电池汽车具有以下优点。

（1）零排放或近似零排放。

（2）减少了机油泄漏可能引起的水污染问题。

（3）降低了温室气体的排放。

（4）燃料电池的转化效率高（60% 左右），整车燃油经济性良好。

（5）运行平稳、无噪声。

（四）氢动力汽车

氢动力汽车优点是排放物是纯水，行驶时不产生任何污染物。氢动力汽车缺点是氢燃料成本过高，而且氢燃料的存储和运输按照技术条件来说非常困难，因为氢分子非常小，极易透过储藏装置的外壳逃逸。

另外，氢气的提取需要通过电解水或者利用天然气，如此一来同样需要消耗大量能源，除非使用核电来提取，否则无法从根本上降低二氧化碳的排放。

（五）超级电容汽车

超级电容汽车优点是充电时间短、功率密度大、容量大、使用寿命长、免维护、经济环保等。超级电容汽车缺点是能量密度低，很难满足整车需求，故一般作为辅助蓄能器；功率输出随着行驶里程加长而衰减等。

四、新能源汽车产业发展现状

新能源汽车产业是从事新能源汽车生产与应用的行业，包括新能源汽车整车制造企业、新能源汽车总成制造企业和新能源汽车服务企业。新能源汽车产业链，如图 1-8 所示。上游是原材料（如动力蓄电池正负极材料、隔膜、电解液等）生产行业；中游是总成（如电机系统、电池系统、电控系统等）制造行业；下游是整车制造行业，充电设施、汽车租赁等属于新能源汽车后服务行业。

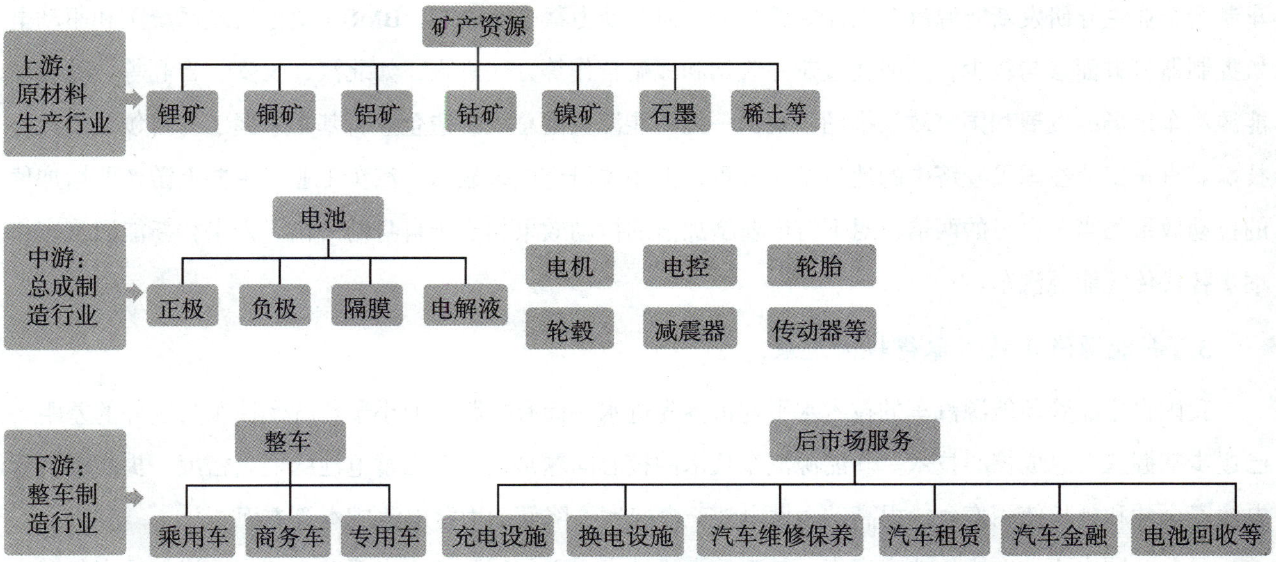

图 1–8　新能源汽车产业链

1. 新能源汽车产业规模迅速增长

据不完全统计，2023 年，全国新能源汽车产销量分别为 958.7 万辆和 949.5 万辆。图 1–9 为 2015—2025 年全国新能源汽车渗透率预测，随着全国疫情的过去，国内经济开始迅速回升，新能源汽车渗透率将会迅速扩大。

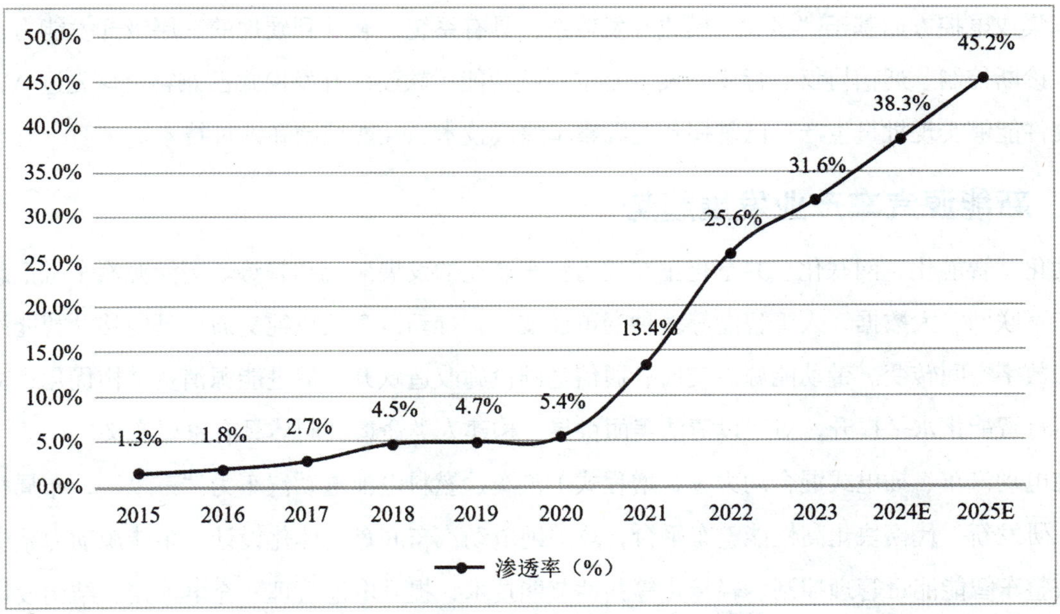

图 1–9　2015—2025 年全国新能源汽车渗透率预测（%）

2. 新能源汽车产业链长、带动效应强

新能源汽车产业链包括制造端、销售服务端、配套基础设施端等。新能源整车制造企业多为传统燃油汽车企业的一个事业部或子公司，除了涉及新能源汽车动力蓄电池、驱动电机、新能源电控的部门，其他生产与研发部门都与传统燃油车型共用，如中国长安汽车集团和安徽江淮汽车集团等。各新能源整

车制造企业主导研发新能源汽车电控集成技术，但对动力蓄电池电芯、BMS（电池管理系统）和驱动电机控制器等方面参与较少，一般通过兼并收购和战略合作等方式进入，如北汽、长安、吉利等。随着新能源汽车市场的发展和国家政策推动，我国一批新能源关键总成制造企业，基本掌握了各自领域的核心技术。汽车工业在国民经济中的地位举足轻重，据相关研究成果显示，汽车工业对主要上游产业增加值的拉动效果相当于自身的两倍，对下游产业增加值的拉动效果相当于自身的一倍。未来，新能源汽车将逐步替代传统能源汽车。

3. 新能源汽车技术取得较大进展

我国自主品牌新能源汽车的技术水平与世界先进水平尚有差距，但小于传统燃油车与国外的差距，已逐步掌握三大总成核心技术。新能源汽车技术的核心问题是提升动力蓄电池的能量密度、提高动力蓄电池安全性和延长使用寿命、提高动力蓄电池充电速度、降低动力蓄电池成本等方面。

目前，国内驱动电机的功率密度、效率等电机技术水平与国际技术水平基本相当，峰值功率密度为2.8 ～ 3.0 kW/kg、连续功率密度为1.2 ～ 1.6 kW/kg。我国电池技术方面，在某些领域接近了国际水平。磷酸铁锂电池单体能量密度从2007年的90 W·h/kg提高到接近140 W·h/kg。三元材料混合锰酸锂材料的电池单体能量密度达到180 W·h/kg，与国际水平基本同步，电池系统价格从2007年5元／（W·h）降至3元／（W·h）以下。功率型电池比功率最高达3 000 W/kg，与国际先进水平相当。钛酸锂电池基本解决了气胀问题。

整车集成电控方面基于“多V”模式开发体系，具有系统、软件到硬件的三层级开发能力；具备功能安全、诊断控制、通信协议、标定开发等基本系统功能；软硬件开发模式已兼容全球先进AUTOSAR体系，硬件能够实现批量生产；已掌握新能源整车集成技术、性能控制和评价技术。

五、新能源汽车产业发展趋势

电动化、智能化、网联化、共享化正在成为汽车产业的发展潮流和趋势。新能源汽车融汇新能源、新材料和互联网、大数据、人工智能等多种变革性技术，推动汽车从单纯交通工具向移动智能终端、储能单元和数字空间转变。带动能源、交通、通信基础设施改造跃升，促进能源消费结构优化、交通体系和城市运行智能化水平提升，对建设清洁美丽世界、构建人类命运共同体具有重要意义。

以纯电动汽车、插电式混合动力（含增程式）汽车、燃料电池电动汽车为“三纵”，布局整车技术创新链。研发新一代模块化高性能整车平台，攻关纯电动汽车底盘一体化设计、多能源动力系统集成技术，突破整车智能能量管理控制、轻量化等共性节能技术，提升电池管理、充电连接、结构设计等安全技术水平，提高新能源汽车整车综合性能。

以动力蓄电池与管理系统、驱动电机与电力电子、网联化与智能化技术为“三横”，构建关键零部件技术供给体系。开展先进模块化动力蓄电池与燃料电池系统技术攻关，探索新一代车用电机驱动系统解决方案，加强智能网联汽车关键零部件及系统开发，突破计算和控制基础平台技术、氢燃料电池汽车应用支撑技术等瓶颈，提升基础关键技术、先进基础工艺、基础核心零部件、关键基础材料等研发能力。

预计到 2025 年，我国新能源汽车市场竞争力将明显增强，动力蓄电池、驱动电机、车用操作系统等关键技术将取得重大突破，安全水平将全面提升。纯电动乘用车新车平均电耗降至 12.0 kW·h/100 km，新能源汽车新车销售量达到汽车新车销售总量的 20% 左右，高度自动驾驶汽车实现限定区域和特定场景商业化应用，充换电服务便利性显著提高。

经过多年的持续努力，我国新能源汽车核心技术将达到国际先进水平，质量具备较强国际竞争力。纯电动汽车成为新销售车辆的主流，公共领域用车全面电动化，燃料电池汽车实现商业化应用，高度自动驾驶汽车实现规模化应用，充换电服务网络便捷高效，氢燃料供给体系建设稳步推进，有效促进节能减排水平和社会运行效率的提升。

六、新能源汽车产业面临的挑战

2015 年以来，新能源汽车产销量、保有量连续五年居世界首位。但是，我国新能源汽车发展还面临核心技术创新能力不强、质量保障体系有待完善、基础设施建设仍显滞后、产业生态尚不健全等问题。

1. 锂电池的安全性及续驶里程备受公众关注与质疑

近年来，新能源汽车动力蓄电池发生自燃或爆炸、冬季续驶里程下降严重等问题备受市场关注。锂电池技术水平决定了一辆新能源汽车的主要性能。新能源汽车动力锂电池的能量密度与安全性的对立、充电速度与循环寿命的对立问题是发展新能源汽车技术的关键。正极材料是锂电池四大材料之一，占电池成本的 20% ～ 30%，是决定电池安全、性能、成本和寿命的关键材料。

锂电池生产厂商需要突破电池技术，大力开展正负极材料、电解液、隔膜、膜电极等关键核心技术研究，加强高强度、轻量化、高安全、低成本、长寿命的动力蓄电池和燃料电池系统短板技术攻关，加快固态动力蓄电池技术研发及产业化。

2. 充电网络的建设速度不及预期

充电桩故障损坏、充电桩车位遭传统车辆侵占、充电桩数量不足等问题仍将制约新能源汽车的放量增长并严重影响新能源车主的使用感受。

当前，还需完善基础设施体系，加快充换电基础设施建设。科学布局充换电基础设施，加强与城乡建设规划、电网规划及物业管理、城市停车等的统筹协调。依托“互联网＋”智慧能源，提升智能化水平，积极推广智能有序慢充为主、应急快充为辅的居民区充电服务模式，加快形成适度超前、快充为主、慢充为辅的高速公路和城乡公共充电网络，鼓励开展换电模式应用，加强智能有序充电、大功率充电、无线充电等新型充电技术研发，提高充电便利性和产品可靠性。

结合老旧小区改造、城市更新等工作，引导多方联合开展充电设施建设运营，支持居民区多车一桩、邻近车位共享等合作模式发展。鼓励充电场站与商业地产相结合，建设停车充电一体化服务设施，提升公共场所充电服务能力，拓展增值服务。完善充电设施保险制度，降低企业运营和用户使用风险。

3. 新能源技术与工厂技术深度融合

智能化和网联化技术在新能源汽车上的大量运用，使新能源汽车技术与 IT 技术深度融合，新能源汽车专业人才需要掌握大量的 IT 知识与技术，使得新能源汽车专业学科跨度大，汽车技术课程、轻量化技术课程、电气化课程、IT 技术课程的复合程度高。

任务二　新能源汽车高压安全与防护

一、新能源汽车高压系统及高低压标准

具有高压系统是新能源汽车与传统汽车的最大区别之一，如图 1–10 所示。我国国家标准 GB 18384—2020《电动汽车安全要求第 3 部分：人员触电防护》中，根据最大工作电压 U，对电气元件或电路分为 A 级和 B 级，见表 1–6。A 级为低压，不要求提供触电防护；B 级为高压，对于任何 B 级电压电路的带电部件，都应为人员提供危险接触的防护。

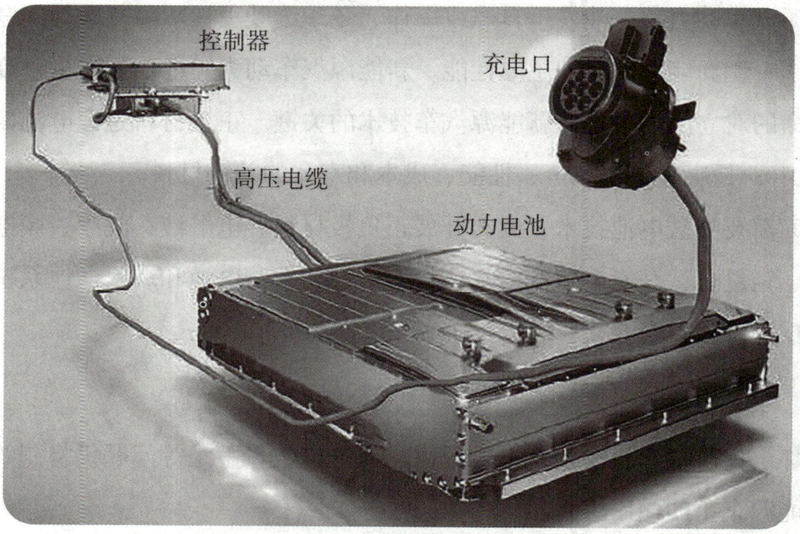

图 1–10　新能源汽车高压系统

表 1–6　电路的电压等级　（单位：V）

电压等级	最大工作电压	
	直流	交流
A	0 < U ≤ 60	0 < U ≤ 30
B	60 < U ≤ 1 500	30 < U ≤ 1 000

在车辆系统中，高压系统线束和插头均为橙色。吉利 EV450 纯电动汽车高压系统包括动力蓄电池、电机控制器（集成 DC–DC 变换器）、车载充电机（集成高压配电盒）、驱动电机等高压部件及其连接高压部件的高压线束，还有电动空调压缩机、PTC 加热器等高压附件及其线束。上述所有电气部件或线束，工作电压均高于直流 60 V 和交流 30 V，在带电作业时必须采取防护措施。

二、高压危害

高电压之所以危险，是因为人体的肌肉、皮肤以及血管中的血液都可以导电，当高电压加载到人体后，在人体内会形成电流。触电电流对人体的伤害是多方面的。根据伤害的性质不同，触电可分为电伤和电击两种。

电伤是指由于电流的热效应、化学效应和机械效应对人体的外表造成的局部伤害，如电灼伤、电烙印和皮肤金属化等。电击是指电流流过人体内部造成人体内部器官的伤害。电击使人致死的原因有以下三方面。

（1）流过心脏的电流过大、持续时间过长引起“心室纤维性颤动”而致死，如图 1–11 所示。

（2）电流作用使人窒息而死亡。

（3）电流作用使心脏停止跳动而死亡。

发生触电事故后，务必请医生治疗，检查身体所有的功能是否正常，有可能在数日之后才会出现后续伤害。

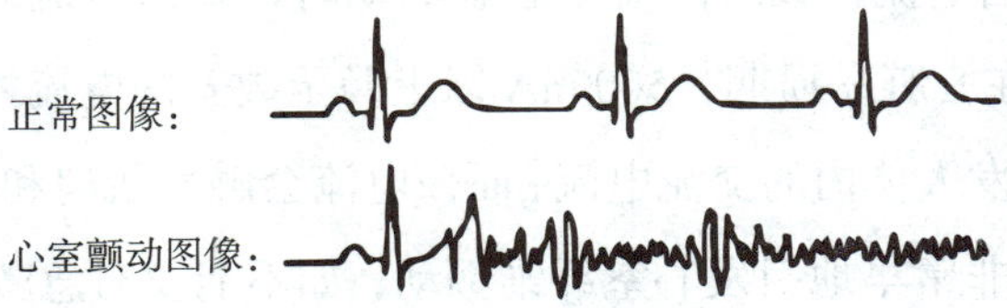

图 1–11　心室颤动

通过人体的电流所引发的后果取决于接触位置电压的强度、电流的强度、电流的持续时间、电流的路径（最糟的情况是通过心脏）和电流的频率。通过人体的电流可分为感知电流、摆脱电流和致命电流三类。根据德国和卢森堡电气装置安全标准 VDE0100 第 410 部分内容，对身体有害电流进行了四个强度级别划分，四个强度表明电击持续时间与危险性大小有关，具体如图 1–12 所示。

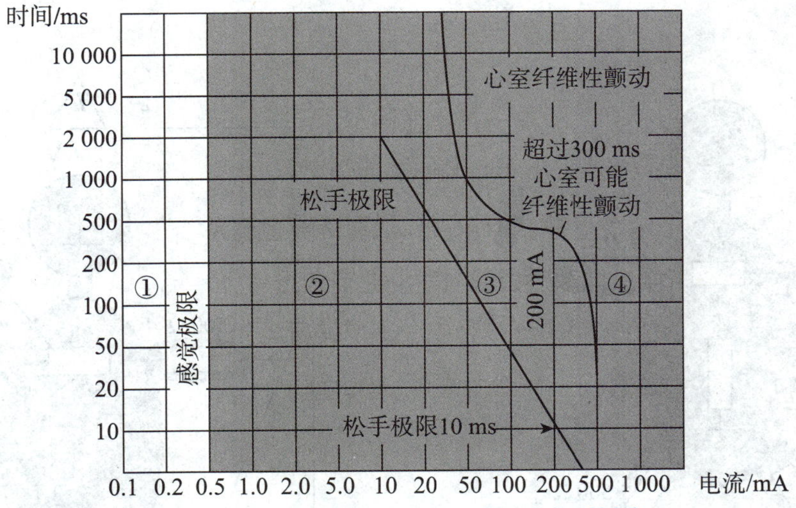

图 1–12　对身体有害电流的四个强度级别划分

1. 感知电流

感知电流是指电流流过人体时可引起感觉的最小电流。感知电流的最小值称为感知阈值。成年男性平均感知电流约为 1.1 mA（有效值），成年女性平均感知电流约为 0.7 mA。图 1–12 中在强度范围①内，电流为 0.1 ～ 0.5 mA，对人体无影响；在强度范围②内，电流为 0.5 ～ 2 mA 时，人体能感觉到电流；电流为 3 ～ 5 mA 时，人体开始有痛感。

2. 摆脱电流

摆脱电流是指人在触电后能够自行摆脱带电体的最大电流。成年男性平均摆脱电流约为 16 mA，成年女性平均摆脱电流约为 10.5 mA，儿童的摆脱电流较成人要小。图 1–12 中，在强度范围②内，电流为 10 ～ 20 mA 时，开始麻木，达到松手极限值，即摆脱阈值，它会触发身体挛缩。这时人无法摆脱电源，电流的作用时长会因此显著延长。

3. 致命电流

致命电流是指在短时间内危及生命的最小电流，其最小电流即致命阈值。致命电流与电流持续时间关系密切，如图 1–12 中的强度范围③和强度范围④所示。当电流持续时间超过心脏周期（约 0.8 s）时，致命电流仅为 50 mA 左右。当电流持续时间短于心脏周期时，致命电流为数百毫安。当电流持续时间小于 0.1 s 时，只有电击发生在心脏易损期，500 mA 以上乃至数安的电流才能够引起心室颤动。

需注意的是，交流电压引发人体内的交流电流，而该电流会触发肌肉和心脏颤动。交流电压的频率越低，其危险性越大。交流电会非常早地引发心室纤维颤动，如不能及时急救伤者，伤者就会有生命危险。

电流路径及人体不同部位的等效电阻值，如图 1–13 所示。该电阻值的大小会受人员衣物的潮湿程度、皮肤湿度的影响而略有变化。如图 1–14 所示，当人体两手接触到一个 288 V 直流电压时，利用欧姆定律可以获得公式为

$$I=U/R=288\ \text{V}/1\ 080\ \Omega\approx 0.27\ \text{A}$$

由图 1–12 可知，人体通过 0.27 A 的电流，持续时间大约超过 0.2 s 就可能引发心室纤维性颤动，就会有生命危险。

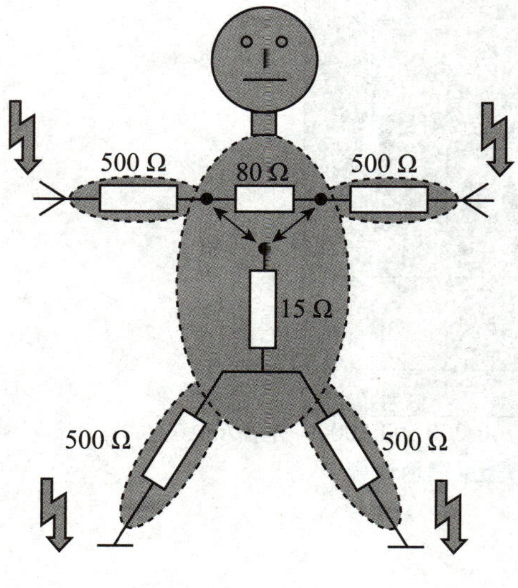

图 1–13　电流路径及人体不同部位的等效电阻值

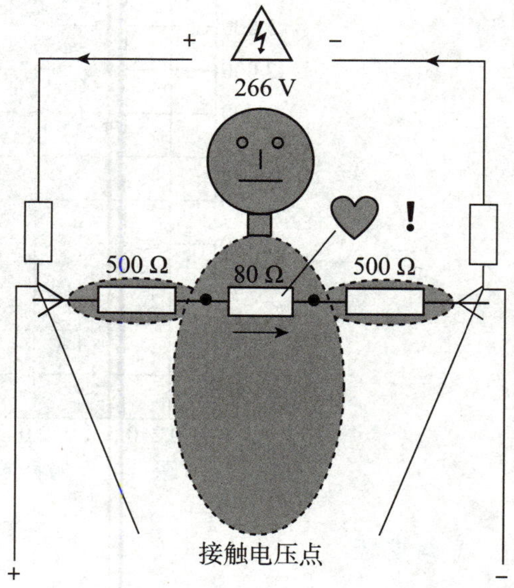

图 1–14　人体两手接触 288 V 直流电压

三、新能源汽车触电方式

如果新能源汽车用户和维修者对高压系统缺乏了解，在对车辆进行清洗或维护保养时很可能会发生触电，对人员造成伤害甚至发生人员死亡。所以在车辆的使用及维修过程中，要杜绝此现象发生。新能源汽车触电方式分为两类：一是车辆无绝缘故障情况下的触电；二是车辆存在绝缘故障情况下的触电，具体内容如下。

1. 车辆无绝缘故障情况下的触电

车辆无绝缘故障情况下，当身体（尤其是双手）同时触碰高压正、负极时会发生触电。采取的防护措施是佩戴绝缘手套。

2. 车辆存在绝缘故障情况下的触电

车辆不同部位发生绝缘故障，触电的发生条件是不同的，具体如下。

（1）车辆存在高压负极绝缘故障。如果车辆存在高压负极绝缘故障，当身体同时触碰高压正极和车身时会发生触电。

（2）车辆存在高压正极绝缘故障。如果车辆存在高压正极绝缘故障，当身体同时触碰高压负极和车身时会发生触电。

（3）车辆存在高压负极绝缘故障，且车身与大地连通。如果车辆存在高压负极绝缘故障，且车身与大地连通，当用户或维修人员脚与大地导通，身体触碰高压正极时会发生触电。

（4）车辆存在高压正极绝缘故障，且车身与大地连通。如果车辆存在高压正极绝缘故障，且车身与大地连通，当用户或维修人员脚与大地导通，身体触碰高压负极时会发生触电。

（5）车辆存在高压负极绝缘故障，雨天充电。如果车辆存在高压负极绝缘故障，且在雨天使用快充桩充电时，雨水会导致车身与大地连接，当用户或维修人员脚与大地导通，身体触碰快充正极时会发生触电。

（6）车辆存在高压正极绝缘故障，雨天充电。如果车辆存在高压正极绝缘故障，且在雨天使用快充桩充电时，雨水会导致车身与大地连接，当用户或维修人员脚与大地导通，身体触碰快充负极时会发生触电。为了避免以上事故的发生，可采取的防护措施是佩戴绝缘手套，穿绝缘服和绝缘鞋。充电桩的220 V交流电或380 V动力电线束破损，充电时也有可能导致人员触电。

四、个人防护用具

对新能源汽车进行维修作业时，必须按照厂家维修手册的要求进行。为了防止作业时人的身体触碰到高压电，维修新能源汽车时需要佩戴个人防护用具。新能源汽车常用的个人高压防护用具包括绝缘手套、绝缘鞋、绝缘靴、绝缘服、防护眼镜、绝缘帽等。电气作业时应使用绝缘胶布覆盖所有的高压电线或端子。在电动车辆维修开关（也称维修塞）被拔出后，应使用绝缘胶布包住维修塞槽。

在进行任何有关高压组件或电路的操作时，需要使用橡胶制成的绝缘手套，绝缘手套可防止双手触碰到高压电，这些手套通常被认为是电工手套。按照我国国家标准GB/T 17622—2008《带电作业用绝缘手套》规定，绝缘手套电压等级共分 5 级：0 级绝缘手套的适用电压为 380 V，1 级绝缘手套的适用电压为 3 000 V，2 级绝缘手套的适用电压为 10 000 V，3 级绝缘手套的适用电压为 20 000 V，4 级绝缘手套的适用电压为 35 000 V。新能源汽车用绝缘手套耐压等级需在 1 级以上，绝缘手套使用时要先进行测漏检查。防护眼镜可防止腐蚀液体或电弧伤害眼睛。绝缘鞋可防止高压电通过大地与人体形成导电回路，主要适用于高压电力设备方面电工作业时作为辅助安全用具，在 1 kV 以下可作为基本安全用具。绝缘帽可以防止头部触碰到高压电。绝缘服可以防止身体触碰到高压电。

五、车间防护设备

新能源汽车常用的车间防护设备主要有防静电工作台、绝缘胶垫、灭火器、隔离带和车间警示标志等。

1. 防静电工作台

防静电工作台，如图 1–15 所示，在对新能源汽车电力电子部件或总成进行检测时，防静电工作台可防止静电击穿电力电子元器件。

2. 绝缘胶垫

绝缘胶垫又称为绝缘毯、绝缘垫、绝缘胶皮、绝缘垫片等，如图 1–16 所示。绝缘胶垫具有较大体积电阻率，耐电击穿，用于配电等工作场合的台面或铺地绝缘材料，起到一个绝缘的效果。

图 1–15　防静电工作台

图 1–16　绝缘胶垫

3. 灭火器

灭火器有干粉式灭火器、泡沫式灭火器及二氧化碳灭火器等。干粉式灭火器使用方便、有效期长，一般家庭使用的灭火器都是这一类型，如图 1–17 所示。它适用于扑救各种易燃、可燃液体和易燃、可燃气体火灾，以及电气设备火灾。泡沫式灭火器适用于扑救各种油类火灾和木材、纤维、橡胶等固体可燃物火灾；二氧化碳灭火器灭火性能高、毒性低、腐蚀性小、灭火后不留痕迹，使用比较方便，它适用于各种易燃、可燃液体和可燃气体火灾，还可扑救仪器仪表、图书档案和低压电气设备，以及 600 V 以下的电器初起火灾。

新能源汽车火灾是指纯电动汽车、油（气）电混合动力电动汽车、插电式混合动力电动汽车及其他新能源汽车，由于发生交通事故、自身设备故障或引燃等，导致车辆起火，造成人员伤亡和财产损失。当新能源汽车发生火灾时，应及时报警并根据现场情况救助被困人员。如果火势处于初起阶段，且有被困人员时，可使用干粉式灭火器对火势进行压制；当无被困人员时，可使用干粉式灭火器或二氧化碳灭火器对火势进行压制。

4. 隔离带

隔离带是将车辆高压电气系统的作业场地隔离，防止其他人员随意进入，起到隔离和警示的作用，如图 1–18 所示。

图 1–17　灭火器

图 1–18　隔离带

5. 车间警示标志

车间警示标志及含义如图 1–19 所示，提醒人员电气设备高压危险。

图 1–19　车间警示标志及含义

六、电动汽车维修作业安全

对新能源汽车高压系统进行检修，仅允许具备足够资质和知识的人员对车辆高压电气系统进行操作。根据相关的高压装置安全操作规程，新能源汽车维修作业安全操作，一般应遵循以下三点安全规程。

（1）断电：断开来自高压系统的电压。

（2）严防设备重新合闸：防止再次接通。

（3）验电：确保高压系统断电。

因此，对新能源汽车进行维修作业前，要先对车辆进行下电操作。不同车型下电步骤可能有所不同，下电前一定要详细阅读维修手册。

七、检修车辆高压系统时的注意事项

（1）所有橙色的线均带高压，可能危及生命。

（2）不得将喷水软管和高压清洗装置直接对准高压部件。

（3）高压插头上不可使用机油、润滑脂和触点清洗剂等。

（4）在高压导电部件附近进行检修工作时，必须先让系统下电。

（5）在进行焊接、月切削工具加工，以及用尖锐工具进行操作时，必须先让系统下电。

（6）所有松开了的高压插头必须严防进水和污物。

（7）损坏的导线必须予以更换。

（8）佩戴有电子或医学生命和健康维持装置的人（如佩戴心脏起搏器）不得检修高压系统。

（9）必须使用合适且经过认可的测量仪器。

（10）检修进水的高压系统时要非常小心。（潮湿的部件，尤其是带有融雪盐的部件是非常危险的。）

为了保证检修高压系统的安全，需要的辅助用具要有耐酸、耐压的绝缘手套，绝缘鞋，合适的高压防护工具，防护眼镜，绝缘盖布。

任务三　常用检测仪器设备使用

一、常用检测仪器设备介绍

1. 数字钳形表

数字钳形表分为直流钳形表、交流钳形表和交直流钳形表三种。交直流钳形表，如图 1-20 所示，该钳形表可测量直流 1 000 V 或交流 750 V、交直流 2 000 A 以下的电压和电流。

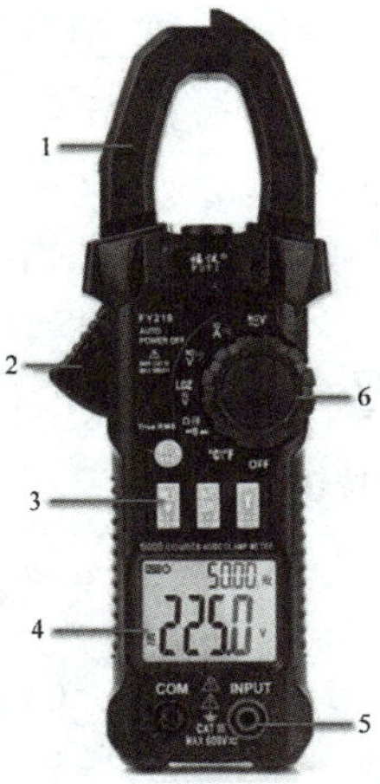

图 1–20　交直流钳形表

交直流钳形表可以进行交直流电流测量，也可以当作万用表使用，用来测量电路中的电压及电阻，以及测试电路的通断和测试二极管等。数字钳形表面板说明见表 1–7。

表 1–7　数字钳形表面板说明

序号	功能	序号	功能
1	钳头	4	LCD 显示窗
2	钳头扳动手柄	5	测量输入端
3	功能按键	6	功能量程选择转盘 / 电源开关

2. 绝缘电阻测试仪

绝缘电阻测试仪也称为兆欧表，是电工常用的一种测量仪表，以兆欧（MΩ）为单位。绝缘电阻测试仪主要用来检查电气设备、家用电器或电路对地及相间的绝缘电阻，以保证这些设备、电器和电路工作在正常状态，避免发生触电伤亡及设备损坏等事故。图 1–21 为绝缘电阻测试仪，常适用于变压器、电机、线缆、开关、电器等各种电气设备及绝缘材料的绝缘电阻测量，同时也可显示绝缘电阻电压的实际值 100 V、250 V、500 V、1 000 V，绝缘电阻测试高达 10 GΩ。由于绝缘测试时测试表笔输出高压电，因此进行绝缘测试时需要佩戴绝缘手套。绝缘电阻测试仪面板说明见表 1–8。

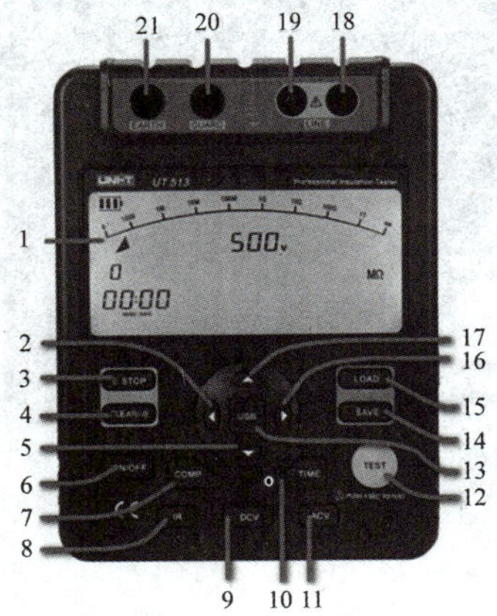

图 1–21　绝缘电阻测试仪

表 1–8　绝缘电阻测试仪面板说明

序号	功能	序号	功能
1	显示液晶屏	12	测试使用按钮
2	选择按钮	13	步进选择按钮
3	应急关机按钮	14	数据储存按钮
4	背光与数据清除按钮	15	读存储器按钮
5	选择按钮	16	选择按钮
6	电源开关按钮	17	选择按钮
7	比较功能按钮	18	LINE：电阻输入插孔
8	绝缘电阻测量按钮	19	COM：电压输入插孔
9	电压测量按钮	20	EARTH：电阻输出插孔
10	定时器按钮	21	V：电压输出插孔
11	低电阻测量按钮		

3. 示波器

示波器是一种用途十分广泛的电子测量仪器。它能把肉眼看不见的电信号变换成看得见的波形，便于人们研究各种电现象的变化过程。示波器有单通道示波器、双通道示波器和多通道示波器。利用示波器能观察各种不同信号幅度随时间变化的波形曲线，还可以用它测试各种不同的电量，如电压、电流、频率、相位差、调幅度等，手持式双通道示波器，如图 1–22 所示。手持式双通道示波器面板说明见表 1–9。

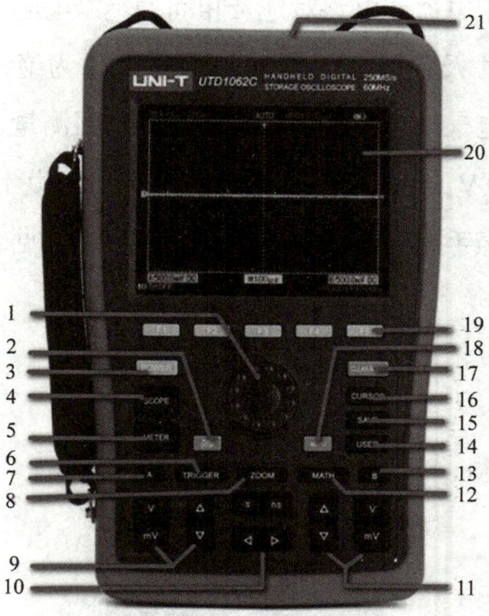

图 1–22　手持式双通道示波器

表 1–9　手持式双通道示波器面板说明

序号	功能	序号	功能
1	功能选择拨盘	12	数学运算功能按钮
2	运行 / 停止按钮	13	通道 B 选择按钮
3	电源开关按钮	14	辅助功能按钮
4	显示、获取方式和自动测量按钮	15	储存设置和屏幕复制按钮
5	万用表界面显示按钮	16	光标测量按钮
6	触发设置按钮	17	菜单隐藏按钮
7	通道 A 选择按钮	18	自动设置按钮
8	缩放按钮	19	菜单操作按钮
9	通道 A 垂直系统调节按钮	20	LCD 显示屏
10	水平系统调节按钮	21	测试端口
11	通道 B 垂直系统调节按钮		

4. 接地电阻测试仪

接地电阻测试仪是一种电阻测量装置，用于电力、邮电、铁路、通信、矿山等部门测量各种装置的接地电阻，以及测量低电阻的导体电阻值，还可以测量土壤电阻率及接地电压。如图 1–23 所示为接地电阻测试仪，接地电阻测试仪面板说明见表 1–10。

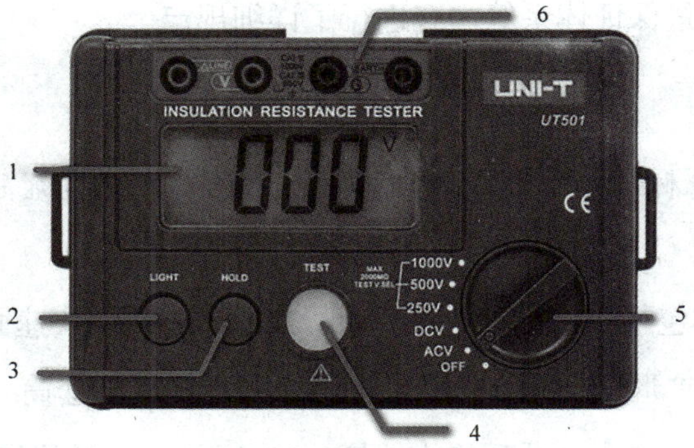

图 1–23　接地电阻测试仪

表 1–10　接地电阻测试仪面板说明

序号	功能	序号	功能
1	LCD 显示屏	4	TEST 键
2	LIGHT/LOAD 键	5	功能选择开关
3	HOLD/SAVE 键	6	测试端口

二、绝缘工具及安全使用

由于新能源汽车上的电压等级与传统汽车不同，在进行新能源汽车维护维修作业时，需要用满足绝缘等级要求的新能源汽车专用工具，如图 1–24 所示。

图 1–24　新能源汽车专用工具

1. 绝缘工具的定义

绝缘工具是指可在额定电压 AC1 000 V（交流电压）和 DC1 500 V（直流电压）的带电和近电工件或器件上进行维修作业的手工工具。标准中对绝缘工具领域的术语和定义、技术要求、试验、检验规则、标记、包装、运输与贮存和质量保证体系等内容进行了详细规定。

2. 绝缘工具依据的标准

我国于 2008 年制定了国家标准 GB/T18269—2008《交流 1 kV、直流 1.5 kV 及以下电压等级带电作业用绝缘手工工具》。

新能源汽车常用绝缘工具包括 1/2 公制六角套筒、12.5 mm 绝缘快速脱落棘轮扳手、12.5 mm 系列绝缘接杆、12.5 mm 系列绝缘 T 形柄、12.5 mm 系列绝缘内六角旋具套筒、10 mm 系列绝缘六角套筒、10 mm 绝缘快速脱落棘轮扳手、10 mm 系列绝缘接杆、3/8 in 绝缘廷长接杆、双色绝缘“一”字螺丝批、双色绝缘“十”字螺丝批、绝缘耐压斜嘴钳、绝缘耐压钢丝钳、绝缘耐压尖嘴钳、绝缘耐压活扳手、防护式 VDE 电缆剥线刀、呆绝缘扳手、梅花绝缘扳手，可将这些设备放在一个工具车中，作为新能源汽车专用工具车。

绝缘工具在使用时要注意以下事项。

（1）绝缘工具应避免高温烘烤，以防手柄或绝缘层变形。

（2）在使用或存放时应避免利器割裂绝缘层。

（3）在佩戴绝缘手套时，先佩戴一副面纱手套，用以吸附手汗，操作时在绝缘手套外再佩戴一副帆布手套或羊皮手套，以防导线或电缆的断口划破绝缘手套，从而导致电击。

（4）避免绝缘工具接触油类或溶剂类液体。

（5）绝缘工具应定期进行耐压试验。

三、新能源汽车故障诊断仪介绍

新能源汽车故障诊断仪与传统汽车故障诊断仪类似，通过故障诊断仪可以扫描全车计算机，实现故障码读取、故障码清除、数据流读取、匹配设置等功能，以帮助维修人员快速判断故障或进行相应设置。由于新能源汽车具有动力蓄电池、驱动电机、电机控制器等部件，新能源汽车故障诊断仪还要能够读取相应控制单元的信息，如读取动力蓄电池总电压、模组温度、单芯电池的电压及温度、直流母线电流、接触器状态、驱动电机相电流等信息。

新能源汽车专用故障诊断仪朗仁 PS90EV 如图 1–25 所示，该诊断仪适用于市面上大多数新能源汽车。

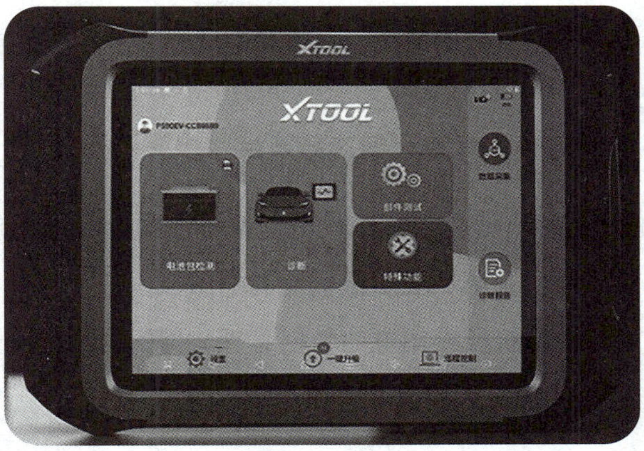

图 1–25　新能源汽车专用故障诊断仪朗仁 PS90EV

吉利纯电动汽车故障诊断仪，如图 1–26 所示，该诊断仪也可通过有线和无线两种方式连接，诊断软件初始界面，如图 1–27 所示。

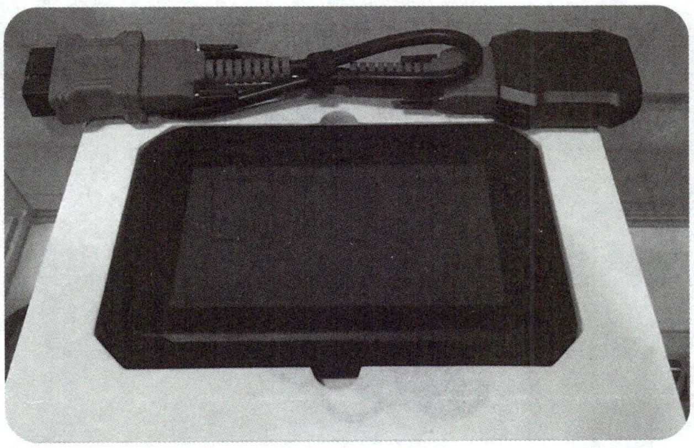

图 1–26　吉利纯电动汽车故障诊断仪

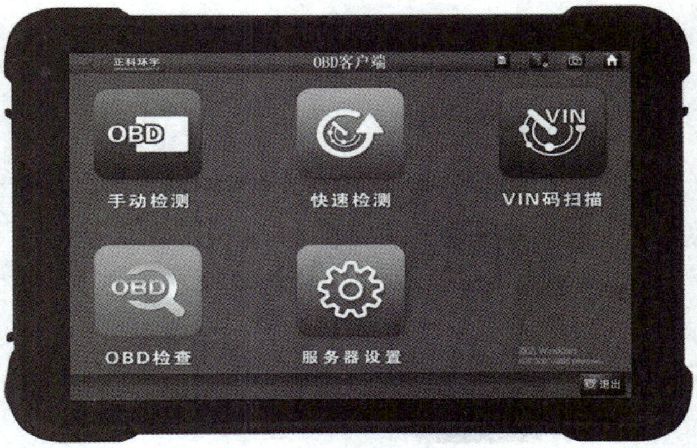

图 1–27　吉利纯电动汽车故障诊断仪诊断软件初始界面

四、其他检测仪器的介绍

1. 红外测温仪

红外测温仪就是将物体发出的不可见红外能量转变为可见的热图像。热图像上面的不同颜色代表被测物体的不同温度，如图 1–28 所示。温度往往是电气或机械设备发生故障的早期征兆。电气设备中的热点往往意味着短路、熔丝烧毁或过载。工作温度变高，就会破坏绝缘并且使导电材料的电阻升高，电气元件的使用寿命也会缩短。此外，机械设备中温度的升高可能预示着过载或需要润滑。

红外测温仪是一种非接触式测温仪，在新能源动力系统、制动系统、液压系统、牵引系统、传动系统、加热系统、精密加工等机械和动力场合应用广泛。

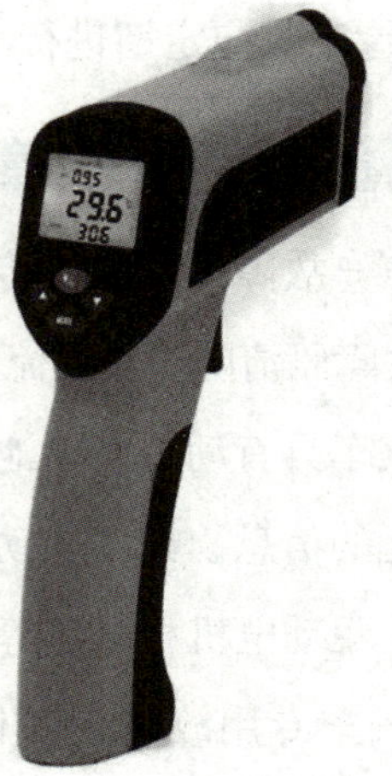

图 1–28　红外测温仪

2. 蓄电池内阻测试仪

蓄电池内阻测试仪能够精确测量蓄电池两端电压和内阻，并以此来判断蓄电池容量和技术状态的优劣，如图 1–29 所示。现在的智能蓄电池内阻测试仪既能准确测量蓄电池的健康状态和荷电状态以及连接电阻，通过在线方式还能显示并记录单节或多组电池的电压、内阻、容量等重要参数，精确有效地挑出技术状态不好的电池，并可与计算机及专用电池数据管理软件配合产生测试报告，跟踪电池的衰变趋势，并提供维护建议。

3. 直流高压放电工装

直流高压放电工装，如图 1–30 所示，其适用于 800 V 以下的电压，可用于汽车、电视等电压较高的电容放电。高压电容放电器放电时不分正负极，只要接触好电容两极即可。

图 1–29　蓄电池内阻测试仪

图 1–30　直流高压放电工装

五、数字钳形表的使用

1. 注意事项

（1）使用前请详细阅读该测量仪器的使用说明书。

（2）在裸露的导线或母线附近工作时要格外小心，与导线接触可发生触电。

（3）在危险带电导体外露的环境中，必须使用个人保护设备来防止触电和电弧放电的伤害。

（4）不要在钳形表终端及接地之间施加直流 1 000 V 或交流 750 V 以上电压，以防损坏钳形表。

（5）测量前功能开关必须置于正确位置，严禁在测量过程中转换挡位，以防损坏钳形表。

（6）不要测量高于允许输入值的电压或电流，在不能确定被测量值的范围时，须将功能量程开关置于最大量程位置。进行在线电阻、二极管或电路通断测量之前，必须先将电路中所有电源切断，并将所有电容器放电，否则会导致测量结果不准确。

（7）测量电流时，在确保钳口已闭合并且钳口内没有导线的情况下，按下归零按钮，对仪表进行归零，以保证测量数据准确。

（8）钳形表是利用霍尔效应原理来测量导线中的电流，因此，测量电流时，一次只能将一根导线放入钳口中，而且导线要在钳口的中央，以保证测量数据准确，如图 1–31 所示。

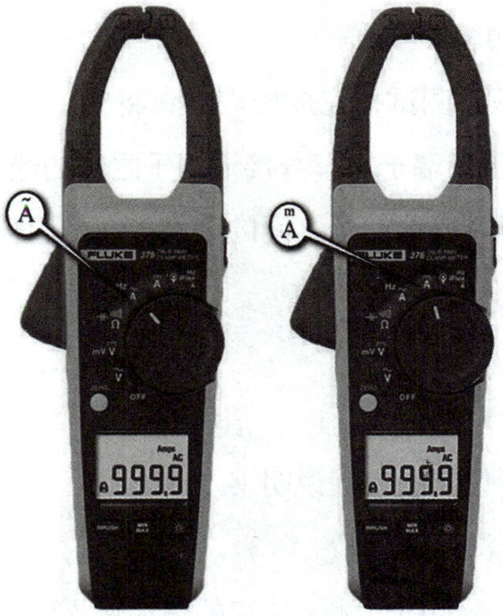

图 1–31　钳形表钳口测量交直流电流

2. 使用方法

下面以测量吉利 EV450 纯电动汽车蓄电池电压及继电器电阻为例，介绍用数字钳形表测量电压和电阻的使用方法。

（1）将钳形表旋钮调至直流电压档。

（2）将钳形表的红、黑表笔分别搭在蓄电池的正、负极上，测量蓄电池电压，电压为 12. 22 V。

（3）将钳形表旋钮调至电阻档，校表。

（4）测量继电器线圈电阻。

六、绝缘电阻测试仪的使用

1. 注意事项

（1）使用前请详细阅读该测量仪器的使用说明书。

（2）切勿测量交流 750 V 或直流 1 000 V 以上的电路。

（3）进行测量时，不可接触测试笔导电部位，不可触摸待测电路。

（4）进行绝缘电阻测试前，待测电路必须完全放电，并且与电源电路完全隔离。

（5）进行绝缘电阻测试时，由于绝缘电阻测试仪会输出高电压，所以需要佩戴绝缘手套，穿绝缘鞋。

2. 使用方法

下面以测量吉利 EV450 纯电动汽车慢充口正、负极端子与车身接地端子之间绝缘电阻为例，说明绝缘电阻测试仪的使用方法。

（1）将红测试线插在“LINE”插孔上，黑测试线插在“EARTH”插孔上，测试时正极电压是从 LINE 端输出的。

（2）根据被测系统的工作电压来选择测试电压，测试电压要大于工作电压。慢充口交流电压 220 V，绝缘电阻测试仪的测试电压选择 250 V。

（3）测试前进行开路测试和短路测试，完成校表后，将红、黑两个表笔分别搭在被测部位上，按下测试按钮开始测试，测量慢充口正极端子与车身接地端子之间的绝缘电阻，阻值为无穷大。

（4）测量慢充口负极端子与车身接地端子之间的绝缘电阻，阻值为无穷大。

七、示波器的使用

1. 注意事项

（1）使用前请详细阅读该测量仪器的使用说明书。

（2）要正确连接示波器的两个测量通道。

（3）进行测试时，测试点电压不要超过测量通道的最大输入电压，以免烧坏仪器或发生触电。

2. 使用方法

下面以测量吉利 EV450 纯电动汽车车载充电机 CAN 信号波形为例，介绍示波器的使用方法。

（1）连接通道 A 的测试线。

（2）断开蓄电池负极，断开车载充电机低压信号线束，找到 PCAN-L 信号端子，借助博世 208 适配线，将示波器探针正极连接到 54 号端子上，将示波器探针负极连接到车身搭铁上，如图 1-32 所示。

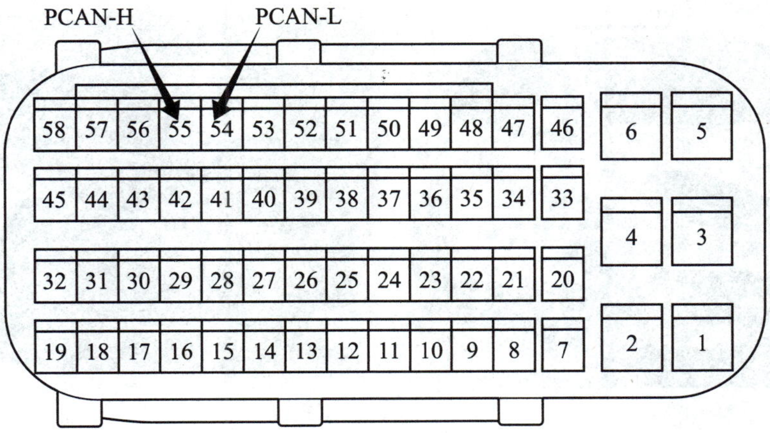

图 1–32　车载充电机线束插接器 PCAN–L 端子

（3）连接蓄电池负极，起动车辆，打开示波器电源开关，观察示波器屏幕波形，调节电压幅值和时间值直到波形适应窗口。

八、接地电阻测试仪的使用

1. 注意事项

（1）使用前请详细阅读该测量仪器的使用说明书。

（2）使用前要正确连接接地电阻测试仪的测试线。

（3）进行接地电阻测试时，测试仪会产生最高约 50 V 的交流电压，请勿接触测试线金属外露部分，并佩戴绝缘手套，以免触电。

2. 使用方法

下面以测量吉利 EV450 纯电动汽车车载充电机外壳接地电阻为例，介绍接地电阻测试仪的使用方法。

（1）连接接地电阻测试仪简易测试线，红色测试线两个插头分别连接 P 和 C 端口，绿色测试线插头连接 E 端口。

（2）旋钮旋至 2 Ω 挡位。

（3）将红色测试线夹在车载充电机外壳上，将绿色测试线夹在车身上，确保接触良好。

（4）按下红色 TEST 按钮进行测试，仪表显示车载充电机外壳接地电阻为 0.021 Ω。

项目实训

新能源汽车与传统汽车的区别

1. 车辆准备

准备大众高尔夫轿车、吉利 EV450 纯电动汽车各一辆，如图 1–33 所示。

（a）

（b）

图 1–33　大众高尔夫轿车与吉利 EV450 纯电动汽车

2. 实践操作

（1）找出纯电动汽车与传统汽车在能源方面的不同之处。

高尔夫轿车能源来自汽油，找到加油口；吉利 EV450 纯电动汽车的能源来自动力蓄电池，找到安装在车辆底部的动力蓄电池，找到慢充口和快充口。

（2）找出纯电动汽车与传统汽车在动力来源方面的不同之处。

高尔夫轿车的动力来自发动机，找到发动机；吉利 EV450 纯电动汽车的动力来自驱动电机，找到安装在前机舱下部的驱动电机。

（3）找出纯电动汽车与传统汽车在电压等级方面的不同之处。

高尔夫轿车蓄电池的电压为 12 V，蓄电池安装在发动机舱内；吉利 EV450 纯电动汽车动力蓄电池额定电压为 346 V，所有橘黄色线束和插头均为高压系统，维修时要进行下电操作，避免触电。

（4）找出纯电动汽车与传统汽车在排放方面的不同之处。

高尔夫轿车有排气管，尾气污染环境；吉利 EV450 纯电动汽车没有排气管，零排放。

（5）找出纯电动汽车与传统汽车在仪表显示方面的不同之处。

高尔夫轿车仪表上显示剩余油量，找到燃油表；吉利 EV450 纯电动汽车仪表上显示剩余电量，找到剩余电量指示。

（6）找出纯电动汽车与传统汽车在变速器方面的不同之处。

高尔夫轿车采用自动变速器，可以通过自动换挡改变车速；吉利 EV450 纯电动汽车采用固定速比减速器，不能换挡改变车速，通过电机调速改变车速。在前机舱底部找到固定速比减速器。

（7）找出纯电动汽车与传统汽车在空调系统方面的不同之处。

高尔夫轿车空调压缩机由发动机驱动，找到压缩机安装位置；吉利 EV450 纯电动汽车空调压缩机由电动机驱动，找到压缩机安装位置。高尔夫轿车暖风来自发动机的余热；吉利 EV450 纯电动汽车暖风来自 PTC 水加热器。

（8）找出纯电动汽车与传统汽车在制动系统方面的不同之处。

高尔夫轿车制动助力来自发动机节气门后方的真空，找到节气门后方连接真空助力器的真空管；吉利 EV450 纯电动汽车制动助力来自电动真空泵，在前机舱下部找到电动真空泵。

（9）找出纯电动汽车与传统汽车在冷却系统方面的不同之处。

高尔夫轿车冷却水泵由发动机驱动；吉利 EV450 纯电动汽车冷却水泵由电机驱动，找到在前机舱底部的电动水泵。

（10）找出纯电动汽车与传统汽车在蓄电池充电方面的不同之处。

高尔夫轿车蓄电池由发动机驱动发电机充电，找到发电机；吉利 EV450 纯电动汽车蓄电池由动力蓄电池通过 DC-DC 变换器充电，在前机舱找到集成 DC-DC 变换器的电机控制器及 12 V 输出端子。

（11）找出纯电动汽车与传统汽车在噪声方面的不同之处。

高尔夫轿车行驶时有一定噪声，吉利 EV450 纯电动汽车行驶时很安静。

（12）找出纯电动汽车与传统汽车在作业防护方面的不同之处。

高尔夫轿车维修时不需要采取高压安全防护措施；吉利 EV450 纯电动汽车维修时需要做好高压安全防护，认识绝缘帽、防护眼镜、绝缘服、绝缘手套、绝缘鞋等防护用具。

（13）找出纯电动汽车与传统汽车在维护项目方面的不同之处。

高尔夫轿车需要更换空气滤清器、汽油滤清器、机油滤清器、机油等，吉利 EV450 纯电动汽车不需要更换这些。

课后练习

一、填空题

1. 美国人__________于__________年制造出第一辆__________驱动的搭载不可再充电电池的纯电动三轮车。

2. 当前我国新能源汽车的发展状况主要表现为：纯电动汽车__________，已在特定区域推广应用；混合动力汽车技术__________，进入商业化推广阶段；燃料电池汽车技术处于新的突破前期，正在成为新的__________。

3. 新能源汽车分类涵盖__________（BEV）、__________（PHEV）、增程式电动汽车（REV）和__________（FCV）汽车。

4. 新能源汽车常用的车间防护设备主要有__________、绝缘胶垫、__________、__________和车间警示标志等。

二、简答题

1. 简述纯电动汽车的优点。
2. 简述插电式混合动力汽车的优点。
3. 简述新能源汽车故障诊断仪的使用方法。

项目二 新能源汽车购置与服务

项目概述

新能源汽车由于不像燃油汽车完全依靠发动机提供动力，所以在购置与后期保养方面有着许多不同。本项目介绍新能源汽车的购置与售后服务，包含以下六个任务。

任务一：新车移交检查。

任务二：新能源汽车日常使用。

任务三：新能源汽车售后服务中心。

任务四：新能源汽车走合期维护。

任务五：主机厂规定的定期维护（常保）。

任务六：主机厂规定的定期维护（强保）。

通过以上六个任务的学习，能够掌握新能源汽车移交检查的注意事项，正确操作使用新能源汽车，能够对新能源汽车进行日常维护与保养。

学习目标

知识目标

◆了解新车购置后的移交手续。

◆熟悉新能源汽车的日常保养及售后服务。

能力目标

◆明确新能源汽车定期维护的要求及周期。

◆能够自主判断新能源汽车是否需要进行维护。

素质目标

◆培养学生的探索精神、创新精神。

◆提升学生自主学习能力，使其形成终身学习、不断进取的学习态度，养成自主学习习惯。

思政目标

◆培养学生传承技术、发展技术的使命感与责任感。

◆使学生形成明确的学习目的，端正学习态度，塑造其科学精神、科学态度，从而掌握科学的学习方法。

任务工单

1. 寻找成员

以 3 ～ 5 人为一组，选出组长并进行任务分工，将小组成员及分工情况填入表 2–1 中。

表 2–1　小组成员及分工情况

班级：　　　　　　　　　　组号：　　　　　　　　　　指导教师：

小组成员	姓名	学号	任务分工
组长			
组员			

2. 制订计划

（1）查阅相关资料，制订工作计划，并将其填入表 2–2 中。

表 2–2　工作计划

序号	工作内容	负责人

（2）将操作过程中所需的工具和耗材等填入表 2–3。

表 2–3　操作过程中所需的工具和耗材等清单

序号	名称	型号与规格	单位	数量	备注

续表

序号	名称	型号与规格	单位	数量	备注

3. 进行决策

（1）小组成员针对各自的工作计划展开讨论，并选出最佳工作计划。

（2）指导教师根据各小组提交的工作计划给出评价。

（3）各小组成员根据指导教师的评价对工作计划进行调整，调整合格后的工作计划即为最终实施方案。

4. 工作实施

根据最终实施方案，认识新能源汽车维护的主要作业项目及其位置。按实际操作过程，将实施内容、遇到的问题及解决办法等记录于表 2–4 中。

表 2–4　工作实施过程记录表

序号	实施内容	遇到的问题及解决办法	结果

5. 考核评价

各组展示任务完成情况，并完成见表 2–5 的考核评价表。

表 2–5　考核评价表

项目名称	评价内容	满分 / 分	评分 / 分		
			自评	互评	师评
职业素养考核项目 40%	穿戴规范、整洁	6			
	安全意识、责任意识及服从意识强	6			
	积极参加教学活动，按时完成任务工单	10			
	团队合作、沟通交流能力强	6			
	劳动纪律良好	6			
	维护场地、设备及工具等干净整洁	6			

续表

<table>
<tr><th rowspan="2">项目名称</th><th rowspan="2">评价内容</th><th rowspan="2">满分 / 分</th><th colspan="3">评分 / 分</th></tr>
<tr><th>自评</th><th>互评</th><th>师评</th></tr>
<tr><td rowspan="4">专业能力考核项目 60%</td><td>了解新车购置后的移交手续</td><td>12</td><td></td><td></td><td></td></tr>
<tr><td>熟悉新能源汽车的日常保养及售后服务</td><td>18</td><td></td><td></td><td></td></tr>
<tr><td>明确新能源汽车定期维护的要求及周期</td><td>12</td><td></td><td></td><td></td></tr>
<tr><td>能够自主判断新能源汽车是否需要进行维护</td><td>18</td><td></td><td></td><td></td></tr>
<tr><td colspan="2">合计</td><td>100</td><td></td><td></td><td></td></tr>
<tr><td rowspan="2">总评</td><td rowspan="2">自评（20%）＋互评（20%）＋师评（60%）＝</td><td>综合等级</td><td colspan="3" rowspan="2">指导教师（签名）：</td></tr>
<tr><td></td></tr>
</table>

任务一　新车移交检查

新能源汽车还处于新生阶段，很多性能需要完善。在这一阶段，售后服务是保障新能源汽车正常行驶的基本手段，也是让市场对新能源汽车及企业有一个良好认识的重要途径，所以相比传统汽车的售后服务，新能源汽车的售后服务更为重要，任务也更加艰巨。

售后服务是新能源汽车流通过程中一个非常重要的环节，也是一项非常复杂的工程，包括零部件供应、维修维护服务、维修技术培训、技术咨询指导、市场信息反馈、事故索赔、资料保障等与产业和市场有关的一系列内容。

一、新车移交检查的概念

新车移交检查（pre-delivery inspection，PDI）是指新车到达 4S 店以后，交付给客户前，经销商对车辆实施的检验。PDI 的目的是确保车辆的安全性和驾驶的舒适性。因为新车从生产商到达经销商经历了数千公里的运输历程和长时间的停放，为了保证新车的安全性和原车性能，PDI 必不可少。车辆档次越高，其控制系统的自动化程度越高，PDI 的项目也就越多。PDI 项目范围很广，如电池是否充放电正常、钥匙是否匹配记忆功能、舒适系统是否激活、仪表灯光功能是否设置到原车要求等。

二、PDI 的项目和要求

车辆状态验证、工作状态恢复、车辆功能检查这三道工序组成了完整的 PDI 检查流程。

（一）车辆状态验证

整车制造企业向汽车 4S 店运输新车的过程中，车辆可能出现损伤，经销商在车辆到达后需要验证车辆状态，清点随车资料及物品是否齐全，以保证车辆状态正常、随车物品齐全。

1. 验证运输状况

车辆运输状况主要包括运输公司、司机姓名、司机联系电话、发车地点、运输车号、装运车辆数量等。

2. 核对、清点明细资料及随车物品

销售人员完成运输状态验证后，需对车辆进行明细资料的核对及随车物品的清点。车辆明细资料主要包括车辆品牌、车型、规格、颜色、车辆 VIN 号等信息。随车物品包括车辆手续资料和随车工具。车辆手续资料包括车辆安全性能检验证书、车辆铭牌和车辆 VIN 号等的拓印、运单、新车点检单、货物进口证明书（进口车）、进口车辆随车检验单（进口车）等。随车工具一般包括用户使用手册、保修手册、慢充线、备胎、钥匙、工具包、点烟器、灭火器等。

销售人员对车辆明细资料和随车物品进行仔细核对与清点，确定有无及是否正确，并在新车入库检验单中标记，对发现的问题进行记录并提出处理意见。

（二）工作状态恢复

1. 安装保险丝

在新车运输中，为了避免顶灯、收音机等部件有电流通过，制造商已提前将其保险丝或短路销拆下，并放在继电器盒内。在车辆交付客户前，应首先将保险丝或短路销安装到相应位置。

2. 安装制造商提供的零部件

为避免运输过程中的损坏，制造商会将外后视镜等外部凸出部分的零部件单独包装，接车后按需要对其进行安装。单独包装的零部件一般包括外后视镜、备胎固定架托座、前阻扰流板盖。

3. 取下前弹簧隔圈

用举升机或千斤顶将车辆升起，从前悬架上取下前弹簧隔圈。

4. 拆下制动盘的防锈罩

用手取下盘式制动器上的防锈罩，不要使用螺丝刀或其他工具，以防损坏车轮和制动盘。

5. 安装橡胶车身塞（如果有）

将橡胶车身塞装入车身相应部件的孔内。

6. 取下紧急拖车钩

将紧急拖车钩从保险杠上取下，然后在紧急拖车钩的孔上加盖。紧急拖车钩孔盖在手套箱中，取下的紧急拖车钩放在工具袋中。没有装紧急拖车钩的车辆不进行此项工作。

7. 调整轮胎压力

保证轮胎（包括备胎）气压正常。

8. 除去不必要的标识

将不必要的标志、标签、贴纸及保护盖等取下。

9. 取掉车身防护膜

冲洗车身，除去运输过程中的灰尘；揭下车身的保护膜；检查车辆油漆表面是否有黏性残留物或凸出物。

（三）车辆功能检查

1. 准备工作

（1）准备好胎压表、绝缘万用表、检测照明灯等检测设备。

（2）放置驾驶室座椅护套、方向盘护套及驾驶室脚垫。

（3）准备好整套工具、扭力扳手、橡皮软管等。

（4）准备新车交接检验记录单（检查单）及记录板夹。

2. 绕车检查

（1）清洗车身和内部，清洁时注意不要划伤车身及座椅。

（2）环绕汽车一周，仔细查看全车油漆颜色是否一致，车身表面有无划痕、掉漆、开裂、起泡或锈蚀，并用手摸摸有无修补痕迹。

（3）检查车门、行李箱盖和油箱盖开关是否正常，车窗是否完好，前后挡风玻璃有无损伤，车门把手开关是否灵活、安全、可靠，门窗密封条是否损坏，车门打开后在某个限制位是否有轻微晃动现象，电动车窗升降是否稳定。

（4）检查备胎的气嘴帽是否完好，备胎气压及固定情况是否正确，备胎与其他轮胎的规格是否相同。

（5）检查车辆各处装饰条、标志牌是否完好、安装是否牢靠。

（6）检查车辆前照灯、左右转向灯、危险报警灯、制动灯、倒车灯、示宽灯、雾灯、阅读灯及灯具外壳等是否正常。

（7）按压喇叭开关，检查喇叭工作是否正常。

（8）携带钥匙进入驾驶室，点火开关置于“ON”挡，检查刮水器、喷水清洁器工作是否正常。

（9）检查后窗除雾器及点烟器工作是否正常。

（10）检查灭火器及随车工具是否固定。

3. 检查前机舱

（1）检查低压蓄电池正负极柱是否牢固，检查电量。

（2）目测冷却液、风窗清洗液、制动液等液面位置是否符合要求。

（3）检查汽车冷却液、制动液、电解液及制冷液等有无泄漏。

（4）检查高、低压线束接头是否松动。

4. 检查车辆底部

（1）检查制动系统软管和线路。

（2）检查传动轴防尘罩。

（3）检查动力转向系统。

（4）检查齿条－齿轮护罩情况。

（5）检查全部转向系统紧固件。

（6）检查轮胎气压和轮胎规格，检查防盗螺栓接头是否配套，检查轮胎有无磨损、刮痕，以及有无镶嵌碎石头。

（7）检查车轮紧固螺栓力矩。

（8）检查减震器性能是否完好。

（9）检查动力电池外壳有无破损、裂纹等。

5. 道路驾驶检查

（1）启动车辆，观察车辆仪表盘及报警装置工作是否正常。

（2）检查制动踏板、加速踏板的高度及自由行程。启动车辆，踩下加速踏板，应感觉轻松自如，并有一小段自由行程；踩下制动踏板不放，此时踏板应保持一定高度，若其缓慢下移，则表示制动系统有泄漏现象。

（3）检查车辆运行情况。将换挡机构置于P挡或N挡，启动车辆，观察仪表台，若“READY”指示灯点亮，说明车辆启动正常，此时将挡位放置D挡，轻踩加速踏板，观察车辆加速是否平顺；在车辆停稳后，将挡位放置R挡，检查车辆倒车是否正常。

（4）检查车辆行驶性能及操纵性是否良好。驾驶车辆进行上下坡行驶，测试车辆动力性能和加速性能是否良好；车辆加、减速过程中，轻打方向盘，检查车辆转向能力是否良好；检查车辆方向盘自动回正功能是否良好；车辆以最小转弯半径掉头行驶时，检查有无异常。

（5）检查制动系统工作是否正常。驾驶车辆获得一定速度后，轻踩制动踏板，检查车辆制动是否平顺；车辆停稳后，关闭点火开关，拉起驻车制动开关，检查车辆是否不动。

（6）检查转向系统工作是否正常。在行驶过程中转动方向盘，观察转向的准确性和灵敏度；以最小转弯半径掉头行驶，检查有无异常。

（7）检查空调的制冷、暖风、内外循环系统等是否工作正常。

（8）检查音响系统是否工作正常。

6. 交付检查及车辆清洁

（1）揭下车辆不必要的标签，清洗车辆。

（2）检查随车工具和资料是否齐全。

（3）检查需交付客户的所有相关资料是否齐全，清点查验发票、出厂合格证、保险单、保修单、说明书、使用手册、保修手册等是否齐全正确。

三、移交检查的注意事项

为了保证交车前检查工作的顺利完成，避免擦伤和弄脏车辆，在进行交车检查前必须注意以下事项。

（1）保持双手清洁，及时修剪指甲。

（2）保持工作服整洁合身，不要有金属纽扣和拉扣，鞋子不能沾有泥土。

（3）不能放任何工具和硬物在衣服口袋内。

（4）不能佩戴手表、戒指、手链、项链、钥匙链等金属饰物。

（5）在车辆前方作业时，关闭点火开关并取出钥匙。

（6）做好车辆防护，在前机舱实施作业时，放置翼子板布。

（7）举升车辆在车下作业前，断开蓄电池负极。

（8）举升车辆时，检查举升机的托臂，不可顶在动力电池处。

任务二　新能源汽车日常使用

一、日常使用与维护

（1）每天出车前先检查电量是否正常（纯电动汽车是否充足电），仪表显示是否正常，刹车性能是否良好，螺钉是否松动等，有故障应及时修理排除，检查完成确定没有故障时才能出车。

（2）经常在凹凸不平的道路上行驶或经常负载运输，应每天检查车身受力部位和重要焊接点，发现异常情况，应及时进行修理。

（3）每次停车都必须关闭电源开关，拔下钥匙，将挡位开关扳至空挡位置，并将手刹拉起。

（4）儿童在车内玩耍时要拔掉钥匙开关，以免造成危险。

（5）充电应在儿童无法接触到的地方进行。

（6）因事故或其他原因造成起火时应立即关闭总电源开关。

（7）常规维护时对电源使用过程中的安全隐患进行检查和排除，避免发生危险性事故，通过制订常规的预防性维护计划，可以更好地了解所使用电池的健康状况和终止寿命，确定电池的更换或重点维护计划。常规维护一般每月进行一次。

二、新能源汽车使用注意事项

动力电池是电动汽车的动力源，它的性能直接影响电动汽车的续驶里程。正确的驾驶方法对动力电池的使用寿命和电动汽车的续驶里程起到至关重要的作用。

1. 夏季注意事项

（1）雨季行车前应先做好检查，主要检查刮水器、车辆空调除雾功能是否正常。

（2）行驶速度尽量不要超过 60 km/h；暴雨时尽量不要行驶，若一定要行驶，车速不应超过 20 km/h。

（3）雨季车辆发生故障无法行驶后，应靠边停车，正确放置三角警示牌等待救援，严禁自行维修。

（4）在泥泞路面行驶时，不要猛踩加速踏板，以免发生侧滑。

（5）请勿驶入深水中，以免发生漏电或短路等事故。

（6）当车辆被积水浸泡时，不要继续行驶，应迅速断电并离开车辆，并尽量不要与车身金属接触，以免发生触电。

（7）避免高温下充电。考虑动力电池的温度特性，车辆高速行驶后，夏季建议停放在阴凉通风处，30 分钟后进行充电。

（8）当下暴雨或打雷时尽量不要充电。当车辆在露天或者地势较低的地方充电时，若开始下雨应终止充电，以免积水高度超过充电口发生短路。

（9）避免车辆暴晒。建议将车辆停放在阴凉通风处，以防车内温度过高，造成安全隐患。

2. 冬季注意事项

（1）电动汽车在冬季低温行驶后，建议及时充电，避免因长时间停驶导致动力电池温度低，造成用电浪费和充电延时。

（2）当车辆充电时，建议尽量将车辆停放在避风朝阳且温度较高的环境中。

（3）充电时预防雪水淋湿充电接口，更不要将充电插头直接暴露在雪水中，防止发生短路。

（4）避免因冬季气温过低导致充电异常等情况的出现，建议在给车辆充电时先检查车辆充电是否开启。检查充电桩充电电流，若充电电流达到 12 A 以上，说明充电已开启。

任务三　新能源汽车售后服务中心

一、新能源汽车售后服务中心的组织机构

新能源汽车销售服务中心组织机构图如图 2–1 所示，根据新能源汽车售后服务中心不同科室所涉及

的业务领域，其职能职责见表 2–6。

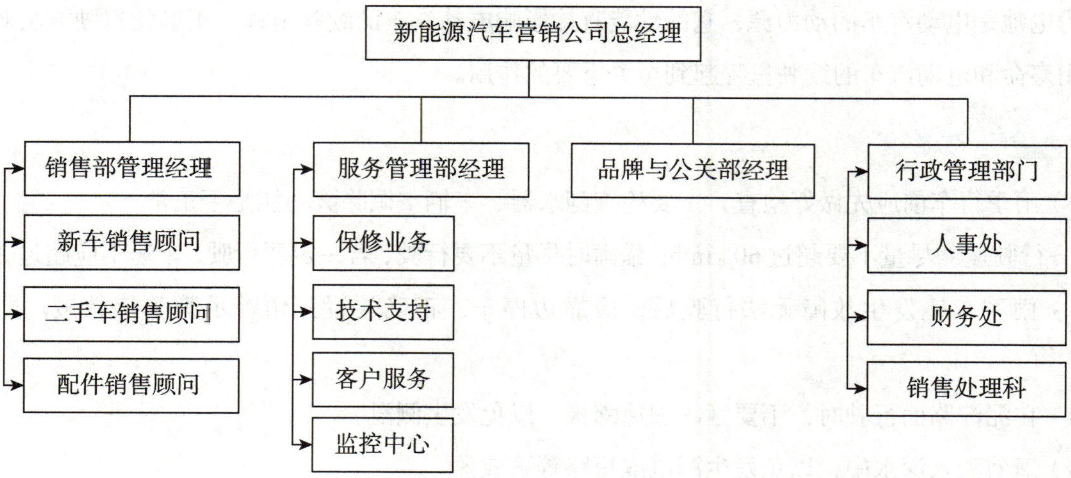

图 2–1　新能源汽车销售服务中心组织机构图

表 2–6　新能源汽车售后服务中心不同科室所涉及的业务领域

业务领域	职能职责
营销公司	统筹售后服务部的各项工作
客户服务室	客户关系维护、车辆档案管理、抱怨闭环管理、关键客户维护、服务活动实施、监控平台运维、客服热线管理、满意度调研
技术支持	技术文件的编写及内部培训工作； 示范运行车辆维护及现场事故处理，现场解答用户问题及信息反馈，召回车辆的归口管理； 与产品工程院对接，对返厂维修的车辆进行全程监控，汇总报至监控中心建档
监控中心	监控平台及数据的管理，示范运行车辆周报及月报的编制及报批； 客服电话接听及回访，车辆维修及保养提醒
备件管理科	服务采购、销售； 备件技术和物流管理
保修业务	保修业务流程制定和执行； 保修返回键管理； 保修费用追索和分摊管理； 保修业务审批

二、新能源汽车售后服务中心设置

1. 功能布置

新能源汽车售后服务中心场地布置，按照功能可分为以下三部分，如图 2–2 所示。

（1）业务接待区、客户休息区、培训会议室。

（2）备件库、旧件库、员工休息室、工具资料室、动力电池库、空压机房。

（3）维修车间、待修区、竣工区（可充电）、充电区、洗车区等，其中维修车间包括举升四轮定位、钣金维修、总成维修、车身校正、电池维修、油漆工位等。

（a）

（b）　　（c）

图 2–2　新能源汽车售后服务中心功能布置

2. 岗位布置

表 2–7 为新能源汽车售后服务中心岗位布置。

表 2–7　新能源汽车售后服务中心岗位布置

最低标准		a/b/c 级	
		配置要求	
1	服务经理	1	专职 1 人
2	服务主管	1（可兼职）	n>10 时，专职 1 人
3	服务接待	2	月进厂量每增加 300 台增加 1 人
4	洗车工	1	月进厂量每增加 450 台增加 1 人
5	技术主管	1	专职 1 人
6	质量检验员	1（可兼职）	n>10 时，专职 1 人；月进厂量每增加 900 台，增加 1 人
7	机电技师	3	月进厂量每增加 150 台，增加 1 人
8	钣金技师	1	合计约为机电技师数量的 1/2
9	喷漆技师	1	
10	配件主管	1	专职 1 人

续表

最低标准		a/b/c 级	
		配置要求	
11	配件计划员	1（可兼职）	n>10 时，专职 1 人
12	库房管理员	1（可兼职）	n>10 时，专职 1 人
13	工具管理员	1（可兼职）	n>10 时，专职 1 人
14	客服主管	1	专职 1 人
15	客服专员	1（可兼职）	n>10 时，专职 1 人
16	索赔员	基本配置 1 人（以月质量担保单据 400 份为基数，月质量担保单据每增加 200 ～ 400 份增加 1 人配置标准）	
合计		13	

注：1. n 为日进站车辆台数。

2. 行政、财务及客户休息室服务人员等其他一般人员不在本表单所列人员之列，服务商根据业务开展的需要配备。

3. 兼职原则：平级互兼，上级兼下级。

4. 新能源汽车专用工具设备配置。

新能源汽车售后服务中心专用工具设备配置，见表 2–8。

表 2–8 新能源汽车售后服务中心专用工具设备配置

序号	工具、仪器名称	用途	序号	工具、仪器名称	用途
1	故障诊断仪	故障代码读取、数据刷写	8	放电工装	电容余电释放
2	动力电池举升车	拆装电池	9	护目镜	防止电弧伤眼
3	电池货架	存放电池	10	高性能绝缘表	检测高压系统绝缘性能
4	手动堆高车	装卸转运电池	11	高性能数字万用表	高压、低压电器及电路检测需要
5	绝缘工具	高压部件拆装	12	非接触式红外温度仪	检测高压端子工作温度
6	绝缘手套	高压部件拆装	13	端子测试工具	线束端子状态测试
7	绝缘垫	举升机地面绝缘	14	水基灭火器	高压电池火警防范

三、新能源汽车售后服务中心理念

汽车售后服务核心流程体现“以客户为中心”的服务理念，提升客户的忠诚度，规范所有面对客户的服务行动，以提升服务效益。根据市场研究分析，客户对汽车销售服务中心的需求顺序如下。

（1）高质量、专业化地完成工作。

（2）对员工有足够的信任。

（3）能立即解决投诉的问题。

（4）只将客户所需商品销售给客户。

（5）按约定的时间完成工作。

（6）专业化业务咨询。

（7）快速顺畅的流程。

（8）适当的性价比。

（9）极其友善的服务态度。

（10）感到作为客户很受欢迎。

（11）配备最新的技术。

（12）先进的维修服务。

（13）注重环保。

（14）能得到整体团队的帮助。

（15）现代化、专业化的印象。

（16）舒适的氛围。

（17）整洁的环境。

（18）取车时车辆保持整洁。

（19）设施一目了然，可轻松地找到所需的一切。

（20）始终保持同样的联系人。

（21）企业主能够亲自关心客户。

（22）多种多样的附件选择。

（23）在等候的时间可以享受舒适的座椅。

任务四　新能源汽车走合期维护

一、走合期维护概述

新车、大修车以及装用大修发动机的汽车在初始一段里程内所进行的维护称为走合期维护。汽车经过初期使用阶段的磨合，使各运动部件摩擦表面之间进行相互研磨，提高配合精度，从而顺利过渡到正常使用状态。汽车的使用寿命、工作可行性和经济性在很大程度上取决于汽车使用初期的磨合，而且磨合的好坏将直接影响到汽车的使用寿命。因此，汽车磨合的目的就是使各运动部件快速适应各种工况，并大大延长汽车的使用寿命，降低维修成本。

汽车的走合期里程一般规定为 2 500 ～ 3 000 km，或按汽车使用说明书规定的里程执行。汽车在走合期的各项维护作业，要按汽车使用说明书的规定执行，货车和客车一般分为走合前期、走合中期和走合后期三个阶段的维护。乘用车首次保养时间与内容按厂方规定执行。

二、走合期维护项目

（一）走合前期维护

走合前期维护是为了防止汽车出现事故和损坏，保证顺利地完成走合，其主要内容如下。

（1）清洗全车，检查各部件的连接及紧固情况。

（2）检查散热器存水量，并检查冷却系统各部位有无漏水现象。

（3）检查发动机、制动器、变速器及助力器装置用油的数量和质量，视需要添加或更换，并检查各部位有无漏油现象。

（4）检查变速器各挡是否正确接合。

（5）检查转向机构各部位有无松旷或发卡现象。

（6）检查电器设备、灯光和仪表是否正常，并检查蓄电池电解液密度与液面高度。

（7）检查和调整轮胎气压，使之符合标准。

（8）检查制动效能（制动距离、有无跑偏和发咬现象），如不符合要求应查明原因，及时排除故障。

（二）走合中期维护

走合中期的维护是在汽车行驶 500 km 左右时进行的，主要是对技术状况开始发生变化部位进行一次及时的维护，以恢复其良好的技术状况，保证下阶段走合顺利进行，其主要内容如下。

（1）清洁发动机润滑系统，更换润滑油和滤清器。

（2）润滑全车各润滑点，最初行驶 30 ～ 40 km 时，应检查变速器、前后驱动、轮毂和传动轴等处是否发热或有异响。如发热或有异响应查明原因，予以调整或修理。

（3）检查制动效能和各连接处、制动管路的密封程度，必要时加以调整和紧固。

（4）检查调整离合器踏板自由行程。

（5）按规定力矩和顺序拧紧气缸盖及进排气歧管螺栓、螺母和轮胎螺母。

（三）走合后期维护

走合结束时应对汽车进行一次二级维护。检查、紧固全车各连接部分，进行必要的调整和润滑，使汽车达到良好的技术状况后，投入正常运行。其主要内容如下。

（1）检查和调整制动器。

（2）检查调整离合器踏板自由行程。

（3）检查、调整、紧固前桥转向机构。

（4）按规定力矩检查紧固底盘各部连接螺栓、螺母。

（5）检查并紧固车身各部件连接。

乘用车走合期的使用和维护根据制造厂要求，走合期里程一般为 2 500 ～ 3 000 km。走合期后运行中，仍应中速行驶，不超载和拖带挂车行驶。

任务五　主机厂规定的定期维护（常保）

汽车在行驶过程中，由于受各种因素的影响，各零部件必然会逐渐产生不同程度的自然松动、磨损和机械损坏，如不及时采取必要的技术措施，汽车的动力性、经济性会变差，汽车的可靠性也将随之降低，甚至发生意外损坏。汽车维护就是为了防止机件过早磨损，保证汽车具有良好工作性能，预防故障产生和延长车辆使用寿命而采取的维护性技术措施。我国交通部发布的《汽车运输业车辆技术管理规定》明确规定了车辆维护要遵循“预防为主，定期检测，强制维护”的原则，在车辆维护作业中，必须根据国家标准《汽车维护、检测、诊断技术规范》（GB/T 18344—2016）的要求强制执行。

一、汽车定期维护的意义

汽车由大量的零部件构成，随着车辆的使用时间变长，会受到磨损、老化或腐蚀而降低性能，从而需要定期维护，经调整或更换机件来保持其性能。通过实施定期维护，可达到以下效果。

汽车定期维护的意义

（1）避免发生由机件损坏引起的故障。

（2）使车辆保持在符合法律规定的状态中。

（3）延长车辆使用寿命。

二、汽车维护分类

汽车使用过程中，由于汽车新旧程度及使用地区的条件不同，各个时期对汽车维护的作业项目也不同。根据我国标准《汽车维护、检测、诊断技术规范》（GB/T 18344—2016）有关规定，汽车维护分为日常维护、一级维护和二级维护三类。

（1）日常维护是以清洁、补给和安全性能检视为中心内容的维护作业。

（2）一级维护是除日常维护作业外，以润滑、紧固为作业中心内容，并检查有关制动、操纵等系统中的安全部件的维护作业。

（3）二级维护是除一级维护作业外，以检查、调整制动系统、转向操纵系统、悬架等安全部件，并拆检轮胎，进行轮胎换位，检查调整发动机工作状况和汽车排放相关系统（传统车）等为主的维护作业。

三、汽车维护周期

汽车维护周期根据国家标准分为日常维护周期、一级维护周期和二级维护周期。

（1）日常维护周期为出车前、行车中和收车后。

（2）汽车一级维护、二级维护周期的确定应以行驶里程间隔为基本依据，行驶里程间隔执行车辆维修资料等有关技术文件的规定。

对于不便用行驶里程间隔统计、考核的汽车，可用行驶时间间隔确定一级维护、二级维护周期。道路运输车辆一级维护、二级维护周期见表 2–9。

表 2–9　道路运输车辆一级维护、二级维护推荐周期

适用车型		维护周期	
		一级维护行驶里程间隔上限值或行驶时间间隔上限值	二级维护行驶里程间隔上限值或行驶时间间隔上限值
客车	小型客车（含乘用车）（车长≤ 6 m）	10 000 km 或 30 日	40 000 km 或 120 日
	中型及以上客车（车长> 6 m）	15 000 km 或 30 日	50 000 km 或 120 日
火车	轻型货车（最大设计总质量≤ 3 500 kg）	10 000 km 或 30 日	40 000 km 或 120 日
	轻型以上货车（最大设计总质量> 3 500 kg）	15 000 km 或 30 日	50 000 km 或 120 日
挂车		15 000 km 或 30 日	50 000 km 或 120 日

注：对于以山区、沙漠、炎热、寒冷等特殊运行环境为主的道路运输车辆，可适当缩短维护周期。

四、汽车定期维护作业要求

（一）汽车日常维护

1. 总要求

日常维护是由驾驶人负责执行的日常性车辆维护作业，其作业中心内容是清洁、补给和安全检视，并坚持以下原则。

坚持“三检”：在出车前、行车中、收车后，对汽车制动、转向、传动、悬架、灯光、信号等部位和发动机进行检视、校紧，以确保行车安全。

保持“四清”：保持发动机外表面、空气滤清器、燃油滤清器和蓄电池的清洁。

防止“四漏”：对润滑油、燃油、冷却液、各种工质、轮胎气压进行检视并视情补给，防止出现漏水、漏油、漏气、漏电等情况。

日常维护作业项目及技术要求见表 2–10。

表 2-10　日常维护作业项目及技术要求

序号	作业项目	作业内容	技术要求	维护周期
1	车辆外观及附属设施	检查、清洁车身	车身外观及客车车厢内部整洁，车窗玻璃齐全、完好	出车前或收车后
		检查后视镜，调整后视镜角度	后视镜完好、无损毁，视野良好	出车前
		检查、清洁车身	车身外观及车厢内部整洁，车窗玻璃齐全、完好	出车前或收车后
		检查后视镜，调整后视镜角度	后视镜完好、无损毁，视野良好	出车前
		检查安全带	安全带固定可靠、功能有效	出车前或收车后
		检查风窗玻璃刮水器	刮水器各挡位工作正常	出车前
2	冷却系统	检查冷却液液面高度，视情补给	油（液）面高度符合规定	出车前
3	制动系统	制动系统自检	自检正常，无制动警告灯闪亮	出车前
		检查制动液液面高度，视情补给	液面高度符合规定	出车前
		检查行车制动、驻车制动	行车制动、驻车制动功能正常	出车前
4	车轮及轮胎	检查轮胎外观、气压	轮胎表面无破裂、凸起、异物刺入及异常磨损，轮胎气压符合规定	出车前、行车中
		检查车轮螺栓、螺母	齐全完好，无松动	
5	照明、信号、指示装置及仪表	检查前照灯	前照灯完好、有效，表面清洁，远近光变换正常	出车前
		检查信号指示装置及仪表	转向灯、制动灯、示廓灯、危险警告灯、雾灯、喇叭、标志灯及反射器等信号指示装置完好有效，表面清洁	
		检查仪表	工作正常	出车前、行车中

注：符合规定是指符合车辆维修资料等有关技术文件的规定，以下同。

2. 纯电动汽车日常维护

（1）纯电动汽车蓄电池的维护与保养

① 经常用抹布蘸水把蓄电池外部擦洗一遍，将面板、柱头上（即正负两个极头）擦拭干净，这样，有助于提高蓄电池的使用寿命。

② 日常行车时，应经常检查蓄电池盖上的小孔是否畅通。

③ 定期检查蓄电池电缆的连接，查看电缆有无松动情况。

④ 蓄电池长期不用会慢慢自行放电，直至报废。若长久不用时，每隔一个月对蓄电池进行一次充电维护。

⑤ 对蓄电池充电时，要将车放置在通风较好的位置，打开蓄电池盖（充电时务必关断电源）。

⑥ 充电时不能用带明火的物体接近正在充电的蓄电池口。

⑦ 电动车在使用时，要轻踏加速踏板，否则瞬间的大电流放电会损坏蓄电池。

⑧ 当仪表上的电量降低到红色预警线时，应当及时进行充电。

⑨ 将蓄电池拆下来时，应先拆负极再拆正极，安装时与此相反。

⑩ 电动汽车在短距离使用后，建议及时将蓄电池充满电，让蓄电池始终保持饱和状态，可保持蓄电池的使用寿命。

（2）纯电动汽车的日常维护关键项目

① 电动汽车的清洗。按照正常洗车方法，在清洗过程中应注意避免水流入车体充电插座，避免车身线路短路。电动汽车的手工清洗，应在阴凉处，待车身温度降至 40 ℃以下时再进行清洗。在沿海一带行驶时，在撒有防冻剂的路面上行驶时，在沾有油脂杂物时，在空气里含有大量灰尘、铁屑或化学物质的地区内行驶时，容易引起油漆层的剥落或导致车身和零部件腐蚀，须立刻清洗车辆。

② 经常检查轮胎气压。使轮胎保持正确的胎压，必须每两星期或至少每月检查一次轮胎气压。不正确的轮胎气压会造成耗电、行驶里程缩短，降低驾驶的舒适性，降低轮胎寿命并降低行车安全性。

③ 防止金属生锈。长期停驶的电动汽车，应保持金属表面清洁。停放车辆的车库内应经常保持通风，使空气湿度保持在 70% 以下，需及时清除汽车上的灰尘、脏物和水分。易锈蚀的部位和机件表面应涂以机油、润滑脂或者用油纸包扎起来。对于各总成机构上的孔隙，应加以密封，避免空气、水分和灰尘进入内部。

④ 防止橡胶制品老化变质。车上的橡胶制品，如轮胎、传动带以及防尘罩等，经常会出现老化、膨胀或变形现象，致使性能变坏，使用寿命变短。为防止橡胶制品老化，应避免阳光直射及与矿物油接触。

3. 其他需要注意项目

① 每天启动电动汽车前，先检查电量是否充足、制动性能是否良好、螺栓是否松动等，有故障时及时修理排除，检查完成确定没有故障时才能出车。

② 充电部分修理或更换充电熔断丝时，必须先拔下 220 V 电源插头，不准带电操作。

③ 每次停车都必须关闭电源开关，拔出钥匙，将挡位开关扳至空挡位置。

④ 维护与更换蓄电池、电器时，须关闭电源总开关后操作。

⑤ 充电应在儿童无法接触的地方进行。

⑥ 因事故或其他原因造成起火时，应立即关闭总电源开关。

（二）汽车一级维护

汽车一级维护中心作业内容为润滑和紧固。一级维护应由专业维修企业执行，这对确保维护质量具有十分重要的意义。汽车一级维护作业项目及技术要求见表 2–11。

表 2–11　汽车一级维护作业项目及技术要求

序号	作业项目		作业内容	技术要求
1	动力系统	冷却液	检查液面高度，视情更换	按规定的里程或时间更换冷却液，液面高度符合规定
2	转向系统	部件连接	检查、校紧万向节、横直拉杆、球头销和转向节等部位的连接螺栓、螺母	各部件连接可靠
3		转向器润滑油及转向助力油	检查油面高度，视情更换	按规定的里程或时间更换转向器润滑油及转向助力油，油面高度符合规定
4	制动系统	制动管路、制动阀及接头	检查制动管路、制动阀及接头，校紧接头	制动管路、制动阀固定可靠，接头紧固，无漏气（油）现象
5		缓速器	检查、校紧缓速器的连接螺栓、螺母，检查定子与转子间隙，清洁缓速器	缓速器连接紧固，定子与转子间隙符合规定，缓速器外表、定子与转子间清洁，各插接器与接头连接可靠
6		储气筒	检查储气筒	无积水及油污
7		制动液	检查液面高度，视情更换	按规定的里程或时间更换制动液，液面高度符合规定
8	传动系统	各连接部位	检查、校紧变速器、传动轴、驱动桥壳、传动轴支撑等部位的连接螺栓、螺母	各部位连接可靠，密封良好
9		变速器、主减速器和差速器	清洁通气孔	通气孔通畅
10	车轮	车轮及半轴的螺栓、螺母	校紧车轮及半轴的螺栓、螺母	紧固力矩符合规定
11		轮辋及压条挡圈	检查轮辋及压条挡圈	轮辋及压条挡圈无裂损及变形
12	其他	蓄电池	检查蓄电池	液面高度符合规定，通气孔畅通，电桩、夹头清洁、牢固，免维护蓄电池电量状况指示正常
13		防护装置	检查侧防护装置及后防护装置，校紧螺栓、螺母	完好有效，安装牢固
14		全车润滑	检查、润滑各润滑点	润滑嘴齐全有效，润滑良好。各润滑点防尘罩齐全完好。集中润滑装置工作正常，密封良好
15		整车密封	检查泄漏情况	全车不漏油、不漏液、不漏气

（三）汽车二级维护

当汽车行驶到一定里程后，零部件的磨损和变形会增加，为了延长汽车的使用寿命和保证行车安全，必须按期进行汽车二级维护，其主要作业内容是检查和调整。汽车二级维护应由专业维修企业执行。

（1）汽车二级维护作业项目及技术要求见表 2–12，车辆维修资料中与标准规定的二级维护基本作业项目不同的部分，依据车辆维修资料的有关条款执行。

表 2-12　汽车二级维护作业项目及技术要求

序号	作业项目		作业内容	技术要求
1	制动系统	制动踏板	检查、调整制动踏板自由行程	制动踏板自由行程符合规定
2		驻车制动	检查驻车制动性能，调整操纵机构	功能正常，操纵机构齐全完好、灵活有效
3		防抱死制动装置	检查连接线路，清洁轮速传感器	各连接线及插接器无松动，轮速传感器清洁
4		鼓式制动器	检查制动间隙调整装置	功能正常
			拆卸制动鼓、轮毂、制动蹄，清洁轴承位、轴承、支承销和制动底板等零件	清洁，无油污，轮毂通气孔畅通
			检查制动底板、制动凸轮轴	制动底板安装牢固、无变形、无裂损。凸轮轴转动灵活，无卡滞和松旷现象
			检查轮毂内外轴承	滚柱保持架无断裂，滚柱无缺损、脆落，轴承内外圈无裂损和烧蚀
			检查制动摩擦片、制动蹄及支承销	摩擦片表面无油污、裂损，厚度符合规定。制动蹄无裂纹及明显变形，铆接可靠，铆钉沉入深度符合规定。支承销无过量磨损，与制动蹄轴承孔衬套配合无明显松旷
			检查制动蹄复位弹簧	复位弹簧不得有扭曲，钩环损坏、弹性损失和自由长度改变等现象
			检查轮毂、制动鼓	轮毂无裂损，制动鼓无裂痕、沟槽、油污及明显变形
			装复制动鼓、轮毂、制动蹄，调整轴承松紧度、调整转动间隙	润滑轴承，轴承位涂抹润滑脂后再装轴承。装复制动蹄时，轴承孔均应涂抹润滑脂，开口销或卡簧固定可靠。制动摩擦片与制动鼓摩擦面应清洁，无油污。制动摩擦片与制动鼓配合间隙符合规定。轮毂转动灵活且无轴向间隙。锁紧螺母、半轴螺母及车轮螺母齐全，紧固力矩符合规定
5		盘式制动器	检查制动摩擦片和制动盘磨损量	制动摩擦片和制动盘磨损量应在标记规定或制造商要求的范围内，其摩擦工作面不得有油污、裂纹、失圆和沟槽等损伤
			检查制动摩擦片与制动盘间的间隙	制动摩擦片与制动盘之间的转动间隙符合规定
			检查密封件	密封件无裂纹或损坏
			检查制动钳	制动钳安装牢固、无油液泄漏。制动钳导向销无裂纹或损坏
6	转向系统	转向器和转向传动机构	检查转向器和转向传动机构	转向轻便、灵活，转向无卡滞现象，锁止、限位功能正常
			检查部件技术状况	转向节臂、转向器摇臂及横直拉杆无变形、裂纹和拼焊现象，球销无裂纹、不松旷，转向器无裂损、无漏油现象
7		转向盘最大自由转动量	检查、调整转向盘最大自由转动量	最高设计车速不小于 100 km/h 的车辆，其转向盘的最大自由转动量不大于 15°，其他车辆不大于 25°

续表

序号	作业项目		作业内容	技术要求
8	行驶系统	车轮及轮胎	检查轮胎规格型号	轮胎规格型号符合规定，同轴轮胎的规格和花纹应相同，公路客车（客运班车）、旅游客车、校车和危险货物运输车的所有车轮及其他车辆的转向轮不得装用翻新的轮胎
			检查轮胎外观	轮胎的胎冠、胎壁不得有长度超过 25 mm 或深度足以暴露出帘布层的破裂和割伤，以及凸起、异物刺入等影响使用的缺陷。具有磨损标志的轮胎，胎冠的磨损不得触及磨损标志；无磨损标志或标志不清的轮胎，乘用车和挂车胎冠花纹深度应不小于 1.6 mm；其他车辆的转向轮的胎冠花纹深度应不小于 3.2 mm，其余轮胎胎冠花纹深度应不小于 1.6 mm
			轮胎换位	根据轮胎磨损情况或相关规定，视情进行轮胎换位
			检查、调整车轮前束	车轮前束值符合规定
9		悬架	检查悬架弹性元件，校紧连接螺栓、螺母	空气弹簧无泄漏、外观无损伤。钢板弹簧无断片、缺片、移位和变形，各部件连接可靠，U 形螺栓、螺母紧固力矩符合规定
			减震器	减震器稳固有效，无漏油现象，橡胶垫无松动、变形及分层
10	灯光导线	前照灯	检查远光灯发光强度，检查、调整前照灯光束照射位置	符合机动车运行安全技术条件规定
11		线束及导线	检查发动机舱及其他可视的线束及导线	插接器无松动、接触良好。导线布置整齐、固定牢靠，绝缘层无老化、破损，导线无外露。导线与蓄电池桩头连接牢固，并有绝缘套
12	车架、车身及附件	车架和车身	检查车架和车身	车架和车身无变形、断裂及开焊现象，连接可靠，车身周正。发动机罩锁扣锁紧有效。车厢铰链完好，锁扣锁紧可靠，固定集装箱箱体、货物的锁止机构工作正常
			检查车门、车床启闭和锁止	车门和车窗应启闭正常，锁止可靠。客车动力启闭车门的车内应急开关及安全顶窗机件齐全、完好有效
13		支撑装置	检查、润滑支撑装置，校紧连接螺栓、螺母	完好有效，润滑良好，安装牢固

（2）汽车二级维护前首先要进行进厂检验，汽车进厂后，根据汽车技术档案（包括车辆运行记录、维修记录资料、检测记录、总成修理记录等）和驾驶人反映的车辆使用技术状况（包括汽车动力性、异响、转向、制动及燃油、润滑材料消耗等）确定所需检测项目，依据检测结果及车辆实际技术状况进行故障诊断，从而确定附加作业项目。附加作业项目确定后与基本作业项目一并进行二级维护作业。二级维护作业过程中要进行过程检测，过程检验项目的技术要求应满足《汽车维护、检测、诊断技术规范》（GB/T 18344—2016）要求。二级维护作业完成后，应进行竣工检验，经维护企业竣工检验合格的车辆，检测合格后，由维修企业填写《汽车维护竣工出厂合格证》方可出厂。

任务六　主机厂规定的定期维护（强保）

一、强保概述

强制保养即为走合期保养，是厂家为了保证汽车的正常运行而规定的一个保养。车辆在走合期内的行驶速度不要太快，因为新车在组装的时候可能存在铁屑或是杂物，部件之间没有油的润滑，过强、过快的摩擦对机器是个损伤，如果做了强保，整个机器通过油的保养润滑减少摩擦，同时也对各个部件之间起到密封的作用，润滑油可以有效地阻止外界灰尘杂物进入机器内部影响机器正常运转。通过强制保养，车辆也正式地进入了“三包”阶段。

二、纯电动汽车主机厂定期保养规定

为了保证汽车的行驶安全性和舒适性，主机厂对汽车定期维护项目都进行了相应规定。某主机厂保养规定见表 2–13。

表 2–13　某主机厂保养规定

系统类别	检查内容	处理方法	A 级保养	B 级保养	合格	不合格
			项目	项目		
动力电池系统	安全防护	检查并视情处理	√	√		
	绝缘	检查并视情处理	√	√		
	插接器状态	检查并视情处理	√	√		
	标识	检查并视情处理	√			
	螺旋紧固力矩	检查并视情处理	√	√		
	电动电池加热功能检查	检查并视情处理	√			
	外部检查	清洁处理	√			
	数据采集	分析并视情处理	√	√		
电机系统	安全防护	检查并视情处理	√	√		
	绝缘检查	检查并视情处理	√	√		
	电机及控制器冷却检查	检查后视情处理并清洁	√	√		
	外部检查	清洁处理	√			

续表

系统类别	检查内容	处理方法	A 级保养	B 级保养	合格	不合格
			项目	项目		
电器电控系统	机舱及各部位低压线束防护及固定	检查并视情处理	√	√		
	机舱及各部位插接器状态	检查并视情处理	√	√		
	机舱及底盘高压线束防护及固定	检查并视情处理	√	√		
	机舱及底盘各高低压电器固定及插接器连接状态	检查后视情处理并清洁	√	√		
	蓄电池	检查电量状态，并视情处理	√	√		
	灯光、信号	检查并视情处理	√	√		
	充电口及高压线	检查并视情处理	√	√		
	高压绝缘监测系统	检测并视情处理	√			
	故障诊断系统报警监测	检测、检查并视情处理	√			
制动系统	驻车制动器	检查效能并视情处理	√	√		
	制动装置	泄漏检查	√	√		
	制动液	液位检查	√	√		
	制动真空泵、控制器	检查（漏气）并视情处理	√	√		
	前、后制动衬片	检查并视情更换	√	√		
转向系统	转向盘及转向管柱连接紧固状态	检查并视情处理	√	√		
	转向器本体连接紧固状态	检查并视情处理	√	√		
	检查转向横拉杆间隙及防尘套	检查并视情处理	√	√		
	检查转向助力功能	路试检查并视情处理	√			
车身系统	风窗及洗涤刮水器	检查并视情更换处理	√			
	顶窗	检查并视情处理	√	√		
	座椅及滑道	检查并视情处理	√	√		
	门锁及铰链	检查并视情处理	√	√		
	机舱铰链及锁扣	检查并视情处理	√	√		
	后背门（厢）铰链及锁扣	检查并视情处理	√	√		

续表

系统类别	检查内容	处理方法	A 级保养项目	B 级保养项目	合格	不合格
传动及悬架系统	变速器（减速箱）	检查变速器连接、紧固及渗漏	√	√		
	传动轴	检查球笼间隙及护罩，并视情处理	√	√		
	轮辋	检查、紧固，视情处理	√			
	轮胎	检查胎压，并视情处理	√	√		
	副车架及各悬置连接状态	检查紧固	√			
	前后减震器	检查渗漏情况并紧固，并视情更换	√			
冷却系统	冷却液液位及冰点	液位及冰点测试，视情添加	√	√		
	冷却管路	检查渗漏情况并处理	√	√		
	水泵	检查渗漏情况并处理	√	√		
	散热器	检查并清洁	√	√		
空调系统	空调冷、暖风功能	检查并处理	√			
	压缩机及控制器	检查压缩机及控制器安装及线束插接器状态	√			
	空调管路及连接固定	管路防护检查并视情检漏处理	√	√		
	空调系统冷凝水排水系统	检查、处理	√			
	空调滤芯	检查处理并清洁	√	√		

项目实训

新能源汽车行车检查

一、行车前检查

（1）安装车内防护三件套。

（2）检查、确认车辆状况。

（3）打开前机舱盖。

（4）检查冷却液液位是否符合标准，正常液位应在最高液位与最低液位之间。

（5）检查制动液液位是否符合标准，正常液位应在最高液位与最低液位之间。

（6）检查低压蓄电池接线柱是否连接可靠，接线柱周围是否存在氧化腐蚀现象。

（7）蓄电池外观是否正常，有无漏液、漏气现象。

（8）关闭机舱盖。

二、驾驶前操作

（1）打开车门进入驾驶室。

注意事项：电动汽车由于其特性无法通过表现判断车辆是否高压上电完成，所以行驶前应着重查看仪表“OK”灯是否正常点亮。

（2）调节座椅至合适的位置。

（3）调节转向盘至合适位置，确保行驶安全。

注意事项：调整座椅使驾驶员处于操作最舒适状态，制动踏板和加速踏板操作均无阻碍。

（4）检查变速杆是否处于P挡，驻车制动是否开启。

（5）踩下制动踏板，按下电源开关，启动车辆。

（6）检查仪表中警告灯是否正常，仪表中提示信息是否正常。

注意事项：需要注意检查仪表“OK”灯是否正常点亮，若起动后“OK”灯不亮，则说明车辆上电未完成，此时车辆无法行驶。

（7）检查动力电池剩余电量，若电量较低，则应先充电再行驶，以免造成车辆无电抛锚。

（8）调整后视镜至合适位置。

（9）系上安全带，并检查安全带锁止情况是否可靠。

（10）检查车门是否完全关闭，确认仪表无车门未关提示。

三、驾驶车辆

1. 前进行驶

（1）确保车辆处于启动上电状态。

（2）踩下制动踏板，调整变速杆至D挡，检查驻车制动器是否正常解除。

（3）确认周围路况后，松开制动踏板，轻踩加速踏板，车辆向前行驶。

（4）行驶过程中需观察仪表、车速等信息，根据车速和行驶环境实时调节车速。

（5）观察周围路况，选择适合停车的位置。

（6）踩下制动踏板，缓慢停下车辆。

（7）在车辆滑行或减速过程中，观察仪表中制动能量回收的状态。

2. 倒车行驶

（1）观察车辆四周，确认行驶路径附近无障碍物。

（2）踩下制动踏板，将变速杆推入R挡并松开驻车制动器。

（3）通过后视镜和车窗观察车辆周围和道路情况，确保安全后，松开制动踏板进行倒车行驶。

注意事项：倒车行驶过程中，必须实时观察车辆周围和道路情况。

3. 停车操作

（1）观察车辆四周，选择合适的停车位置。

（2）踩下制动踏板，缓慢停车。

（3）保持制动踏板踩踏状态，调整变速杆至 P 挡。

（4）检查仪表中的驻车制动是否正常启动，若指示灯不亮，则可手动拉动驻车制动器控制开关，开启驻车制动器。

（5）关闭车辆电源开关。

（6）取下车内防护三件套。

（7）离开车辆，并使用遥控钥匙锁闭车门。

四、整理清洁

按照 7S 管理标准，整理工具、场地和设备。

课 后 练 习

一、填空题

1. 新车移交检查是指____________以后，交付给客户前，____________对车辆实施的检验。

2. ____________、____________、____________这三道工序组成了完整的 PDI 检查流程。

3. 汽车定期维护的意义：汽车由大量的零部件构成，随着车辆的使用____________，会受到____________而降低性能，从而需要定期维护，经调整或更换机件来____________。

4. 强制保养即为____________，是厂家为了保证汽车的正常运行而规定的一个保养。如果做了强保，整个机器通过油的保养润滑会____________________________，同时对各个部件之间起到__________作用，润滑油可以有效地阻止____________影响机器正常运转。

二、简答题

1. 新车移交检查的注意事项有哪些？

2. 新能源汽车日常使用应注意哪些？

3. 汽车维护的分类及周期有哪些要求？

项目三 纯电动汽车

项目概述

纯电动汽车顾名思义，就是完全剔除燃油发动机结构的汽车，它的结构和使用方法与其他新能源汽车有何区别呢？本项目介绍新能源汽车中的纯电动汽车，包含以下四个任务。

任务一：纯电动汽车基本结构。

任务二：纯电动汽车电源系统维护。

任务三：纯电动汽车控制系统维护。

任务四：纯电动汽车驾驶。

通过以上四个任务的学习，能够掌握纯电动机车的基本结构，对纯电动汽车电源系统进行正确维护，对纯电动汽车控制系统进行正确维护。

学习目标

知识目标

◆了解纯电动汽车的定义及结构。

◆熟悉电源系统的维护。

能力目标

◆能够简述汽车控制系统的维护方法。

◆能够驾驶纯电动汽车。

素质目标

◆培养学生在工作中既要充分坚持原则，又要具备灵活处理问题的能力。

◆增强学生自主创新意识及安全意识。

◆强化学生安全第一的思想，能够把安全与日常学习有机融合。

思政目标

◆通过学习，培养学生创新意识，提高动手能力，让学生体会到工匠精神，明确工匠精神的重要性。

◆培养学生具备良好的心理素质，增强应对压力和挫折的能力，并善于从逆境中寻找转机。

任务工单

1. 寻找成员

以 3 ～ 5 人为一组，选出组长并进行任务分工，将小组成员及分工情况填入表 3-1 中。

表 3-1　小组成员及分工情况

班级：　　　　组号：　　　　指导教师：

小组成员	姓名	学号	任务分工
组长			
组员			

2. 制订计划

（1）查阅相关资料，制订工作计划，并将其填入表 3-2 中。

表 3-2　工作计划

序号	工作内容	负责人

（2）将操作过程中所需的工具和耗材等填入表 3-3。

表 3-3　操作过程中所需的工具和耗材等清单

序号	名称	型号与规格	单位	数量	备注

续表

序号	名称	型号与规格	单位	数量	备注

3. 进行决策

（1）小组成员针对各自的工作计划展开讨论，并选出最佳工作计划。

（2）指导教师根据各小组提交的工作计划给出评价。

（3）各小组成员根据指导教师的评价对工作计划进行调整，调整合格后的工作计划即为最终实施方案。

4. 工作实施

根据最终实施方案，认识新能源汽车维护的主要作业项目及其位置。按实际操作过程，将实施内容、遇到的问题及解决办法等记录于表 3–4 中。

表 3–4　工作实施过程记录表

序号	实施内容	遇到的问题及解决办法	结果

5. 考核评价

各组展示任务完成情况，并完成见表 3–5 的考核评价表。

表 3–5　考核评价表

项目名称	评价内容	满分 / 分	评分 / 分		
			自评	互评	师评
职业素养考核项目 40%	穿戴规范、整洁	6			
	安全意识、责任意识及服从意识强	6			
	积极参加教学活动，按时完成任务工单	10			
	团队合作、沟通交流能力强	6			
	劳动纪律良好	6			
	维护场地、设备及工具等干净整洁	6			

续表

项目名称	评价内容	满分 / 分	评分 / 分		
			自评	互评	师评
专业能力考核项目 60%	了解纯电动汽车的定义及结构	12			
	能够简述汽车控制系统的维护方法	18			
	熟悉电源系统的维护	12			
	能够驾驶纯电动汽车	18			
合计		100			
总评	自评（20%）+互评（20%）+师评（60%）=	综合等级	指导教师（签名）：		

任务一　纯电动汽车基本结构

一、纯电动汽车的定义

纯电动汽车（battery electric vehicle，BEV），是指以车载电源为动力，用电动机驱动车轮行驶，符合道路交通、安全法规各项要求的车辆。它利用动力蓄电池（如铅酸蓄电池、镍镉蓄电池、镍氢蓄电池或锂离子蓄电池）作为储能动力源，通过动力蓄电池向电动机提供电能，驱动电动机运转，从而推动汽车前进，如图 3-1 所示。

纯电动汽车

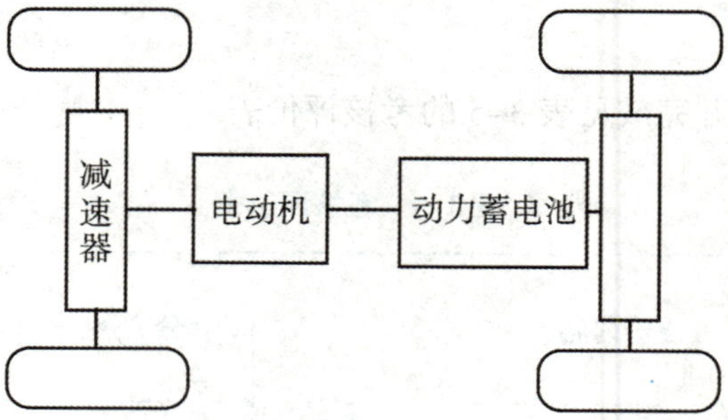

图 3-1　纯电动汽车工作原理

二、纯电动汽车的优点

1. 无污染、噪声小

纯电动汽车无内燃机汽车工作时产生的废气，不产生污染，对环境保护和空气的洁净是十分有益的，几乎是“零污染”。内燃机汽车废气中的 CO、HC 及 NO_x、微粒、臭气等污染物会形成酸雨、酸雾及光化学烟雾。纯电动汽车电动机的噪声也较内燃机小。

2. 结构简单，维修方便

纯电动汽车较内燃机汽车结构简单，运转、传动部件少，维修保养工作量小。当采用交流感应电动机时，电动机无须保养维护。

3. 能量转换效率高

纯电动汽车除了驱动车辆行驶外，还可回收制动、下坡时的能量，提高能量的利用效率。纯电动汽车的研究表明，其能源效率已超过汽油机汽车。特别是在城市运行，汽车走走停停，行驶速度不高，纯电动汽车更加适宜。纯电动汽车停止时不消耗电量，在制动过程中，电动机可自动转化为发电机，实现制动减速时能量的再利用。

另外，电动汽车的应用可有效地减少对石油资源的依赖，可将有限的石油用于更重要的方面。向蓄电池充电的电力可以由煤炭、天然气、水力、核能、太阳能、风力、潮汐等能源转化。如果夜间向蓄电池充电，还可以避开用电高峰，有利于电网均衡负荷，减少费用。

三、纯电动汽车典型组成结构

传统燃油汽车是由发动机、底盘、车身和电气设备四大部分组成的，纯电动汽车的结构与燃油汽车相比，主要增加了电力驱动控制系统，取消了发动机。因此，纯电动汽车的结构主要由电力驱动控制系统、汽车底盘、车身以及各种辅助装置等部分组成。除了电力驱动控制系统，其他部分的功能及其结构组成基本与传统汽车相同，不过有些部件根据所选的驱动方式不同，已被简化或省去了，所以电力驱动控制系统既决定了整个纯电动汽车的结构组成及其性能特征，也是纯电动汽车的核心，这也是区别于传统内燃机汽车的最大不同之处。

纯电动汽车典型组成结构框图，如图 3-2 所示，电力驱动控制系统由电力驱动系统、电源系统和辅助系统三部分组成。

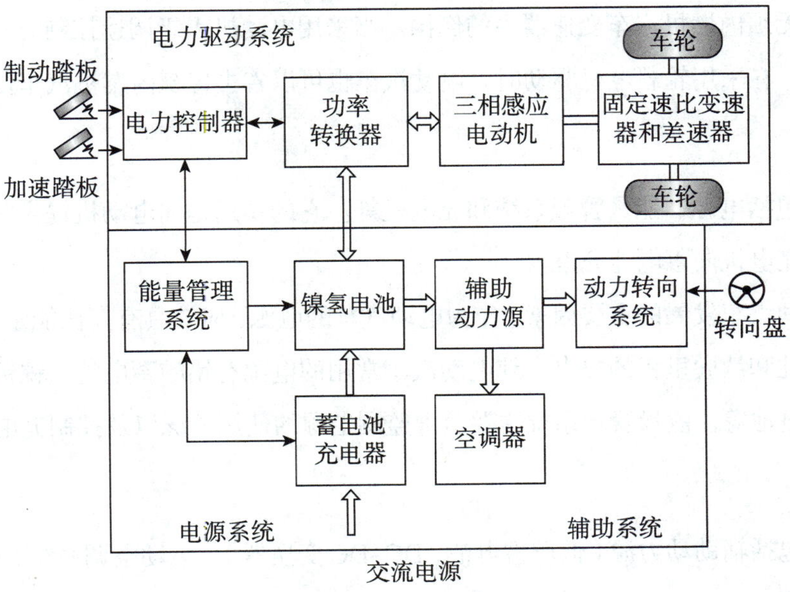

图 3-2　纯电动汽车典型组成结构框图

图 3–2 中，线上的箭头表示电功率或控制信号的传输方向。来自加速踏板的信号输入电子控制器并通过控制功率变换器来调节电动机输出的转矩或转速，电动机输出的转矩通过汽车传动系统驱动车轮转动，充电机通过汽车的充电接口向蓄电池充电。在汽车行驶时，蓄电池经功率变换器向电动机供电。当电动汽车采用电制动时，驱动电动机运行在发电状态，将汽车的部分动能回馈给蓄电池以对其充电，并延长纯电动汽车的续驶里程。

1. 电力驱动系统

电力驱动系统（以下简称驱动系统）主要包括电子控制器、功率转换器、电动机、机械传动装置和车轮等。驱动系统的功用是将储存在蓄电池中的电能高效地转化为车轮的动能进而推动汽车行驶，并能够在汽车减速制动或者下坡时，实现再生制动。

电子控制器的作用是接收加速踏板位置信号、制动踏板位置信号、挡位信号及其他相关信号，综合判断驾驶人的意图和整车工况，发出控制指令给功率变换器，通过功率变换器控制电动机的电压或电流，完成电动机的驱动转矩和旋转方向的控制。

功率变换器是将蓄电池的直流电转换为频率和电压均可调的交流电进而驱动电机工作。当汽车减速制动或者下坡时，功率变换器将车轮驱动电动机产生的电能储存在蓄电池中。

电动机的作用是将电源的电能转化为机械能，通过传动装置驱动或直接驱动车轮。早期，电动汽车上广泛采用直流串激电动机，这种电动机具有“软”的机械特性，与汽车的行驶特性非常适应。但直流电动机由于存在换向火花，比功率较小、效率较低，维护工作量大等缺点，随着电动机技术和电动机控制技术的发展，正在逐渐被直流无刷电动机（BLDC）、永磁同步电动机、开关磁阻电动机（SRM）和交流异步电动机所取代。

机械传动装置的作用是将电动机的驱动转矩传给汽车的驱动轴。因为电动机可以带负载起动，所以纯电动汽车上无须传统内燃机汽车的离合器。并且驱动电动机的转向可以通过电路控制实现变换，因此，纯电动汽车无须内燃机汽车变速器中的倒挡。当采用电动机无级调速控制时，电动汽车可以省去传统汽车的变速器。在采用轮毂电机驱动时，电动汽车也可以省去传统内燃机汽车传动系统的差速器。

2. 电源系统

电源系统主要包括电源、能量管理系统和充电机等。它的功用是向电动机提供驱动电能，监测电源使用情况以及控制充电机向蓄电池充电。

电源是制约电动汽车发展的主要因素。作为电动汽车的电源，应该具有高比能量和高比功率等性能，以满足汽车的动力性和续驶里程的要求。纯电动汽车常用的电源有铅酸蓄电池、镍镉蓄电池、镍氢蓄电池、锂离子动力蓄电池等。能量管理系统主要负责监测电源的使用情况以及控制充电机向蓄电池充电。

3. 辅助系统

辅助系统主要包括辅助动力源（低压蓄电池、DC–DC 变换器）、电动空调系统、电动助力转向系统、电动真空制动系统等。

早期的纯电动汽车各个系统比较独立，各个部件也是分立的，例如，北汽 EV160 纯电动汽车的电机控制器、驱动电机、车载充电机、DC–DC 变换器、高压控制盒等高压部件都是分立的，如图 3–3 所示。

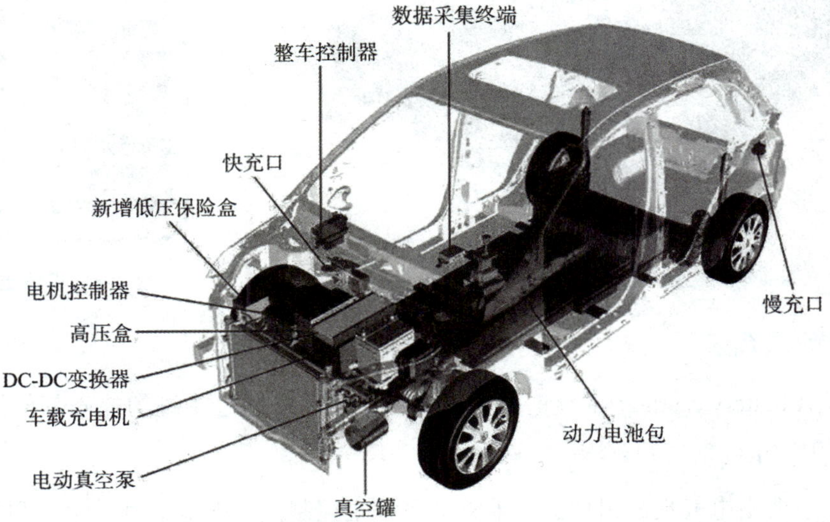

图 3–3　北汽 EV160 纯电动汽车分立式部件位置

经过近几年的发展，纯电动汽车技术越来越成熟，集成度也越来越高，有的把电机控制器和驱动电机集成为一个总成，有的把电机控制器、DC–DC 变换器集成为一个总成，例如，比亚迪 E5 450 纯电动汽车，前机舱内的高压电控总成集成了电机控制器模块、车载充电机模块、DC–DC 变换器模块、高压配电模块以及漏电传感器等，称为“四合一”总成。

任务二　纯电动汽车电源系统维护

一、纯电动汽车电源系统组成

纯电动汽车的电源系统主要由动力电池包、电池管理系统、充电系统、冷却系统等组成。

（一）动力电池包

动力电池包是电源系统的核心部件，主要由动力电池和动力电池箱组成。动力电池是纯电动汽车的动力电源，其作用是给驱动电机提供所需的电能，从而带动汽车行驶。纯电动汽车动力电池安装在车体下部汽车底盘上。

动力电池箱相当于动力电池的壳体，主要用于安装动力电池模组。动力电池模组由 10 组电池模块串联而成（图 3–4），每一组电池模块又由一组串联的电池单体组合而成。电池单体是构成动力电池模组的最小单元，一般由正极、负极、电解质（或电解液）和聚合物隔膜等组成（图 3–5）。

图 3–4　动力电池模组的组成

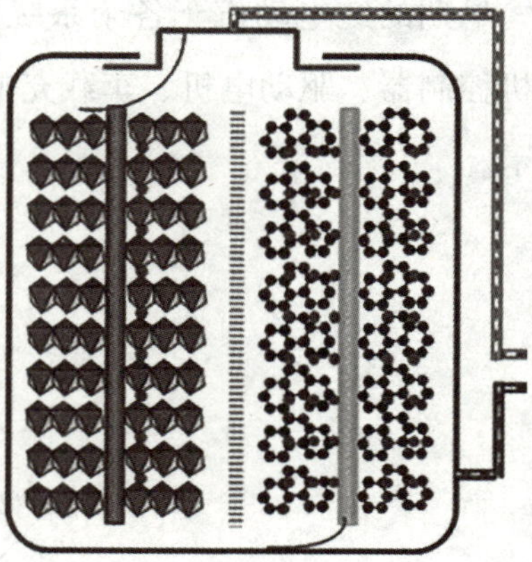

图 3–5　单体电池内部结构

（二）电池管理系统

电池管理系统（battery management system，BMS）是动力电池系统的核心部件，通常安装在动力电池内部或车辆前机舱内。

电池管理系统主要由电气集成组件、电池管理系统主控制盒、电池信息采集器和传感器构成。电池信息采集器主要负责监测动力电池组的温度和单体电芯的电压、电流等实时信息，然后通过低压控制线路上报给主控盒，并保持与主控盒之间的往复信息传输；电气组成部件负责监测高压回路状态信息并将信息传送给主控盒；主控制盒通过 CAN 线与整车控制器连接，将收集的数据进行综合分析处理之后发送新的指令信息给高压控制盒和电池管理系统及其他控制子系统。

（三）充电系统

充电系统包含两个系统，即慢充（交流）充电系统和快充（直流）充电系统。慢充充电系统通过慢充充电枪（家用交流慢速充电线、交流充电桩用慢速充电线）与家用排插或慢充充电桩相连，为动力电池进行 220 V 慢速充电，快充充电系统通过直流充电桩为动力电池进行快速充电，如图 3–6 所示。

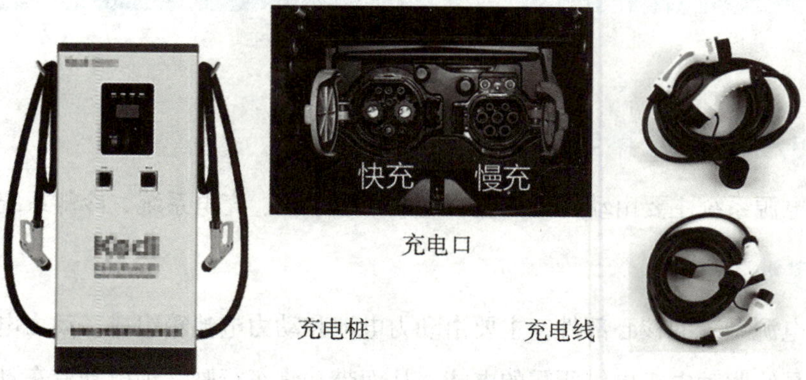

图 3–6　纯电动汽车充电系统的组成

1. 慢充（交流）充电系统

慢充充电系统主要由车载充电机、慢充充电口、高压控制盒、慢充充电枪、慢充（交流）充电桩等部件组成（图 3–7）。它主要用于将 220 V 交流电转换为直流电，以实现动力电池的电能补给。

图 3-7 慢充系统的组成

（1）车载充电机。车载充电机位于前机舱内，主要由车载充电机箱体、车载充电机电路面板、车载充电机棉垫和散热风扇组等主要部件组成。车载充电机主要负责将 220 V 交流电转换为动力电池的直流电，实现动力电池电量补给。

（2）慢充充电口。慢充充电口用于电动汽车传导充电使用，纯电动汽车慢充充电口一般位于车头前部，打开充电盖后可以看到充电插头，充电插头通常为 7 孔式，其针脚布置方式如图 3-8 所示。

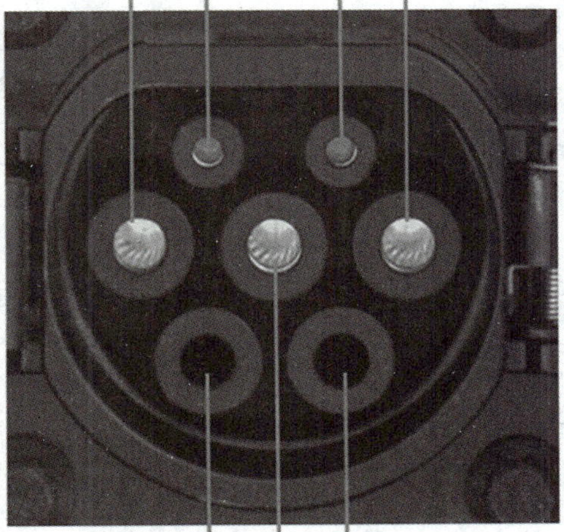

图 3-8 慢充充电口针脚布置方式

（3）慢充充电枪。慢充充电桩上的慢充充电枪是慢充充电桩与电动汽车慢充充电口进行物理连接的部件，负责完成充电和控制引导。

（4）慢充（交流）充电桩。慢充（交流）充电桩是固定安装在电动汽车外，与交流电网连接，为电动汽车车载充电机（即固定安装在电动汽车上的充电机）提供交流电源的供电装置。

2. 快充（直流）充电系统

快充（直流）充电系统是直接将充电桩输出的直流电传输到车载电池，实现车载电池电能补给。快充（直流）充电系统关系到电池组的使用寿命和充电时间，其主要目的是实现对动力电池快速、高效、安全、合理的电能补给。

快充充电系统主要由快充充电口、高压控制盒、快充充电枪、快充充电桩等部件组成。

（1）快充充电口。快充充电使用的是直流充电方式。比亚迪 e5 的快充充电口位于车头前部正中间位置，如图 3-9 所示。打开充电盖口后可以看到 9 孔式接口，其针脚布置形式如图 3-10 所示。

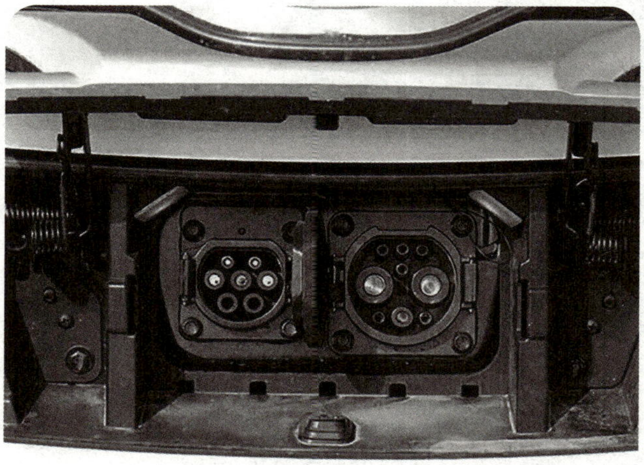

图 3-9　快充充电口位置

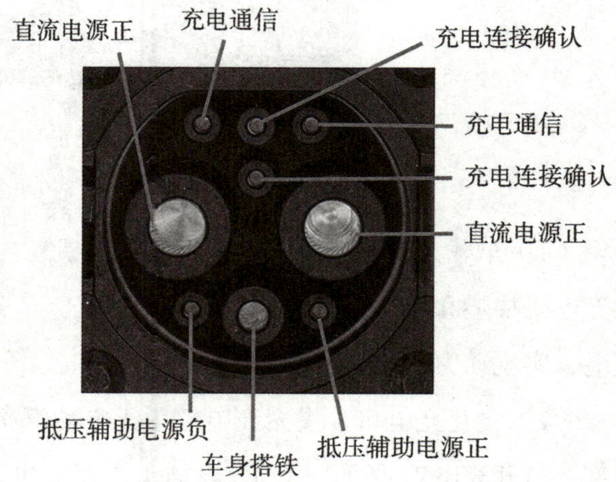

图 3-10　快充充电口针脚布置方式

（2）快充充电枪。快充充电桩上的快充充电枪是快充充电桩与电动汽车快充充电口进行物理连接的部件，负责完成充电和控制引导。

（3）快充（直流）充电桩。快充（直流）充电桩是固定安装在电动汽车外，与交流电网连接，向电动汽车动力电池提供直流电源的供电装置。

（四）冷却系统

冷却系统安装在动力电池内部，主要有两个作用：一是，在车辆起动前期将动力电池加热至工作温度；二是，在动力电池到达工作温度后散热，使其持续保持工作温度。冷却系统主要由电动冷却水泵、电池组热交换器、散热器和冷却液管路等组成（图 3-11）。

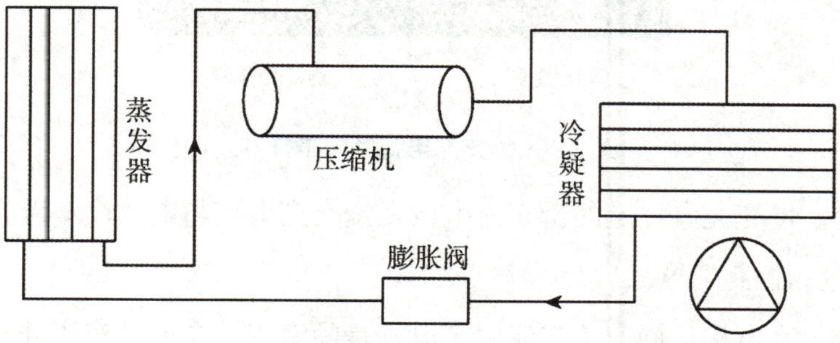

图 3-11　冷却系统的组成

1. 电动冷却水泵

电动冷却水泵由主控制器控制工作，它通常安装在前机舱后部，采用车辆低压电力驱动。

2. 电池组热交换器

电池组热交换器安装于电池包内部，每一组电池模组都会装有热交换器管路，以确保在最短时间内对动力电池进行热管理。

3. 散热器

散热器安装于车辆前保险杠内部，散热器管路周围装有散热片来增加散热管路的表面积，增加散热器热交换的速度。

4. 冷却液管路

冷却液管路用于连接冷却系统各部件，保证冷却液的顺畅流通。其制造材料多采用橡胶管。

二、纯电动汽车电源系统维护方法

电源系统是整个纯电动汽车的动力源，因此定期对电源系统进行维护，确保能安全地对动力电池进行充电以维持车辆动力电池的性能，保证正常的续驶里程是至关重要的。

纯电动汽车电源系统的维护主要分为两个方面，即动力电池的维护和充电系统的维护。在维护前，一定要做好准备工作，以确保人员安全。具体准备工作主要包括以下五个方面。

（1）确认车辆停放可靠，并关闭点火开关，取出车辆钥匙。

（2）断开低压蓄电池负极，并进行绝缘处理。

（3）佩戴高压绝缘装备。

（4）断开动力电池高压维修开关。

（5）举升车辆，断开动力电池总正、总负高压电缆插接器和低压线束插接器。

（一）纯电动汽车动力电池维护

动力电池的维护可以分为动力电池外部维护和动力电池内部维护。常规保养时可以只对动力电池的外部进行维护，但当需要进行多项目的大保养或当动力电池内部存在故障时，就需要对动力电池进行内部维护。

1. 动力电池外部维护

动力电池外部维护内容主要有动力电池外观检查、动力电池箱密封性能检查、动力电池外部绝缘性检查和动力电池冷却系统检查。

（1）动力电池外观检查

①检查动力电池下托盘是否存在变形、开裂、凹陷等情况。

②检查动力电池下部是否有撞击、变形和破损情况。

③检查动力电池外壳是否存在破损、开裂、漏液等情况。

④ 检查正、负极母线及电缆插接器的外观有无破损。

⑤ 使用定扭扳手紧固动力电池固定螺栓，检查螺栓紧固状态。

（2）动力电池箱的密封性能检查

检查动力电池箱密封性的目的是保证动力电池箱密封性能良好，防止动力电池箱内部进水、灰尘、异物等影响动力电池使用。

检查动力电池箱的密封性能时，一般使用真空泵及气泵管路连接动力电池箱，对电池箱进行抽真空操作，正常情况下在 3 ～ 5 min 内，负压会达到 –40 kPa；10 min 后负压保持 –10 kPa 的压力。若无法达到此数据，则需检查动力电池箱螺栓是否紧固，若紧固正常，则需更换动力电池箱密封条。

（3）动力电池外部绝缘性检查

为避免动力电池漏电，防止线路及电池内部短路，需要对动力电池高压母线的绝缘性进行检查。使用数字绝缘电阻表 DC1 000 V 挡位分别检查动力电池正极端子与车身搭铁之间的绝缘电阻值，以及动力电池负极端子与车身搭铁之间的绝缘电阻值。绝缘电阻值应大于 20 MΩ，若低于此绝缘电阻值，则说明动力电池存在断路故障可能性，需要进一步检查并排除故障。

（4）动力电池冷却系统检查

① 检查动力电池冷却系统储液罐液位。正常情况下，冷却液液位应该在“MAX”与“MIN”之间，低于“MIN”刻度线时需要适当添加冷却液（图 3–12）。若严重缺失冷却液，则需要进一步检查缺少原因，必要时可配合压力测试。添加冷却液应选用同一厂家、同一型号的冷却液，以避免发生冷却液混用现象，影响冷却液品质。

图 3–12　比亚迪动力电池冷却系统液位

② 使用冰点测试仪，冷却液冰点应在 –20 ℃以下，若测试结果不符合标准，则需要更换系统中的冷却液。

③ 检查散热器及水管外部是否存在老化、开裂、泄漏和堵塞等情况，若存在，则需要进一步检修。

2. 动力电池不拆解检查

（1）连接车辆专用诊断仪，进入系统，读取车辆的相关信息。

（2）读取电源系统故障码，确认故障码是否与电源系统故障相关。如有相关故障码，则需进一步检修故障。

（3）读取电源系统相关数据流，检查是否存在异常数据，例如接触器状态、电池温度、电池电压等。

3. 动力电池内部维护

动力电池内部维护内容主要有动力电池内部清洁、熔断器检查、继电器检查、预充电阻检查与维护、动力电池内部电缆及连接件检查、动力电池的保温性能检查。

（1）动力电池内部清洁。使用工具拆卸动力电池，并打开动力电池上盖，使用高压气枪清理动力电池内部粉尘。

（2）熔断器检查。使用万用表检查动力电池内部熔断器状态是否良好，若出现故障，则应予以更换。

（3）继电器检查。使用万用表测量正、负极母线接触器线圈电阻值，标准电阻值需要参考原厂维修手册，若超出范围值，则应予以更换。

（4）预充电阻检查与维护。预充电阻能够限制预充电流的大小，避免电路短路。因此预充电阻能否可靠工作直接着影响动力电池的性能，需要对其进行检查。可使用万用表测量预充电阻值是否正常，若阻值在 40 Ω 左右，说明预充电阻正常；否则说明预充电阻损坏，应及时予以更换。

（5）动力电池内部电缆及连接件检查。检查动力电池内部电缆及连接件主要是判断其是否有破损、挤压、漏电等情况。此外，为防止动力电池模组连接紧固螺钉松动，确保动力电池模组连接可靠，应使用绝缘工具紧固动力电池模组各电缆连接螺栓，完成检查后需做好极柱绝缘。

需要注意的是，由于动力电池具有一定危险性，因此维修人员应佩戴绝缘手套以保证安全性。

（6）动力电池的保温性能检查。在冬季，动力电池内部保温材料是否完整会影响动力电池内部温度的可靠性。因此，维修人员需要定期检查动力电池内部边缘保温棉是否脱落、损坏等，若存在问题，则需要及时修复或更换。

（二）纯电动汽车充电系统维护方法

纯电动汽车充电系统维护内容主要有车载充电机和充电口盖开关状态。

1. 车载充电机

从车载充电机的绝缘性能和工作状态等六个方面进行检查。

（1）车载充电机外观检查与维护。检查车载充电机外壳是否有明显的碰撞痕迹，外壳有无变形及破损，必要时进行更换。

（2）车载充电机连接线束检查与维护。检查车载充电机各连接线束有无破损、裂纹，高压、低压接线端子连接是否牢靠，有无松动。

（3）车载充电机紧固螺栓检查与维护。检查车载充电机紧固螺栓有无锈蚀，紧固力矩是否足够。

（4）车载充电机风扇检查。检查车载充电机风扇转动是否灵活，阻风圈上有无异物，必要时清洁外表面。

（5）车载充电机绝缘性能检查。检查车载充电机的绝缘性能。车载充电机正、负极输出与车身（外壳）之间的绝缘电阻在正常情况下大于或等于 20 MΩ，若绝缘阻值小于规定值，则说明车载充电机存在绝缘故障可能性，需进一步检修车载充电机。

（6）车载充电机工作状态检查。对车辆进行充电时，查看指示灯是否正常。充电正常时，交流和工作指示灯点亮；当起动半小时仍只有交流指示灯亮时，有可能是电池无充电请求或已充满；当警告灯亮时，说明充电系统出现异常；当工作和交流指示灯都不亮时，需要检查充电桩、充电线束及插接件。

2. 充电口盖开关状态维护

如果充电口盖出现问题，则会影响车辆的正常起动。因此，要检查其开关状态。检查方法如下。

（1）打开充电口盖板，仪表充电指示灯应常亮，关闭充电口盖，仪表充电指示灯应熄灭。

（2）检查充电口盖能否正常开启或关闭。

三、纯电动汽车电源系统维护注意事项

（1）操作人员在维护作业过程中一定要全程戴绝缘手套。与驱动系统维护保养不同，在进行纯电动汽车电源系统维护过程中，尽管断开了车辆电源系统动力电池的高压维修塞，仍然有可能碰触到动力电池模组，造成人员触电，因此一定要戴绝缘手套以保护自身安全。

（2）严禁在亏电状态下存放电池，因为此时电池很容易出现失活现象，造成充电不足，电池容量下降。亏电状态闲置时间越长，电池损坏越重。因此，电池闲置不用时，应每月补充电一次，这样能较好地保持电池的良好状态。

（3）动力电池在维护检查时，应遵守先易后难，先低压检测后进行高压检测的原则进行维护检查作业。

（4）纯电动汽车的清洁与传统汽车的清洁方法基本相同，但由于纯电动汽车有电池、高压线束，所以在清洁纯电动汽车外部时，一定要注意不能使水浸入到车体的充电插座；在清洁车辆前机舱盖内部时不能用水冲洗，应尽量用干抹布进行清洁；此外，不要手扶车身，应尽量单手操作，若发现线路插头部位生锈，则应使用专业清洗剂处理。

四、纯电动汽车电源系统维护周期

纯电动汽车电源系统维护周期是按里程表的读数或时间间隔而定，以先到者为准。对于已经超过最后期限的保养项目，也应在同样的时间间隔里进行保养。不同型号的纯电动汽车，其电源系统维护周期不同，比亚迪 e5 电源系统维护周期见表 3-6。

表 3-6　比亚迪 e5 电源系统维护周期

维护保养时间 / 维护保养项目	里程表读数（总里程）或月数，以先到者为准								
	里程表读数 / 1 000	15	30	45	60	75	90	105	120
	km	24	48	72	96	120	144	168	192
	月数	12	24	36	48	60	72	84	96
检查动力电池托盘、防撞杆		I	I	I	I	I	I	I	I
检查动力总成是否漏液、磕碰		I	I	I	I	I	I	I	I
检查高压线束或插接件是否松动		I	I	I	I	I	I	I	I
检查各充电插接器接口处是否有异物、烧蚀等情况		I	I	I	I	I	I	I	I

注：I 表示必要时进行检查、修正或更换。

任务三　纯电动汽车控制系统维护

一、纯电动汽车控制系统组成

整车控制系统主要功能是根据驾驶员的操作和当前整车及零部件的工作状况，在保证安全和动力性的前提下，选择尽可能优化的工作模式和能量分配比例，以达到最佳的燃料经济性和排放指标。它由高压管理系统、低压电控系统和总线通信系统组成。

（一）整车控制器

整车控制器（vehicle control unit，VCU）是整个汽车的核心控制部件，用来协调各个零部件，使整车行驶在最佳状态，如图 3-13 所示。它是进行电动汽车动力控制及电能管理的载体。一方面，它通过采集加速踏板信号、制动踏板信号及其他部件信号进行运算分析，以获取驾驶员需求。另一方面与电机控制器、电池管理系统、电动辅助系统等部件组成 CAN 总线网络，对网络信息进行管理、调度、分析和运算，进行相应的能量管理，实现整车驱动控制、能量优化控制、制动能量回馈控制、高压上 / 下电控制、充电过程控制、实时监测车辆状态和故障诊断与处理等功能。

图 3-13　整车控制器

（二）高压配电装置

高压系统分为分体式高压系统、集成式高压系统和高度集成式高压系统。在分体式高压系统中，车载充电机模块、DC-DC 变换器模块、高压控制盒、电机控制器以分布式布置在机舱内。

在集成式高压系统中，车载充电机模块、DC-DC 变换器模块、高压控制盒集成在模块中被称为 PDU（高压配电盒），而电机控制器单独进行布置。

高压控制盒，如图 3-14 所示。高压控制盒通常位于机舱内，主要用于分配动力电池中储存的电能，实现对支路用电器件的保护及切断。

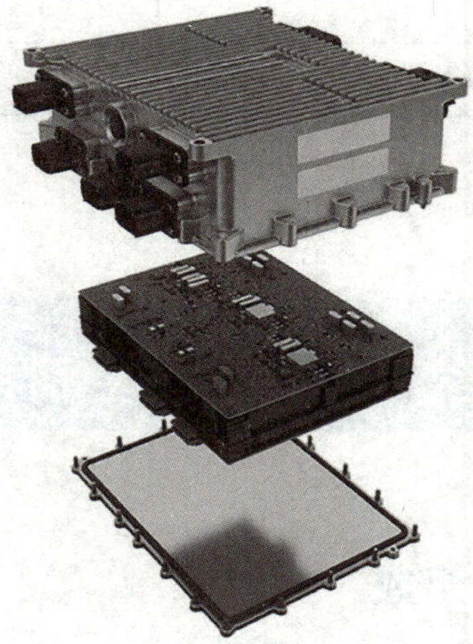

图 3-14　高压控制盒

（三）总线通信系统

纯电动汽车总线通信系统采用分布式布置方式，通常高压系统各控制模块中均设有通信系统，通过网线连接形成总线系统，总线通信系统各设备负责与外部诊断设备的连接和诊断通信，实现诊断服务，包括数据流读取、故障码的读取和清除、控制端口的调试。

二、纯电动汽车控制系统维护方法

纯电动汽车控制系统属于电子控制系统，其各部件存在故障可能性较低，且工作稳定性极高，不依赖于日常维护，因此对于纯电动汽车控制系统的保养主要以外观检查和电气检测为主。

纯电动汽车控制系统的维护内容主要包括控制系统器件外观的基本检查、控制系统器件的高压线束检查、高压部件性能检查和车辆故障码检测。

（一）外观基本检查

1. 低压部件外观基本检查

（1）检查整车控制模块，确认表面无异物附着，外观无明显破损、烧蚀和外壳脱落情况。

（2）检查整车控制模块连接线束，确认线束无绝缘破损、高温烧蚀、碰撞变形和外伤等情况。

（3）检查整车控制器的线束插头是否连接牢固，紧固螺栓是否达到正常力矩。

2. 高压部件外观基本检查

（1）检查 DC–DC 变换器、高压配电盒外表面有无异物附着，外观有无明显破损、烧蚀和外壳脱落的情况。

（2）清洁 DC–DC 变换器、高压配电盒表面散热片，确保散热片表面清洁，以保证散热时风道通畅，散热片热传导良好。

（3）检查 DC–DC 变换器和高压配电盒的紧固螺栓有无锈蚀，紧固力矩是否足够。若紧固力矩不足，则使用定扭扳手将 DC–DC 变换器和高压配电盒的固定螺栓紧固至（45±5）N·m。

（二）控制系统在线检测

（1）将车辆停放至合适位置，确认挡位位于 P 挡，拉起驻车制动器。

（2）连接车辆专用诊断仪，并检查确认专用诊断仪功能良好。

（3）打开车辆点火开关至 START 挡，并使用诊断仪读取车辆信息。

（4）进入系统诊断页面，选择整车控制系统，读取相关故障码，分析是否存在有效故障码，必要时可清除故障码后重新读取。

（5）根据故障信息读取控制系统相关数据流，若存在异常数据，则需进一步检查整车控制系统故障。

（6）确认系统无故障后需要检查整车控制模块软件是否存在更新，若存在更新需要及时更新整车控制模块软件。

（三）控制系统器件高压电缆检查

（1）检查 DC–DC 变换器、高压配电盒各连接电缆及插接器有无破损、裂纹、绝缘老化、烧蚀等情况。

（2）使用绝缘电阻表 1 000 V 测试挡，检测 DC–DC 变换器、高压配电盒各连接线束与车身搭铁之间的绝缘电阻值，测量结果应大于 20 MΩ。若低于标准值，则需进一步检查高压电缆，必要时需进行更换。

（四）高压部件性能检查

（1）在车辆高压断电情况下，拆卸维修开关。使用绝缘电阻表 1 000 V 测试挡，检测 DC–DC 变换器、高压配电盒线束连接端口与车身搭铁之间的绝缘电阻值，测量结果应大于 20 MΩ，若低于标准值，则说明该高压部件可能存在绝缘不良的故障。

（2）将车辆点火开关调节至“OK”位，使用万用表测量 DC–DC 变换器的输出电压，测量值应在 13.2 ～ 14 V 范围内。若低于标准值，则需要进一步检查 DC–DC 变换器。

三、纯电动力汽车控制系统维护注意事项

（1）对于控制系统外观检查和维护可不切断车辆高压维修开关，但操作全程需穿戴高压绝缘防护装备，以防止高压系统部件由于故障漏电而导致人员触电事故。

（2）若要对整车控制系统高压部件进行绝缘检测或插拔高压电缆插接器，则需要按照要求拆卸低压蓄电池负极电缆，断开高压维修开关，等待 15 min 后才能进行操作。

（3）控制系统部件为精密电力电子器件，对控制系统各部件的清洁应采取擦拭为主的清洁方式，不可使用水洗的方式清洁，否则容易造成部件短路、进水腐蚀等情况发生。

（4）检查控制系统部件时，需根据先易后难，先低压部件再高压部件的方式进行检测。

（5）由于纯电动汽车整车控制系统较为依赖控制软件，软件更新将在某种程度上改变车辆优化控制逻辑，所以在对纯电动汽车控制系统进行维护时需要注意查询厂方相关公告，如有软件更新，则需及时根据厂方指导要求进行更新。

四、纯电动汽车控制系统维护周期

纯电动汽车控制系统的维护周期见表 3-7，“I”表示必要时进行检查、修正或更换。

表 3-7 纯电动汽车控制系统的维护周期

维护保养时间 / 维护保养项目	里程表读数（总里程）或月数，以先到者为准									
	里程表读数 /1 000 km	7.5	15	30	45	60	75	90	105	120
	月数	6	12	24	36	48	60	72	84	96
检查高压模块故障码		I	I	I	I	I	I	I	I	I
检查高压线束或插接件是否松动		I	I	I	I	I	I	I	I	I
检查高压模块外观件是否变形、是否有油液		I	I	I	I	I	I	I	I	I
检查整车模块是否有软件更新，有则更新		I	I	I	I	I	I	I	I	I

任务四　纯电动汽车驾驶

汽车驾驶室是整个汽车的重要组成部分，不仅可以为驾驶员提供便利的工作条件，而且可以为乘员提供舒适的乘坐环境。此外，汽车驾驶室布局措施和设备还有助于安全行车和减轻事故后果。因此，要驾驶纯电动汽车，首先应该了解车辆驾驶室的结构与功能。

一、认识纯电动汽车驾驶室

纯电动汽车驾驶室通常包括仪表板、组合开关、制动踏板、加速踏板、换挡操纵机构、驻车制动器、点火开关和安全带等，不同类型的纯电动汽车在驾驶室布局上稍有不同。本任务主要以比亚迪 e5 为例展开介绍。

（一）仪表板

汽车仪表板主要包含指示灯和各种仪表，用于反映车辆各系统的工作状况，以便为驾驶员提供所需的汽车运行参数信息；提醒驾驶员采取必要的措施消除指示灯提示存在的问题，合理、安全地使用汽车。比亚迪 e5 纯电动汽车组合仪表包括功率表、信息显示屏和车速表，如图 3–15 所示。

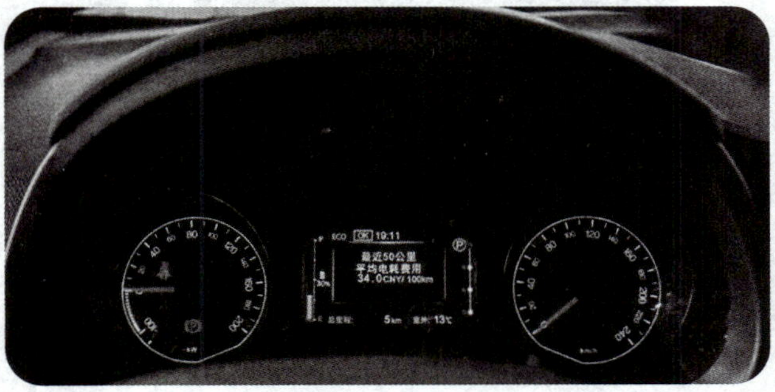

图 3–15 比亚迪 e5 纯电动汽车组合仪表

1. 功率表

功率表用于显示当前模式下整车的实时功率。功率表默认用“千瓦”（米制功率单位：kW）来指示整车的功率，也可通过菜单中的单位设置选择“马力”（英制功率单位：HP）。当车辆在下坡或慢速行驶时，功率指示值可能为负值，这表示当前车辆正在给动力电池充电。

2. 信息显示屏

信息显示屏主要包含电量表、里程信息、室外温度、挡位指示、故障信息、行车信息、提示信息。其中电量表用于指示当前车辆动力电池预计剩余的电量。里程信息用于显示车辆已行驶的总里程数。室外温度用于显示室外温度信息。挡位指示用于显示变速杆在某位置时相应的挡位指示。故障信息主要用于提示用户检查相应的系统信息。行车信息主要显示车辆行驶时的胎压、能量流程图、续驶里程、累计平均电耗等信息。提示信息主要用于充、放电提示。

3. 车速表

车速表用于显示当前行驶情况下整车的实时车速。车速表默认用“千米 / 小时”（km/h）来指示整车的车速，也可通过菜单中的单位设置选择“迈”（英里 / 小时，俗称“MPH”）。当电源挡位处于“ON”挡时，此表指示当前车速值。

（二）组合开关

比亚迪 e5 汽车组合开关主要有转向盘组合开关、外部灯光组合开关、刮水器组合开关、电动车窗组合开关、车外电器调节组合开关、仪表及驾驶模式组合开关、天窗及车内照明组合开关及其他开关。

1. 转向盘组合开关

多功能转向盘是指在转向盘两侧或者下方设置一些功能键，让驾驶员更方便地操作转向盘。多功能转向盘（图 3–16）包括音响控制按键、影像按键、电话按键等装置，各装置的功能见表 3–8。

图 3–16　比亚迪 e5 多功能转向盘

表 3–8　比亚迪 e5 多功能转向盘各装置功能

按键名称	按键图片	按键符号	按键符号功能
音响控制按键		“+”号	调高音量
		“–”号	调低音量
		“∧”号	收音机模式下：自动搜寻上一强信号电台（调高频率）CD/USB/SD/AUX 模式下：播放上一首（曲目号 +1）
		“∨”号	收音机模式下：自动搜寻下一强信号电台（调低频率）CD/USB/SD/AUX 模式下：播放下一首（曲目号 –1）
音响控制按键		/	（1）若音响处于关机，短按该键可进行开机操作，进入上次关机时的记忆播放模式。长按该键时，可以关闭音响系统； （2）按下该键，选择模式，可在 FM → AM → CD（若已装唱片）→ USB（若 USB 接口已连接 U 盘）→ AUX（若 AUX 接口已连接播放器）→ SD（如插入）之间切换循环； （3）如果记忆播放模式无播放源（如无碟片、无外接音频设备），则直接切换到 FM 模式，再次按下时按照上面所述顺序进行切换
		“▲”号	仪表菜单向上切换
		“▼”号	仪表菜单向下切换
		—	进入菜单
影像按键		—	多媒体进入全景模式，显示右影像界面和倒车影像界面
电话按键		—	通话时短按结束通话（在蓝牙相关的所有界面点击转向盘上的挂断，系统退出蓝牙界面，跳转到进入前的非蓝牙界面）
		—	拨打 / 接听（当系统处在与蓝牙无关的界面下时，蓝牙未连接情况下，短按该键，系统跳转到蓝牙连接界面；蓝牙已经连接的情况下，系统跳转到拨号主界面）

注：电源挡位处于“ON”位时，音响控制开关才可用。

2. 外部灯光组合开关

外部灯光组合开关主要用于控制车辆外部灯光的开闭情况，位于转向盘下部，转向开关左侧。比亚迪 e5 外部灯光组合开关包括前照灯，前、后雾灯，转向信号灯和示廓灯。

（1）前照灯

前照灯作用主要是夜间行车或天气状况不太好的情况下，为驾驶员提供照明，前照灯有“O”挡“AUTO”挡“示廓灯”挡和“近光灯”挡四个挡位，当车灯开关处于这些位置的任何一处时，指示灯将点亮以示提醒。

①“O”挡。组合开关左手柄打到“O”挡（图 3–17），所有灯光都关闭。

图 3–17　比亚迪 e5 前照灯“O”挡

②“AUTO”挡。组合开关打到“AUTO”挡，组合开关根据光照强度传感器所感受到的光照强度情况而自动点亮或熄灭车灯。

③“示廓灯”挡。组合开关打到“示廓灯”挡，可点亮前示廓灯、后示廓灯、后牌照灯及室内灯。

④“近光灯”挡。近光灯的操作方法是将组合开关打到“近光灯”挡，近光灯开启。具体操作时需要注意三点：第一，当组合开关打到“近光灯”挡，组合开关左手柄向前推，直至听到“咔哒”声时，远光灯及仪表远光指示灯将点亮，若要切换回近光灯，则将组合开关左手柄拉回即可；第二，若组合开关左手柄向后拉，然后松开，此时远光灯点亮然后熄灭；第三，无论组合开关打到哪一位置，如果向后拉起组合开关左手柄不放，远光灯就会持续点亮。

（2）前、后雾灯

雾灯主要用于在雨雾天气行车时为驾驶员照明道路，并对其他行人或车辆给予安全警示。

前雾灯的开启方法是，将组合开关打到示廓灯挡“⊰O⊱”或“≡D”挡，并且雾灯旋钮打到“前雾灯”挡，前雾灯开启。此时，仪表板上的指示灯“⫲D”点亮，以示提醒。

后雾灯的开启方法有两种：一种方法是，将组合开关打到“⊰O⊱”挡，并且打到“前雾灯”挡，再将雾灯旋钮打到“后雾灯”挡，后雾灯开启；另一种方法是，将组合开关打到“≡D”挡，再将雾灯旋钮打到“后雾灯”挡，后雾灯开启。

（3）转向信号灯

转向信号灯主要用于汽车转弯时发出闪光信号，使前后车辆、行人、交警了解其行驶方向。转向信号灯的开启方法是将组合开关左手柄下拉，左转向灯及仪表转向指示灯同时开始闪烁；将组合开关左手柄上推，右转向灯及仪表转向指示灯同时开始闪烁。

打开转向信号灯后，可以松手，此时转向信号灯也将持续闪烁，待完全转过弯道之后，自动熄灭。

（4）示廓灯指示灯

示廓灯指示灯 ⊃O⊂ 的作用是提醒驾驶员车外的灯亮着。当车灯开关处于“⊃O⊂”或“≣D”的位置时，此灯会亮起，若已将电源挡位处于“OFF”位，而尚未关闭车灯开关时，此指示灯会一直点亮。当驾驶员打开驾驶员侧车门时，也会听到提醒的声音。

熄火退电，遥控闭锁，进入防盗报警状态之后，自动熄灯功能会自动将前照灯、示廓灯熄灭，此时示廓灯指示灯也熄灭。

3. 刮水器组合开关

刮水器组合开关用于控制刮水器和洗涤器，位于转向盘下部，转向开关右侧。刮水器开关共分为五个挡位（图 3-18），即 MIST 挡（点动刮水模式）、OFF 挡（停止模式）、INT（AUTO）挡（间歇模式）、LO 挡（低速刮水模式）和 HI 挡（高速刮水模式）。选择挡位时，可以上抬或下压控制杆。

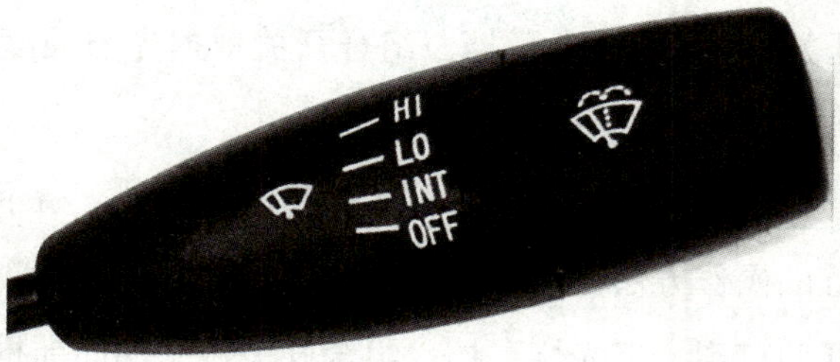

图 3-18 刮水器组合开关

（1）MIST 挡（点刮模式）。MIST 挡表示手动开启，向上按一下整个刮水器往车前的方向推一次，刮水器就刮一次。若使刮水器在点刮模式下运作，应从“OFF”位置将控制杆上抬，刮水器将高速刮水，直至驾驶员将控制杆松开为止。

（2）OFF 挡（停止模式）。OFF 挡是指刮水器处于不工作状态。

（3）INT（AUTO）挡（间歇模式）。RNT（AUTO）挡表示自动间歇刮擦功能，将拨杆拨到此挡位，刮水器就会自动工作。在间歇挡位时，带间歇时间调节旋钮，随着雨滴数的增加，其刮水间歇时间分别为 1 s、3 s、5 s 和 7 s，分挡自动调节。

（4）LO 挡和 HI 挡（低速刮水模式和高速刮水模式）：LO 挡和 HI 挡是指刮水器在低速与高速挡位时，刮水器连续刮水。

当清洗前风窗玻璃时，需将刮水器控制杆向后拉起，此时洗涤器就会一直喷水，同时刮水器运作。当松开控制杆时，洗涤器将停止喷水，刮水器将摆动 3 次后停止。

4. 电动车窗组合开关

电动车窗组合开关位于驾驶侧车门内把手前部，可控制所有车门玻璃升降，并控制车门锁闭 / 解锁。当电源挡位处于“ON”位时，使用各侧车窗控制开关，可控制该车门玻璃的升降。驾驶员侧车窗控制开关有四个按键，可分别控制四个车门玻璃的升降（图 3–19）。

驾驶员侧车窗开关具有一键升降功能（部分车型无此功能），如图 3–20 所示，即将按键按到底，手松开后，车窗可自动下降到底；将按键完全拉起，手松开后，车窗可自动上升。一般具有一键升降功能的车窗都具有防夹功能，那么当驾驶员侧车窗在上升过程中，有人或物体被夹住时，玻璃会停止上升并自动向下反转一定的距离。

图 3–19　电动车窗组合开关示意图

图 3–20　锁止键

若按下驾驶员侧其他车窗开关，乘员侧车窗下降；若拉起驾驶员侧其他车窗开关，乘员侧车窗玻璃升起。总之，只要按动开关，车窗玻璃就会随之移动。

若按下车窗锁止按键，仅驾驶员可对车窗玻璃进行升降操作，各乘员无法进行其他车窗玻璃升降操作。同时这 3 个按键上的工作指示灯熄灭。再次按下车窗锁止按键，按键升起，恢复各乘员侧的玻璃升降器开关功能，同时这 3 个按键上的工作指示灯点亮。

除了上述功能之外，车窗系统控制还具有延迟功能，即当电源挡位关闭后，仍可保证在最长 10 min 的时间内开启或关闭车窗。但是当打开任意一扇前车门时，延迟功能会立即被取消。此时，必须将电源挡位切换至“ON”位才能控制车窗。此外，当仪表设置车窗系统延迟功能时，长按遥控器解锁，四门玻璃会自动下降，松开按键，玻璃会停止动作；长按左前门微动开关，玻璃会自动上升；松开按键，玻璃会停止动作。

5. 车外电器调节组合开关

车外电器调节组合开关位于仪表左下侧，由电动外后视镜开关、前照灯调节开关、倒车雷达电源开关组成。

（1）电动外后视镜开关

电动外后视镜开关用于调节外后视镜，共有四个方向，即上、下、左、右（图 3–21），分别对应开关的前、后、左、右动作。该开关有关闭挡、左外后视镜挡和右外后视镜挡 3 个挡位。

图 3-21　电动外后视镜开关

① 关闭挡。在此挡时，开关不能前后左右动作，调节功能关闭。

② 左外后视镜挡。把调节按钮向左按下，即选择了左外后视镜。

③ 右外后视镜挡。把调节按钮向右按下，即选择了右外后视镜。

当装有电动外后视镜折叠开关时，按下折叠按键“ ”，左右外后视镜开始同时折叠。按下“ ”展开按键，左右外后视镜回到展开状态。

当电动外后视镜折叠开关处于AUTO位，车辆遥控闭锁时，左右外后视镜同时折叠，车辆遥控解锁时，左右外后视镜同时展开，开关处于折叠或展开状态时，AUTO 功能自动取消。

（2）前照灯调节开关

前照灯调节开关用于调节前照灯高度。当组合开关在前照灯挡时，前照灯调节开关处于 0 挡，近光灯灯光照射高度最高；前照灯调节开关处于 5 挡，近光灯灯光照射高度最低。根据乘员人数和车辆的载货状况可以调整近光灯照射高度（表 3-9），调节开关至 0 ～ 5 某一挡位，近光灯灯光照射高度随之变化。当组合开关打到示廓灯挡时，前照灯调节开关背光点亮。

表 3-9　前照灯调节开关挡位

就坐人员和车内载货状况		旋钮位置
就坐状况	行李舱负载	
驶员	无	0
驾驶员 + 前排乘员	无	0
满员	无	0.5
满员	最大负荷	2
驾驶员	最大负荷	3

（3）倒车雷达电源开关

装有倒车雷达电源开关时，倒车雷达系统通过指示器和蜂鸣器来提示驾驶员车辆和障碍物之间的大致距离。这种系统利用传感器来探测障碍物。按下开关 ，倒车雷达系统处于工作状态。

6. 仪表及驾驶模式组合开关

仪表及驾驶模式组合开关位于车外电器调节组合开关上部，包括背光调节开关、ODO/TRIP（总里程 / 单里程）开关和 ECO（经济节能模式）开关。

（1）背光调节开关。按背光调节开关“+”号时，仪表背光亮度变亮一个档次，依此类推每按一下“+”时，仪表背光变亮一个档次（仪表背光有 10 挡）。当按背光调节开关“–”号时，仪表背光亮度变暗一个档次（仪表背光有 10 挡），依此类推每按一下“–”时，仪表背光变暗一个档次。开关长按时可以实现连续变化。

（2）ODO/TRIP 开关。ODO/TRIP 开关为自复位开关，每按下开关一次，仪表上的里程页面切换 1 次，共切换 3 次，页面循环切换。短按此按键切换液晶显示屏上的长 / 短里程信息，长按此按键可清零短里程。

（3）ECO 开关。当装有该开关时，按下“ECO”开关，整车进入“ECO”模式，同时组合仪表上会有“ECO”字符显示。

7. 天窗及车内照明组合开关

天窗及车内照明组合开关位于车顶前部，可以控制天窗以及车内照明。

（1）天窗开关。天窗共有四个按键（图 3–22），操纵天窗时，电源挡位必须处于“ON”的位置。当按下按键“2”时，天窗可以斜升开启；按下按键“1”时，天窗可以从斜开状态关闭；按下按键“4”时，天窗可以完全打开滑入顶盖；按下按键“3”时，天窗可以从打开状态关闭。当天窗到达希望的位置时，松开开关天窗即可停止运动。由于天窗无防夹功能，因此在开闭天窗前，一定确认所有乘员的手都已从天窗上移开。

（2）车内照明开关。车内照明开关包括左阅读灯控制开关和右阅读灯控制开关（图 3–23）。当按下左 / 右阅读灯控制开关时，左 / 右侧阅读灯点亮，再次按下左 / 右阅读灯控制开关时，左 / 右侧阅读灯熄灭。

图 3–22　天窗开关

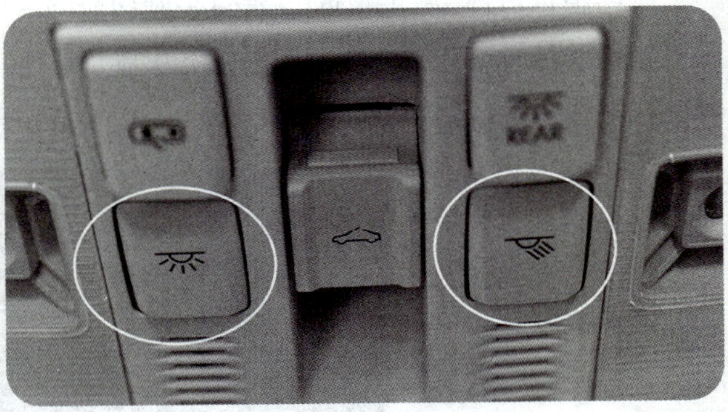

图 3–23　车内照明开关

8. 其他开关

（1）转向盘调节开关。转向盘用于操纵汽车行驶方向，控制汽车转向轮，使汽车直行或转向。转向盘调节开关位于转向柱下部，要改变转向盘的角度时，可握住转向盘，将转向管柱调节手柄向下按，将转向盘倾斜至需要的角度，然后将调节手柄恢复至原位（图 3-24）。

（2）紧急警告灯开关。紧急警告灯用于提醒其他车辆与行人注意本车发生了特殊情况。当按下紧急警告灯的按钮时，可点亮危险警告指示灯。此时 6 盏车外转向信号灯和仪表板上的 2 盏转向信号指示灯一起闪烁。

（3）放电开关。放电开关位于中控台左侧（图 3-25）。车辆电源挡位处于“OFF”挡，按“放电”开关，进入放电模式设置，此时组合仪表上显示提示信息。在放电过程中，再按“放电”开关，放电结束。若需要再放电，可再次按“放电”开关。

（4）车后微动开关。车后微动开关位于车辆行李舱牌照灯右侧，该开关的解锁方式是携带有效钥匙（智能钥匙或卡式钥匙），按下车后微动开关则所有车门解锁。此时按下行李舱开关则打开行李舱。该开关闭锁的方式是盖上行李舱，行李舱闭锁，按下车后微动开关则所有车门闭锁。

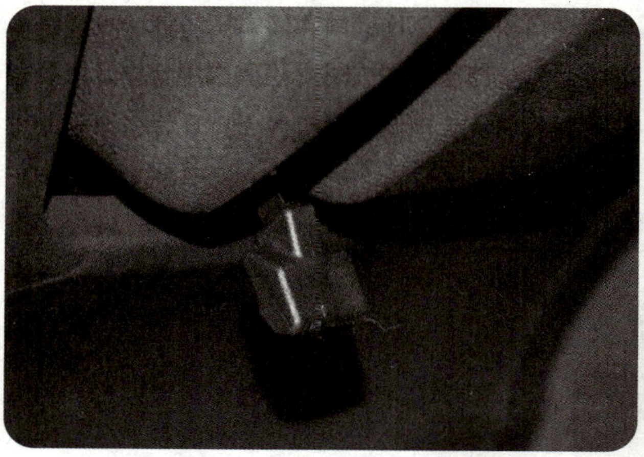

图 3-24　转向盘调节开关

图 3-25　放电开关

（三）制动踏板

1. 制动踏板功用

制动踏板俗称“刹车踏板”，是行车制动器的操纵装置，用于汽车减速或停车，其位置如图 3-26 所示。踩下制动踏板时，会产生制动作用；松开制动踏板时，制动解除。在踏下制动踏板产生制动作用的同时，制动灯电路也会接通，此时制动灯亮起，以警告后边随行车辆。

图 3-26　制动踏板位置

2. 制动踏板操作方法

纯电动汽车制动踏板操作分为缓慢制动（即预见性制动）、紧急制动和间歇性制动。

（1）缓慢制动。缓慢制动是指当需要轻踩制动踏板进行制动时，根据行车实际情况，在确保安全的情况下，缓慢踏下制动踏板，使制动片处于缓慢接合摩擦状态，最终使车辆停止。缓慢制动时，右脚迅速放在制动踏板上，根据需要车速及停车点距离，逐渐用力踏下制动踏板直至停车。

（2）紧急制动。紧急制动是指汽车在行驶过程中遇到紧急情况时，驾驶员迅速正确地使用制动器，在最短距离内将车停住。紧急制动时，双手紧握转向盘，快速踏下制动踏板，采取一脚踩到底的方法，使车迅速停止。

（3）间歇性制动。间歇性制动是断续踏下和放松制动踏板的一种制动方法。在山区行车时由于长期下坡，制动系统易产生高温，造成制动性能降低，为防止制动系统温度过高，驾驶员常使用间歇性制动方法。

（四）加速踏板

1. 加速踏板功用

加速踏板俗称“油门踏板”，其主要作用是控制发动机节气门的开度，从而控制发动机的动力输出。在自动挡汽车中加速踏板不仅用于控制发动机节气门，还用于将驾驶员的动作信号传递给变速器电子控制器。

2. 加速踏板布置形式

比亚迪 e5 汽车加速踏板呈“悬挂式”，如图 3-27 所示。“悬挂式”加速踏板由于转轴位于支架顶端，下部结构相对要简单、单薄一点，所以使其踩踏方式更轻巧，而且在设计上可以将踏板支架做成铁棍，在很大程度上可以节约成本，因此一般厂商都喜欢选用这种踏板。

图 3-27　加速踏板布置位置

3. 加速踏板操作方法

踩踏加速踏板时，右脚脚跟轻放在制动踏板和加速踏板中间的驾驶室底板上，并作为支点，脚前掌向右稍倾斜。脚掌前部轻踏在加速踏板上，用踝关节和膝关节伸屈的力量抬起或踏下。

踩下时应轻柔、平稳、准确。决不能忽快忽慢、忽踏忽抬，更不能一脚就踏到底，要根据发动机的声音变化和车辆行驶的需要准确地控制加速踏板，抬起时要平稳地放松。

（五）换挡操纵机构

比亚迪 e5 汽车挡位执行器的挡位标示在变速杆上，如图 3–28 所示，主要有“P”挡、“R”挡、“N”挡和“D”挡四个挡位。“P”挡是驻车挡，在车辆起动或关闭时，都需要按下此按钮，车辆才能正常启动或关闭。需要注意的是，无论出于什么原因，只要下车，就必须换至驻车挡——“P”挡。启动车辆时，车辆应处于”ON”挡，踩下制动踏板，即可从“P”挡切换至其他挡位；“R”挡是倒车挡，必须在车辆完全停止后方可使用；“N”挡是空挡，需要暂时停车时使用；“D”挡是行车挡，正常行驶时使用此挡位。无论更换为哪个挡位，只要换挡成功后，手松开，变速杆会自动回到中间位置。

图 3–28　比亚迪 e5 换挡操纵机构

（六）驻车制动器（电子驻车系统）

1. 驻车制动器功用

驻车制动器，通常是指机动车辆安装的手动制动系统，俗称手刹。在车辆停稳后它用于固定车辆，避免车辆在斜坡路面停车时由于溜车造成事故。比亚迪 e5 电子驻车开关（即 EPB 开关）如图 3–29 所示。需要注意的是，驻车及离车时必须保证 EPB 处于拉起状态。

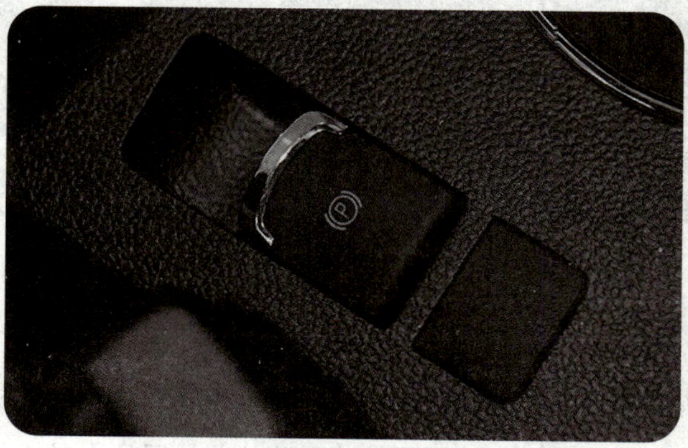

图 3–29　比亚迪 e5 电子驻车开关

2. 驻车制动器操作方法

（1）EPB 开关拉起操作方法

比亚迪 e5 汽车有以下两种方法可以拉起 EPB 开关。

① 手动拉起 EPB。向上拉起一下 EPB 开关，EPB 会施加适当的驻车力，仪表上的指示灯Ⓟ会先闪烁后常亮，常亮代表 EPB 已拉起，并有文字提示“电子驻车已起动”。

② EPB 自动拉起。EPB 自动拉起又包含两种情况：一种情况是熄火自动拉起，即踩制动踏板将车停下后，按下起动键操作熄火（点火开关由 OK 位转至 OFF 位）后，EPB 会自动拉起，待到仪表上指示灯Ⓟ由闪烁变为常亮且有文字提醒“电子驻车已起动”后，再松开制动踏板；另一种情况是 P 位自动拉起，即停车后踩住制动踏板挂至 P 位，EPB 会自动拉起，待到仪表上指示灯Ⓟ由闪烁变为常亮，且有文字提醒“电子驻车已起动”后，再松开制动踏板。

（2）EPB 开关释放操作方法

比亚迪 e5 汽车有以下两种方法可以释放 EPB 开关。

① 手动释放 EPB。车辆处于上 OK 位或起动状态，且挡位处于非 P 位（驻车挡）时，持续踩住制动踏板并按下 EPB 开关，开始释放电子驻车，直至仪表上的指示灯Ⓟ熄灭，此时表示已释放电子驻车，并有文字提示“电子驻车已解除”。

若手动释放 EPB 无效时，需持续按住 EPB 开关 2 s 以上。若 EPB 能够释放，则请尽快开到距离最近的维修店，检查制动踏板灯开关信号及相关零件和线路；若依然不能释放，则建议立即与比亚迪汽车授权服务店联系。

② 车辆起步时自动释放 EPB。EPB 自动释放又包含两种情况：一种情况是换挡自动释放，即车辆处于平路驻车状态时起动车辆，持续踩下制动踏板，将挡位由 P 或 N 位挂入 D 或 R 等行驶挡位后，EPB 会自动释放，指示灯Ⓟ熄灭，并有文字提示“电子驻车已解除”；另一种情况是驶离自动释放，即当车辆已经起动，挡位处于 D 或 R 等行车挡位，EPB 处于拉起状态时，只需缓慢踩下加速踏板到一定深度，EPB 会自动释放，指示灯Ⓟ熄灭，并有文字提示“电子驻车已解除”。

（七）点火开关

比亚迪 e5 汽车通过电子智能钥匙可以实现车门闭锁或解锁，以及启动车辆。当使用电子智能钥匙或者微动开关闭锁车门时，转向盘将锁定。按下起动按钮时，转向锁定自动解除。如果起动按钮上的绿色指示灯闪烁，则表示转向锁卡住。要将其释放，按下起动按钮的同时，轻晃转向盘即可；如果橙色指示灯闪烁，则表明起动部分有故障，建议到比亚迪汽车授权服务店检查车辆。

踩下制动踏板并按下起动按钮，此时智能进入和智能起动系统警示灯点亮，且车辆中的蜂鸣器鸣响一声。在蜂鸣器鸣响后的 30 s 内将电子智能钥匙接近起动按钮，蜂鸣器会再次鸣响一声提示可以启动车辆。在此蜂鸣器鸣响后的 5 s 钟内启动车辆。

（八）安全带

1. 安全带功能

安全带是汽车发生碰撞过程中保护驾乘人员的基本防护装置。比亚迪 e5 汽车安全带功能主要有安全带的紧急锁止（ELR）功能、安全带的预紧限力功能、安全带的自动锁止（AIR）功能和安全带的未系声光报警功能。

（1）紧急锁止（ELR）功能。车辆急转弯、紧急制动、发生碰撞或乘客身体前倾太快时，安全带会自动锁紧，实现对乘客的有效约束和保护；车辆平稳行驶时，安全带随着乘客缓慢、平稳的移动而拉出回卷，乘客可活动自如。

（2）预紧限力功能。当车辆发生严重的正面碰撞，满足预紧装置触发条件时，预紧装置迅速卷收部分安全带并将其锁紧以加强对乘客的保护作用。限力装置将安全带对乘客身体的束缚力限定在一定范围之内，从而避免因束缚力太大而对乘客造成伤害。

（3）自动锁止（ALR）功能。该功能可用于固定保护儿童。将安全带全部拉出即可启动锁止功能，锁止功能启动后安全带只能回卷不能拉出，且回卷时会有连续的“咔嗒”声。安全带完全回卷后，自动锁止功能即自动关闭，安全带可自由拉出回卷。

（4）未系安全带声光报警功能。若车辆起动后，若驾驶员未系安全带，声光报警系统将开始工作，直到驾驶员系好安全带。当前排乘客座椅载有乘客，而该乘客又未系安全带时，在多功能显示屏上，将看到一个前排乘客安全带未系指示灯，并伴有警示音以提醒驾乘人员，直至前排乘客系好安全带。

2. 安全带使用方法

安全带的使用时可依照以下步骤进行操作。

（1）调整座椅至合适位置，调整靠背至合适角度。

（2）调节三点式安全带的位置。首先，将安全带平顺地拉出，使之斜跨过靠近安全带拉出位置的肩部而斜跨胸前，安全带不应位于手臂下方或从颈部后方跨过。然后将腰部安全带尽可能保持在低至臀部的位置，切记一定不要扣在腰部位置（图 3-30）。

安全带的腰带要放在腹部以下，横跨过髋关节，并贴合身体，这样一旦发生事故，冲击力会作用在骨骼上，而不是柔软的内脏器官上。

图 3-30　安全带正确操作方法

（3）将锁舌插入带扣，直到听到“咔嗒”声，反方向拉锁舌，确认锁止成功。注意，安全带不能扭曲。

（4）调整安全带高度调节器至合适位置，以获得最佳舒适性和保护作用。

（5）调整完毕后，用力拉一下肩部安全带，检查安全带高度调节器是否锁止。

（6）解锁安全带。按下带扣上的红色解锁按钮，锁舌自动弹出，安全带自动回卷。

3. 安全带使用注意事项

使用安全带时需要注意以下几点。

（1）请勿两人或两人以上共用一条安全带，即使是儿童也不行。

（2）车辆行驶前，应确保车中所有乘客均已正确系好安全带。否则在紧急制动或发生碰撞事故时，车中乘客易受伤，重者甚至死亡。车辆上的安全带根据成人体型设计，不适用于儿童，因此需根据孩子的年龄和体型选择合适的儿童保护装置。

（3）孕妇也应像其他乘客一样按正确的使用方法系好安全带，尤其注意将腰部织带尽可能低地横跨于髋部，避免发生事故时织带勒紧腹部而对孕妇和胎儿造成严重伤害。

（4）避免将座椅靠背过度倾斜。座椅靠背直立向上时，安全带所起的保护作用较佳。

（5）请勿使安全带、锁舌、带扣被车门夹住，否则可能损坏安全带。

（6）定期检查安全带有无切痕、磨损、松动等异常情况。发现异常建议立即联系相关汽车授权服务店进行确认和处理，在此之前，请勿使用相应的座椅。

（7）切勿擅自拆卸、拆解或改装座椅安全带。

（8）事故发生后建议到相关的汽车授权服务店检查安全带。若预紧功能被激活，则一定要更换安全带。

（9）如果发生严重事故，则即使未出现明显的损坏，也应将安全带连同座椅总成一起更换。

二、纯电动汽车驾驶操作

（一）纯电动汽车驾驶流程

纯电动汽车驾驶流程主要包括四个步骤：车况检查、驾驶前准备工作、起动车辆、驾驶车辆、驻车。

1. 车况检查

（1）打开前机舱盖，检查冷却液液位、制动液液位是否符合标准，标准液位应在 MAX 和 MIN 之间。

（2）使用胎压测试仪检测轮胎气压是否符合标准。标准气压可以在车辆出厂铭牌中查看。

（3）检查车辆周围地面是否存在漏液痕迹或零件散落痕迹等情况。

（4）环车检查车辆表面是否完好，是否存在板件变形、脱漆和板件脱落情况。

2. 驾驶前准备工作

驾驶前需要做以下几个方面的工作。

（1）进入车内之前，须检查一下车辆四周的情况。

（2）调节座椅位置、座椅靠背角度、头部保护装置的高度和转向盘的角度。

（3）调节车辆内侧和外侧的后视镜。

（4）关上所有车门。

（5）系好安全带。

3. 起动车辆

起动车辆的步骤主要有以下五点。

（1）操控有效智能钥匙。

（2）踩住制动踏板。

（3）按下起动按钮。

（4）检查驾驶就绪指示灯（ON 指示灯）亮起。

（5）检查电池电量和计程表上的预估行程。

4. 驾驶车辆

驾驶车辆的步骤如下。

（1）踩住制动踏板。

（2）将变速杆挂入“D”挡。松开后变速杆会回到原来的中央位置。

（3）确认显示在仪表上的“D”挡信息。

（4）松开制动踏板。

（5）踩下加速踏板，开始驾驶。

5. 驻车

驻车的操作步骤如下。

（1）驻车时，踩住制动踏板的同时按下变速杆上的“P”挡按键。通过电子驻车状态指示灯，确认电子驻车处于“已启动”状态，然后松开制动踏板。

（2）按下电源挡位处于“OFF”位置。

（3）如果停车场装置有充电设备，可根据需要对动力电池进行充电。

（二）纯电动汽车驾驶注意事项

为了安全行驶，延长电动汽车的寿命，纯电动汽车使用时需要注意以下事项。

1. 路面状况不良时的注意事项

（1）行驶路段若有镶边石时应缓慢行驶，并尽可能保持正常直线行驶，避免根据路面反馈频繁改变行驶方向。

（2）经过颠簸路面或在坎坷不平的道路上行驶时要减慢车速，否则道路冲击将严重损坏轮胎。

（3）避免在具有高而尖锐边缘的物体上行驶，否则将导致轮胎发生炸裂等严重损坏。

（4）长距离下陡坡行驶时应减速。如果踩制动次数过多，会导致制动系统过热而无法正常工作。

2. 驾驶积水路段注意事项

（1）驶入积水路段前必须查明积水深度，积水高度不得超过车身下边缘。

（2）如要涉水行车，在车辆起步前应关掉空调，减速慢行，然后轻踩加速踏板且不要松脚，以稳定而缓慢的速度通过积水路段。

（3）顺利涉水通过积水区后，必须连续轻踩制动踏板数次将制动盘上的水蒸发，以便尽快恢复正常的制动性能。

（4）切勿将车辆停在过深的积水中。

3. 冬季驾驶注意事项

（1）确认冷却液具有正确的防冻保护作用。也就是说，要使用与原车型号相同的冷却液，根据环境温度选择合适的冷却液型号加注到冷却系统中。若使用不适当的冷却液，则将损坏电动机冷却系统。

（2）检查电池和电缆状况。寒冷的天气会使起动型铁电池的能量降低，因此，起动型铁电池应保持有充分的电量以用于冬季起动。

（3）避免车门锁被冰雪冻结。

（4）在车门锁孔内，喷入一些除冰剂或甘油，以防结冰。

（5）使用含有抗冻剂的洗涤液。这类产品在相应的汽车授权服务店和汽车零件店，均有供应。水和抗冻剂的混合比率要符合厂商规定。

（6）避免挡泥板的下方积有冰雪。挡泥板的下方积有冰雪，会造成转向困难。在严寒的冬季驾驶时，应时常停车，检查挡泥板下是否积有冰雪。

（7）根据行驶路况的不同，建议携带若干必要的紧急用具或物品，比如防滑链、车窗刮刀、一袋沙或盐、信号闪光装置、小铲、连接电缆等。

项目实训

认识纯电动汽车

1. 车辆准备

准备吉利 EV450 纯电动汽车一辆。吉利 EV450 纯电动汽车等速续驶里程 400 km，由动力蓄电池为汽车提供动力。

2. 实践操作

（1）外部认知

找到并认知吉利 EV450 纯电动汽车外部的慢充口和快充口。

（2）前机舱认知

打开前机舱盖，找到并认知前机舱内的高压部件及线束，包括车载充电机（集成高压配电模块）、电机控制器（集成 DC-DC 变换器）、电动压缩机、PTC 加热器、慢充线束、动力蓄电池高压直流母线、电动压缩机及 PTC 高压线束、驱动电机三相高压线束、车载充电机至电机控制器的高压线束。以上高压部件及线束为橙色，不要随意触摸，防止触电。

在前机舱内继续找到并认知以下部件：整车控制器、热交换器、低压蓄电池、电动真空泵、DC-DC 变换器 12 V 输出端子、电机驱动冷却系统膨胀罐、PTC 系统膨胀罐。

（3）行李舱认知

打开行李舱，掀开地板垫，找到并认知随车配备的家用随车充电接口（慢充线）与放电插座。

（4）底部认知

举升车辆，找到并认知动力蓄电池、动力蓄电池冷却液进水管、动力蓄电池冷却液出水管和快充高压线束。

在动力蓄电池后部找到并认知动力蓄电池铭牌信息。动力蓄电池是三元锂离子电池（锂离子蓄电池），额定电压为 346 V，额定容量为 150 A·h，质量为 384 kg。

在前机舱底部找到手认知驱动电机、驱动电机铭牌、电动压缩机、PTC 加热器、电机系统电动水泵、PTC 系统电动水泵、动力蓄电池系统电动水泵、减速器、热交换器、电动真空泵。其中，驱动电机铭牌显示，驱动电机额定功率为 42 kW，额定转矩为 105 N·m，额定电压为 DC336 V，采用水冷方式冷却。

在前机舱找到并认知低速报警扬声器（发动机音模拟器）、冷凝器及散热器。

（5）车内认知

认知吉利 EV450 纯电动汽车组合仪表，仪表显示的主要内容包括电池电量、车速、功率、挡位、里程、行驶模式（ECO/SPORT）、READY 指示灯以及警告灯、故障灯等。

在车内找到并认知一键启动开关、多媒体控制面板、空调控制面板、电子换挡杆、ECO 模式按钮、制动能量回收调节旋钮以及 SPORT 模式按钮。

课后练习

一、填空题

1. 纯电动汽车是指以________________为动力，用________________驱动车轮行驶，符合__________、安全法规各项要求的车辆。

2. 电力驱动控制系统由____________、____________和____________三部分组成。

3. 纯电动汽车的电源系统主要由____________、电池管理系统、____________、电驱动冷却系统等组成。

4. 慢充充电系统主要由____________、慢充充电口、____________、____________、慢充（交流）充电桩等部件组成。

5. 冷却系统主要由____________、电池组热交换器、____________和____________等组成。

二、简答题

1. 简述纯电动汽车的组成结构。
2. 如何对电源系统进行维护?
3. 驾驶纯电动汽车应注意什么?

项目四

混合动力汽车

项目概述

新能源汽车中的混合动力汽车具备了长续航和节能两个特点，那么它在结构与后期维护上有何不同于其他新能源汽车呢？本项目介绍混合动力汽车的结构与控制系统维护，包含以下两个任务。

任务一：混合动力汽车认识。

任务二：混合动力汽车控制系统维护。

通过以上两个任务的学习，能够掌握混合动力汽车的定义及分类，并对混合动力汽车控制系统进行维护。

学习目标

知识目标

◆熟悉混合动力汽车定义及分类。

◆熟悉控制系统的维护方法。

能力目标

◆能够简述混合动力系统的工作过程。

◆掌握控制系统的维护周期及注意事项。

素质目标

◆培养学生善于应变、善于预测、处事果断的能力，能对实施情况进行决策。

◆通过学习，培养学生的接受能力，具有更高的学习效率。

思政目标

◆使学生认同并维护我国科教兴国战略，勇担民族复兴使命，发扬时代精神。

◆培养学生实事求是、独立思考、勇于创新的科学精神。

任务工单

1. 寻找成员

以 3 ～ 5 人为一组，选出组长并进行任务分工，将小组成员及分工情况填入表 4–1 中。

表 4–1　小组成员及分工情况

班级：　　　　　　　　　组号：　　　　　　　　　指导教师：

小组成员	姓名	学号	任务分工
组长			
组员			

2. 制订计划

（1）查阅相关资料，制订工作计划，并将其填入表 4–2 中。

表 4–2　工作计划

序号	工作内容	负责人

（2）将操作过程中所需的工具和耗材等填入表 4–3。

表 4–3　操作过程中所需的工具和耗材等清单

序号	名称	型号与规格	单位	数量	备注

3. 进行决策

（1）小组成员针对各自的工作计划展开讨论，并选出最佳工作计划。

（2）指导教师根据各小组提交的工作计划给出评价。

（3）各小组成员根据指导教师的评价对工作计划进行调整，调整合格后的工作计划即为最终实施方案。

4. 工作实施

根据最终实施方案，认识新能源汽车维护的主要作业项目及其位置。按实际操作过程，将实施内容、遇到的问题及解决办法等记录于表 4–4 中。

表 4–4　工作实施过程记录表

序号	实施内容	遇到的问题及解决办法	结果

5. 考核评价

各组展示任务完成情况，并完成见表 4–5 的考核评价表。

表 4–5　考核评价表

项目名称	评价内容	满分 / 分	评分 / 分		
			自评	互评	师评
职业素养考核项目 40%	穿戴规范、整洁	6			
	安全意识、责任意识及服从意识强	6			
	积极参加教学活动，按时完成任务工单	10			
	团队合作、沟通交流能力强	6			
	劳动纪律良好	6			
	维护场地、设备及工具等干净整洁	6			
专业能力考核项目 60%	熟悉混合动力汽车定义及分类	12			
	简述混合动力系统的工作过程	18			
	熟悉控制系统的维护方法	12			
	掌握控制系统的维护周期及注意事项	18			
合计		100			
总评	自评（20%）+互评（20%）+师评（60%）=	综合等级	指导教师（签名）：		

任务一　混合动力汽车概述

一、混合动力电动汽车的定义

混合动力电动汽车是指由两种或两种以上不同类型的动力源联合驱动的车辆，车辆的行驶动力依据车辆行驶状态由单个动力源单独或多个动力源共同提供。混合动力电动汽车（hybrid electric vehicle，HEV）是指由两种和两种以上不同类型的动力源作为驱动能源，其中至少有一种能提供电能的汽车。

通常所说的混合动力电动汽车一般指的是油电混合动力电动汽车，即燃油（汽油、柴油）和电能的混合，是有电机作为发动机的辅助动力驱动的汽车。油电混合动力系统中的能量转换器为发动机和电机，能量储存系统为油箱和动力蓄电池。

混合动力电动汽车的特点是能够提高燃油经济性和降低排放，主要原因如下。

（1）混合动力电动汽车只需采用能够满足汽车巡航需要的较小发动机，由电能提供汽车加速、爬坡时所需的附加动力，因此提高了发动机的负荷率。

（2）可以控制发动机在高效率、低污染的区域内运行，发动机的功率不能满足车辆驱动需求时，由动力蓄电池来补充；发动机的功率过剩时，剩余功率给动力蓄电池充电。

（3）因为有了电机、电源系统，可以方便地回收汽车制动、下坡时的能量。

（4）在车辆频繁起停的繁华市区，可以关闭发动机，由动力蓄电池单独驱动，从而消除发动机的怠速能耗，并实现零排放。

二、混合动力电动汽车的分类

混合动力电动汽车

混合动力系统有多种分类方式，具体内容如下。

1. 按混合方式分类

根据混合动力驱动的混合方式，混合动力汽车主要分为串联式混合动力系统、并联式混合动力系统和混联式混合动力系统三类。

（1）串联式混合动力系统

串联式混合动力系统由发动机、发电机、电机控制器、电动机和动力蓄电池组成，如图 4–1 所示。发动机带动发电机发电，所产生的电能通过电机控制器提供给电动机，再由电动机转化为动能后驱动车辆。动力蓄电池在发电机产生的电能和电动机需要的电能之间进行调节，从而保证车辆在各种行驶工况下的功率需求。串联式混合动力系统的特点是通过电方式实现动力耦合，电机控制器也是动力耦合器。系统中有两个电源，即动力蓄电池和发电机，这两个电源通过电机控制器串联在回路中，动力的流向为串联，所以称为串联式混合动力系统。

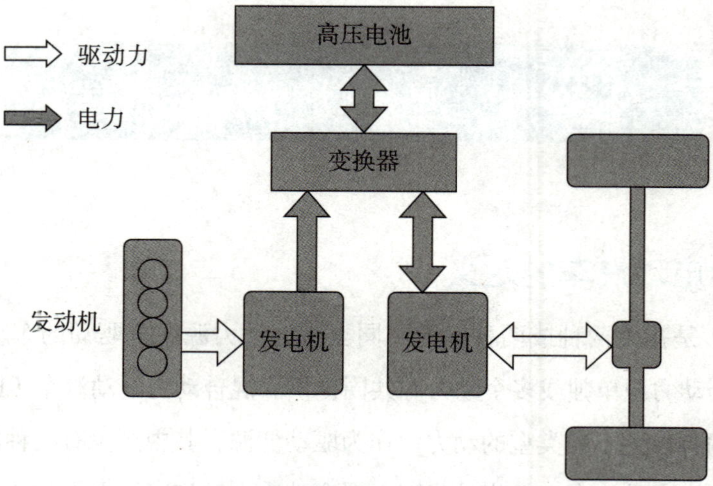

图 4–1 串联式混合动力系统

串联式混合动力系统主要应用于城市公交车，节油率可以达到 20% 左右。该系统可以实现以下工作模式。

① 纯电驱动模式。发动机关闭，车辆驱动能量完全来自动力蓄电池，该模式主要用于车辆低速行驶和倒车工况。

② 纯发动机驱动模式。车辆驱动能量来自发动机，经发电机、电机控制器、电动机进行能量转换后驱动车辆，动力蓄电池既不提供能量也不接收能量，该模式主要用于车辆中速和高速行驶工况。

③ 混合驱动模式。车辆驱动能量同时来自发动机和动力蓄电池，发电机发出的电能和动力蓄电池提供的电能由电机控制器实现耦合，共同输送给电动机，该模式主要用于车辆加速和爬坡行驶工况。

④ 发动机驱动和动力蓄电池充电模式。来自发动机的机械能由发电机转化成电能后，由电机控制器分配能量，一部分输送给电动机用于驱动车辆，另一部分给动力蓄电池充电，该模式主要用于车辆低负荷行驶且动力蓄电池 SOC 较低的工况。

⑤ 回馈制动模式。发动机关闭，电动机以发电形式工作，把来自车轮的动能转化为电能，通过电机控制器给动力蓄电池充电，该模式主要用于车辆制动和下坡工况。

⑥ 动力蓄电池充电模式。电动机不接收能量，由发电机把来自发动机的机械能转化为电能，通过电机控制器给动力蓄电池充电，该模式主要用于车辆静止且动力蓄电池 SOC 较低的工况。

串联方式的优点如下。

① 发动机和驱动轮之间没有机械连接，因此发动机工作在任何点上，转速和扭矩都可以自由控制。通过车辆的驱动功率需求，可以控制发动机总是工作在最低油耗区；在这个区域内，发动机的效率和排放可以通过特殊设计和控制技术得以进一步提高。

② 由于电动机的速度-扭矩特性非常适合汽车牵引需求，驱动系统可以不再需要多挡位的变速器，使得驱动系统结构得以简化；另外，如果在两个驱动轮上各使用一个电机，就可以去掉机械差速器，实

现两个车轮间的解耦；还可以实现四个车轮各使用一个电机，这样每个车轮的速度和扭矩就可以实现独立控制，从而可以提高车辆的机动性。

③ 相比其他的布置方式，由于发动机和驱动轮之间实现了完全的机械解耦，动力总成的控制策略简单。

串联方式的缺点如下。

① 发动机产生的能量经过两次能量转换才到达驱动轮，能量损失大，效率低。

② 发电机的使用增大了车辆质量和成本。

③ 由于电动机是驱动车辆的动力源，为满足车辆的加速和爬坡性能要求，其尺寸较大。

（2）并联式混合动力系统

并联式混合动力系统由发动机、变速器、电机、电机控制器和动力蓄电池组成（图 4–2），其中，电机既作为电动机也作为发电机使用。并联式混合动力系统汽车有两个独立的驱动系统，即传统的发动机驱动系统和电机驱动系统。车辆驱动力由发动机和电机同时或单独供给，也就是说，两个动力系统既可以同时协调工作，也可以各自单独工作来驱动汽车。两个动力系统同时工作时，以机械方式实现动力耦合，动力的流向为并联，所以称为并联式混合动力系统。

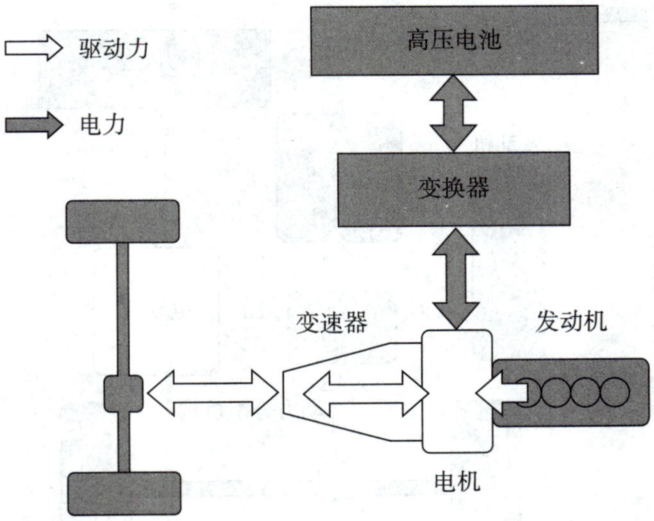

图 4–2　并联式混合动力系统

并联式混合动力系统应用较多，在各种车型上都有应用，其中节油率方面传动带传动启动 / 发电一体化电机（belt- driven starter/generator，BSG）技术可以达到 5%、集成启动 / 发电一体化电机（integrated starter/generator，ISG）技术为 15%、并联公交车为 25% ～ 30%。在串联方式中提到的各种工作模式在并联结构中都可以实现。

并联方式的优点如下。

① 发动机的动力可以直接用来驱动车辆，没有能量转换，能量损失小。

② 一个电机既可以作为电动机也可以作为发电机使用，且可以采用较小功率的电机，成本低。

并联方式的缺点如下。

① 发动机和驱动轮间还是机械连接，因此发动机的工作点不可能总处于最佳区域，发动机效率得不到充分发挥。

② 需要搭载变速器，且适合搭载自动变速器。

③ 混合度较低，不便于向插电式混合动力过渡。

（3）混联式混合动力系统

混联式混合动力系统由发动机、动力分配机构、发电机、电机控制器、电动机和动力蓄电池组成，如图 4–3 所示。发动机的动力经过动力分配机构后分成两部分：一部分直接驱动车辆，形成机械传输通道；另一部分带动发电机发电，所产生的电能通过电机控制器提供给电动机也驱动车辆，形成电力传输通道。通过调整发电机转速，可以控制机械传输通道和电力传输通道的动力分配比例。这个系统具有双重特征，一是电力传输通道和动力蓄电池之间以电方式实现动力耦合，动力的流向为串联；二是机械传输通道和电动机之间以机械方式实现动力耦合，动力的流向为并联，所以称为混联式混合动力系统。

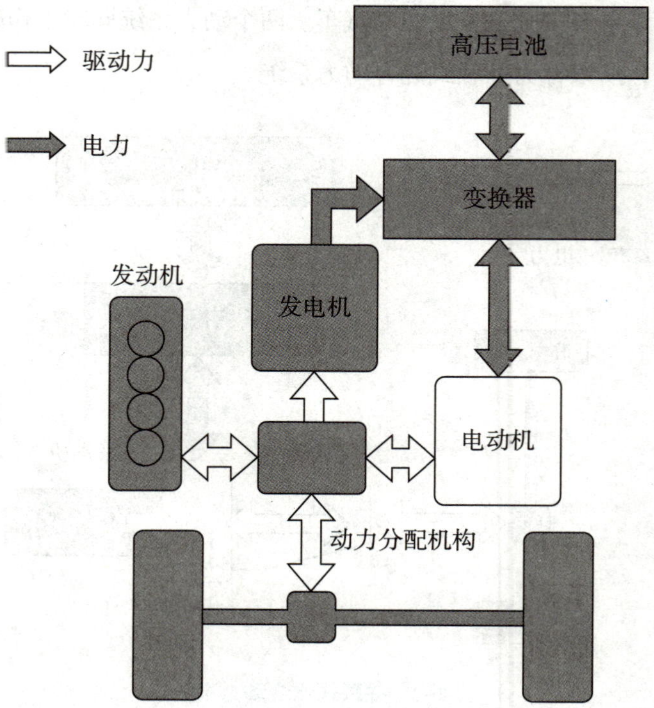

图 4–3　混联式混合动力系统

混联式混合动力系统吸收了串联式混合动力系统和并联式混合动力系统的优点，使两者的优势都能够得到发挥，其应用前景看好，在 NEDC（新标欧洲循环测试）循环工况下，节油率可达 40% 以上。

2. 按混合度分类

在混合动力系统中，根据电动机的输出功率在整个系统输出功率中所占比重，可以分为微度混合动力系统（简称微混或弱混）、轻度混合动力系统（简称轻混）、中度混合动力系统（简称中混）、重度混合动力系统（简称重混、全混或强混）、插电式混合动力系统（plug in hybrid）。也有分为四类的，即把微混和轻混合并为微混，四类分别是微混、中混、强混和插电混。混合度不同，功能要求也有差别，见表 4–6。混合度指的是电系统功率 P_{elec} 占动力源总功率 P_{total}，的百分比，即

$$H=\frac{P_{elec}}{P_{total}}\times 100\%$$

表 4–6　不同混合度类型及功能列表

类型	功能要求
微度混合动力系统	发动机自动起停
轻度混合动力系统	发动机自动起停 + 回馈制动
中度混合动力系统	发动机自动起停 + 回馈制动 + 电动辅助
重度混合动力系统	发动机自动起停 + 回馈制动 + 电动辅助 + 纯电驱动
插电式混合动力系统	发动机自动起停 + 回馈制动 + 电动辅助 + 纯电驱动 + 电网充电

（1）微度混合动力系统

微度混合动力系统对传统发动机的起动机进行了改造，形成由传动带传动的发电起动一体式电机（belt driven starter generator，BSG）。该电机用来控制发动机快速起停，因此可以取消发动机的怠速过程，降低了油耗和排放。微度混合动力系统搭载的电机功率比较小，仅靠电机无法使车辆起步，起步过程仍需要发动机介入，是一种初级的混合动力系统。在微度混合动力系统里，混合度一般在 5%。在城市循环工况下节油率一般为 5% ～ 10%。

（2）轻度混合动力系统

轻度混合动力系统采用了集成起动电机（integrated starter generator，ISG）。与微度混合动力系统相比，轻度混合动力系统除了能够实现用电机控制发动机的起停外，还能够在车辆制动和下坡工况下，实现对部分能量进行回收；在行驶过程中，发动机的动力可以在车轮的驱动需求和发电机发电需求之间进行调节。轻度混合动力系统的混合度一般在 20% 以下。

（3）中度混合动力系统

中度混合动力系统同样采用了 ISG 系统。与轻度混合动力系统不同之处，在于中度混合动力系统采用的是高压电机，在汽车加速或者大负荷工况时，电机能够辅助发动机驱动车辆，补充发动机本身动力输出的不足，提高整车性能。这种系统的混合程度较高，可以达到 30% 左右，在城市循环工况下节油率可以达到 20% ～ 30%，目前技术比较成熟，应用广泛。本田旗下早期的 Insight、雅阁和思域混合动力汽车都属于这类系统。

（4）重度混合动力系统

重度混合动力系统采用了 272 ～ 650 V 的高压电机，混合度可以达到 50% 以上，在城市循环工况下，节油率可以达到 30% ～ 50%。其特点是动力系统以发动机为基础动力，动力蓄电池为辅助动力。采用的电机功率更为强大，完全可以满足车辆在起步和低速时的动力要求。因此重度混合车型无论是在起步还是低速行驶状态下都不需要起动发动机，依靠电机可以完全胜任，在低速时就像一款纯电动汽车。在

急加速和爬坡运行工况下车辆需要较大的驱动力时，电机和发动机同时对车辆提供动力。随着电机、电池技术的进步，重度混合动力系统逐渐成为混合动力技术的主要发展方向。

（5）插电式混合动力系统

插电式混合动力电动汽车（plug–in hybrid electric vehicle，PHEV）是可以利用电网对动力蓄电池充电的混合动力电动汽车，可以使用纯电模式驱动车辆行驶，且纯电动行驶里程较长；电能不足时，车辆仍然可以重度混合模式行驶。一般插电式混合动力轿车都有车载充电机，可以使用家用电源为电池充电，而插电式混合动力公交车由于行驶路线固定，通常利用外接充电机充电。插电式混合动力系统的电机功率比纯电动汽车用的电机稍小，动力蓄电池的容量介于重度混合动力系统和纯电动车辆之间。由于具有利用夜间用电低谷对动力蓄电池充电，降低排放等优势，插电式混合动力电动汽车已成为主流发展方向之一。

三、上汽集团插电式混合动力系统介绍

1. 上汽集团插电式混合动力系统介绍

上汽集团从 2009 年开始研发混合动力系统并推出了自己的产品，并在 2013 年取得了第一代电驱系统的相关专利（electrical drive unit，EDU）。EDU 电驱动系统早期搭载在荣威 550 混合动力车型上，现在已经有越来越多的上汽旗下车型应用这套系统，如荣威 eRX5、荣威 ei6、名爵 6 混动版等车型都搭载了这套系统。

EDU 电驱动系统也采用了 P1+P2 的结构，主要由一个两挡变速器、两个电机和两个离合器组成，如图 4–4 所示，发动机、ISG 电机和 TM 电机同轴布置。发动机直接与 ISG 电机连接，并通过常开离合器 C1 连接两挡变速器。另一端，TM 电机通过常闭离合器 C2 与两挡变速器连接，动力最终经两挡变速器传递至车轮。EDU 电驱动系统通过两组离合器对发动机和两台电机组成的三个动力源进行智能控制。其中，两个电机都由电机控制器驱动，其能量来自高压锂电池；电池管理模块（BMS）负责监控电池的电量；混合动力控制单元（HCU/TCU）则负责混合动力模式的切换以及对应的换挡动作。

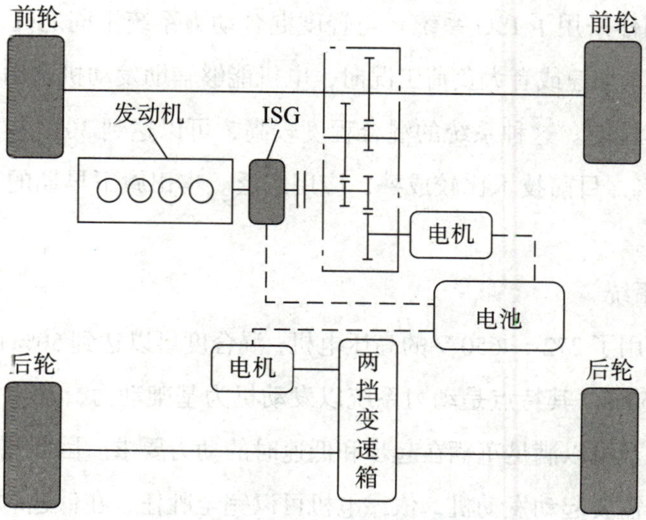

图 4–4　EDU 电驱动系统的结构

EDU 电驱动系统的核心部分是一套电驱动变速器，称为 EDU 电驱动变速器，两挡变速器（图 4–4 中的齿轮、轴系部分）由液压模块进行液电一体化驱动，通过同步器与齿轮的啮合实现不同挡位齿轮的选择。P1 位置的 ISG 电机功率略小，主要用于起动和发电。P2 位置的 TM 电机功率较大，主要用于驱动车辆行驶。C1 离合器常态为断开状态，C2 离合器常态为接合状态，整车倾向于更多地使用电力驱动。

2. EDU 电驱动系统工作模式

通过两个离合器不同的闭合方式，EDU 电驱动系统可以实现纯电驱动、串联、并联、能量回收模式等共八种工作模式。

（1）纯电驱动模式

在电池电量许可，且车辆扭矩需求适中的情况下进入纯电驱动模式。此模式下，C1 离合器断开，C2 离合器接合，发动机和 ISG 电机不工作，由 TM 电机通过高压电池组的能量独立驱动车辆，如图 4–5 所示。

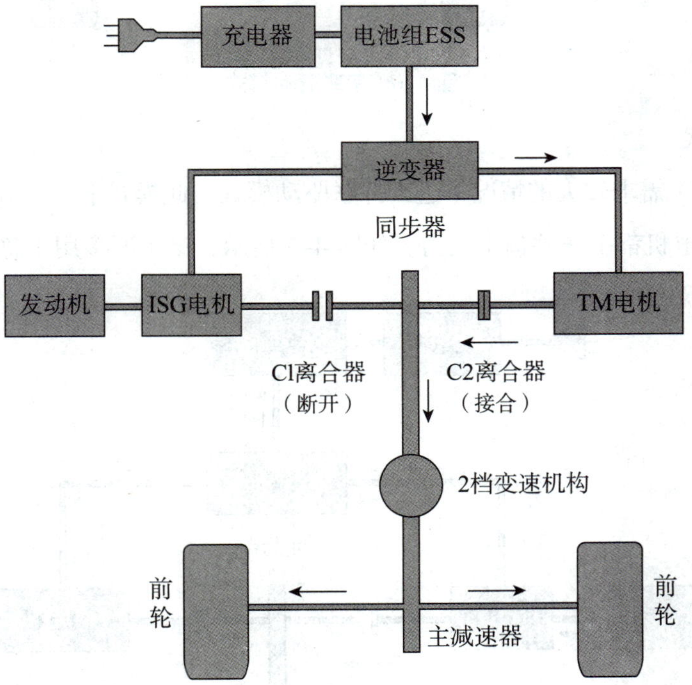

图 4–5　纯电驱动模式

（2）串联驱动模式

在电池电量较低，且车辆扭矩需求较低的情况下进入串联驱动模式。此模式下，C1 离合器断开，C2 离合器接合，发动机工作并通过 ISG 电机发电，一路向高压电池组充电，另一路向 TM 电机供电，由 TM 电机独立驱动车辆，如图 4–6 所示。

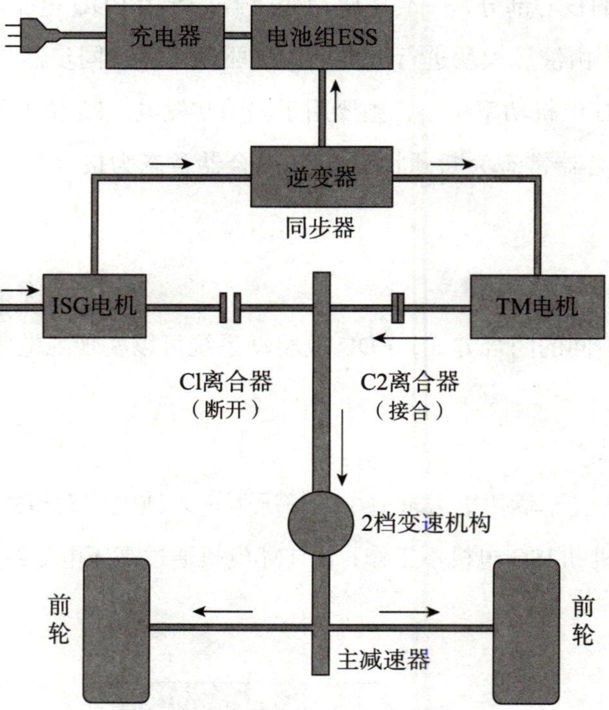

图 4–6　串联驱动模式

（3）并联驱动模式

在车辆扭矩（动力）需求较大的情况下进入并联驱动模式。此模式下，C1 和 C2 离合器均接合，发动机、ISG 电机及 TM 电机都工作并输出动力，如图 4–7 所示，该工况多用于急加速的场景。

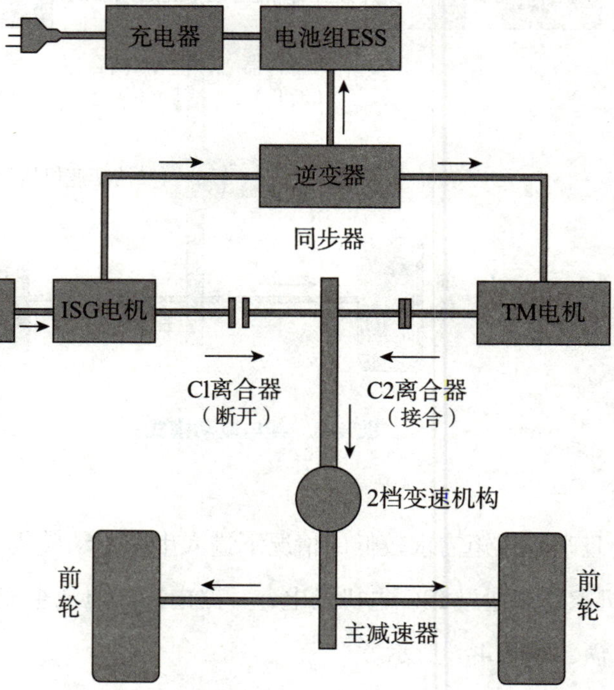

图 4–7　并联驱动模式

（4）能量回收模式

在车辆滑行和踏板制动情况下可进入能量回收模式。能量回收有两种实现模式，一是由并联模式转入的，C1、C2离合器均接合，发动机不工作，ISG和TM电机同时发电实现能量回收，如图4–8（a）所示；二是由纯电驱动模式转入的，CI离合器断开，发动机和ISG电机不工作，仅通过C2离合器接合由TM电机发电实现能量回收，如图4–8（b）所示。

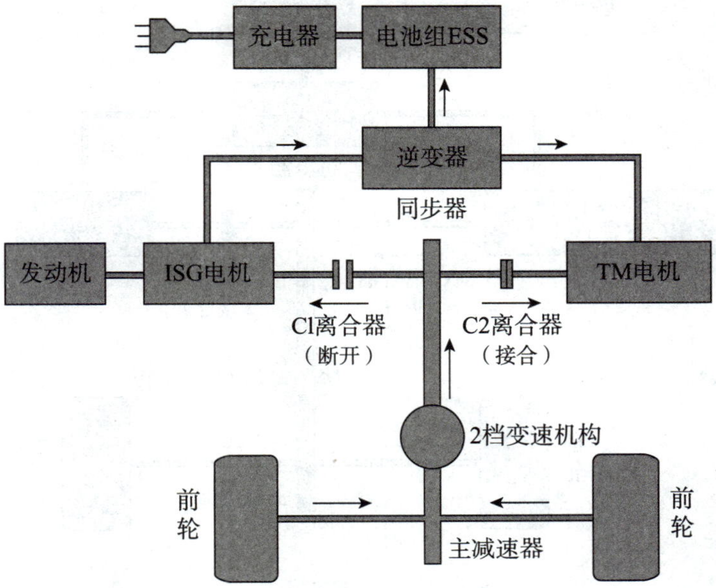

（a）能量回收模式（1）

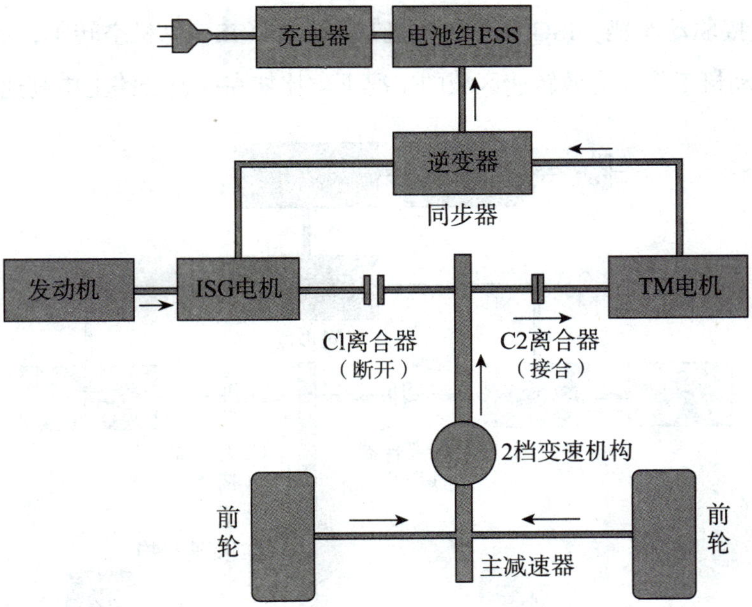

（b）能量回收模式（2）

图4–8　能量回收模式

（5）行车充电模式

行车中，当电池电量低，车速与扭矩需求不高时进入行车充电模式。此模式下，C1 离合器接合，C2 离合器断开，TM 电机不工作，发动机在直接驱动车辆的同时，由 ISG 电机发电对高压电池组进行充电，如图 4-9 所示。

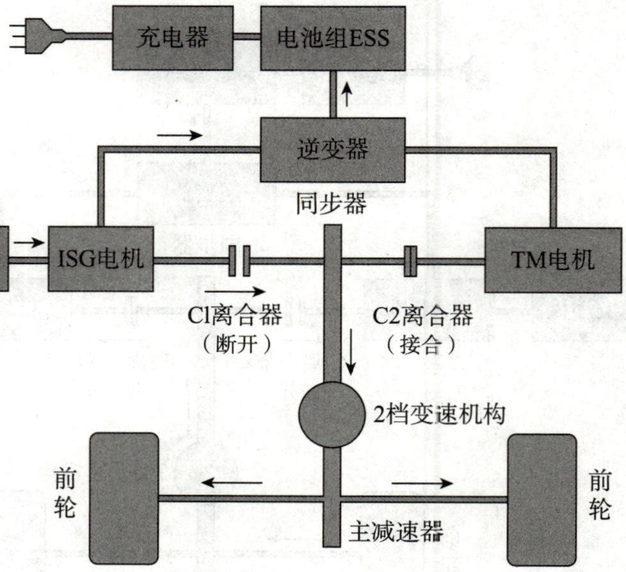

图 4-9　行车充电模式

（6）发动机驱动模式

行车中，车速与扭矩需求在一定范围内时进入发动机驱动模式。此模式下，CI 离合器接合，C2 离合器断开，发动机直接驱动车辆，ISG 和 TM 电机都不工作（ISG 电机空转），如图 4-10 所示。这种驱动模式多出现在发动机工作在高效转速区域的工况下，比如在高速公路上中高速巡航驾驶。

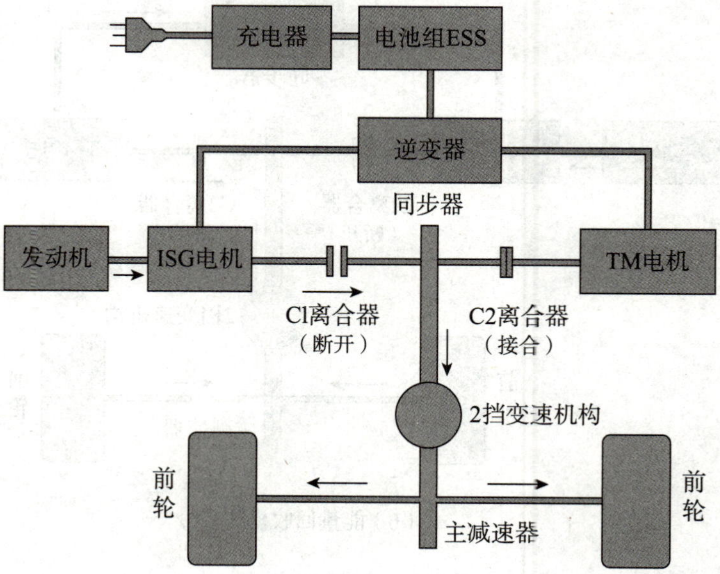

图 4-10　发动机驱动模式

（7）怠速充电模式

当车辆处于静止状态，电池电量较低（等红灯、拥堵等）时进入怠速充电模式。此模式下，C1 离合器断开，发动机通过 ISG 电机发电，对高压电池组充电，此时 TM 电机不工作，如图 4-11 所示。

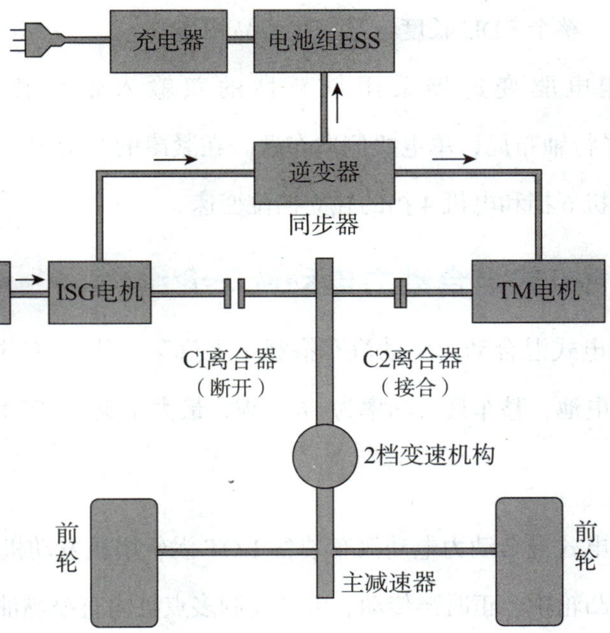

图 4-11　怠速充电模式

（8）外接充电模式

车辆处于熄火状态，直接利用外接电源对车辆的高压电池组进行充电，如图 4-12 所示。

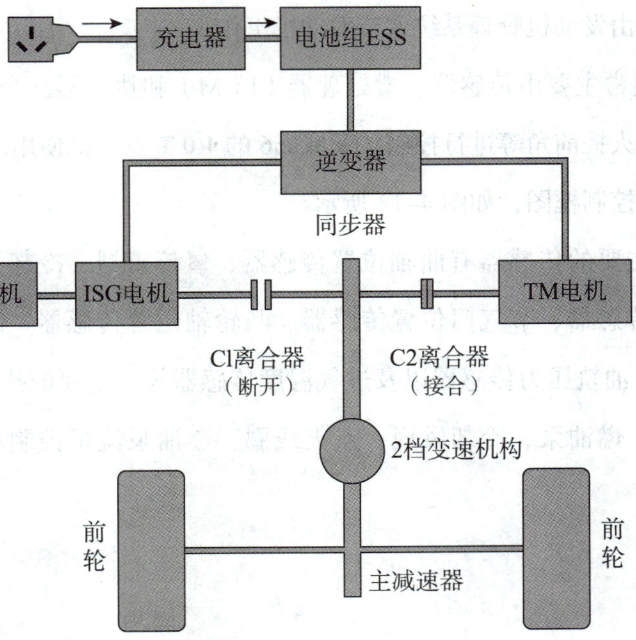

图 4-12　外接充电模式

3. 第二代 EDU 电驱动系统

2019 年，上汽推出了第二代 EDU 电驱动系统。与第一代 EDU 相比，第二代 EDU 在离合器与电机方面进行了简化设计，只保留了一组离合器与 TM 电机，该电机采用国内自主品牌首创的油冷扁线电机，提高了电机功率与效率，整个 EDU 长度与第一代产品相当。

第二代 EDU 智能电驱变速器采用创新性的双输入轴交替换挡 DHT（Dedicated Hy-brid Transmission）构型，平行轴布局，单电机侧向布置。在紧凑的结构中，发动机和电机都有相互独立的齿比设计，可实现发动机 6 挡和电机 4 挡的独立挡位变速。

四、荣威 ei6 插电式混合动力电动汽车介绍

2020 款荣威 ei6 插电式混合动力电动汽车搭载了上汽第一代 EDU 电驱动系统，装备 1.OT 涡轮增压发动机以及锂离子蓄电池，整车最大功率为 168 kW，最大扭矩为 622 N·m，纯电续驶里程 53 km。

1. SGE 发动机

2020 款荣威 ei6 插电式混合动力电动汽车装备 1.OT 涡轮增压发动机，发动机代号为 SGE、直列式 3 缸、12 气门、双顶置凸轮轴、正时链传动、电子控制多点缸内直喷燃油喷射系统，缸盖和缸体为铝合金材料。额定功率 92 kW/5 200 r/min，最大转矩 170 N·m/200 ～ 4 000 r/min。

2. 发动机管理系统

整车控制系统根据不同工况，依次协调发动机、ISG 电机与 TM 电机三个动力源不同的扭矩需求，发动机部分的扭矩需求由发动机管理系统调节发动机工作。

发动机管理系统通常主要由传感器、微处理器（ECM）和执行器三个部分组成，对发动机工作时的进气量、喷油量和点火提前角等进行控制。荣威 ei6 的 1.0 T 发动机使用的是博世 MED17 发动机管理系统，发动机管理系统控制框图，如图 4-13 所示。

发动机管理系统主要的传感器有曲轴位置传感器、氧传感器、冷却液温度传感器、增压压力传感器、加速踏板位置传感器、节气门位置传感器、凸轮轴位置传感器、制动开关传感器、爆燃传感器、空气流量传感器、油轨压力传感器以及进气温度传感器等；主要的执行器有喷油器、可变凸轮轴正时阀、炭罐控制阀、燃油泵、冷却风扇、点火线圈、燃油泵流量控制阀、增压控制阀、进气泄压阀等。

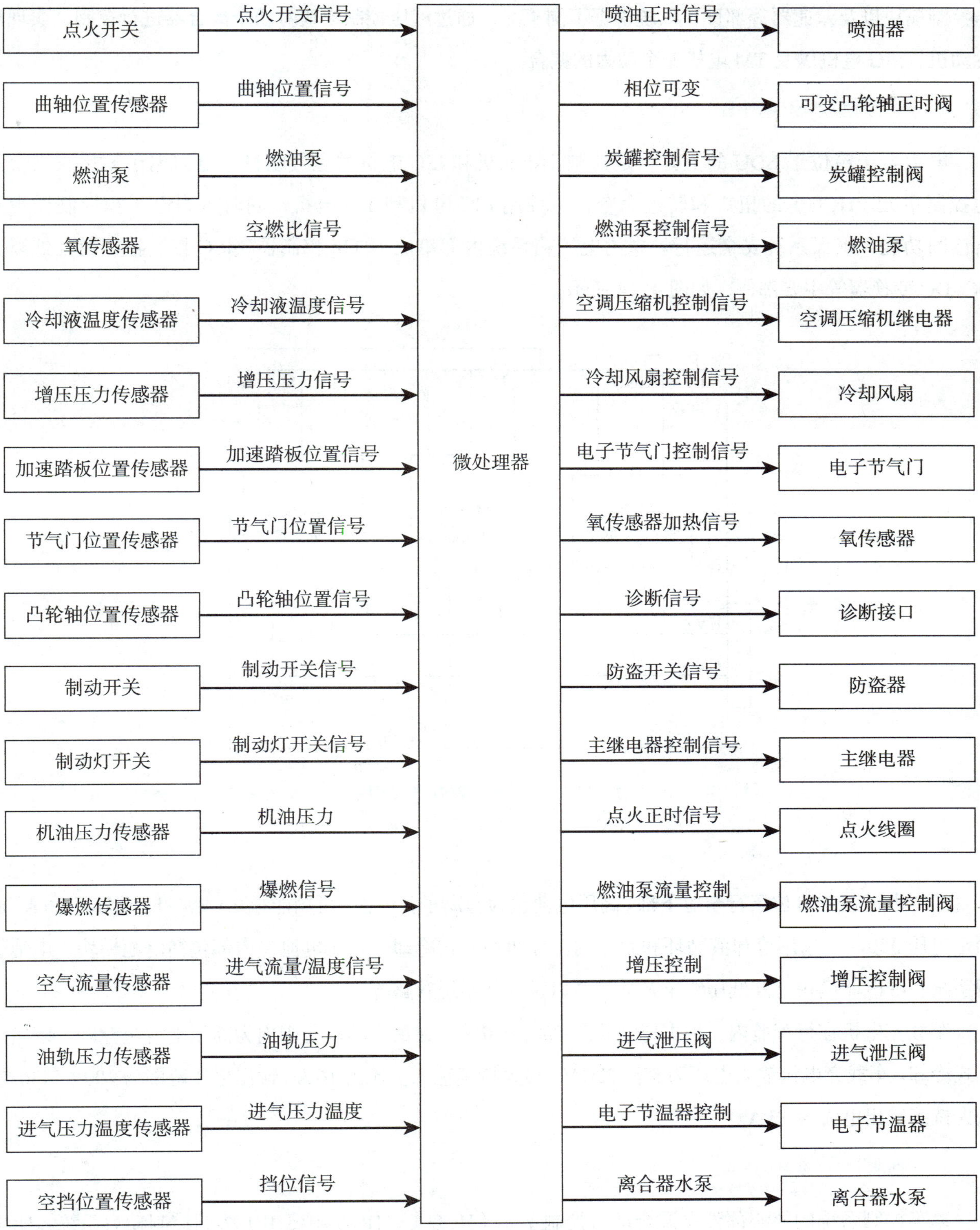

图 4-13　发动机管理系统控制框图

3. EDU 电驱动变速器

EDU 电驱动变速器总成位于前舱内，整个动力总成通过悬置分别固定于副车架和纵梁上。EDU 电驱动变速器内包括 ISG 电机、TM 电机、ISG 电机离合器、TM 电机离合器、同步器、2 挡变速器、液压控制模块以及差速器等部件，系统根据不同工况，通过液压控制模块对两个离合器进行控制，实现对发动机、ISG 电机以及 TM 电机三个动力的耦合。

4. 电力电子箱（PEB）

电力电子箱位于 EDU 的上方，是控制 TM 电机和 ISG 电机的电气组件。电力电子箱接收混合动力控制单元（HCU）的扭矩和转速命令，以控制 ISG 电机和 TM 电机，同时电力电子箱控制器带有自诊断功能，确保系统安全运行。电力电子箱系统内部集成了 TM 控制器、ISG 控制器、逆变器以及 DC–DC 变换器等主要部件，如图 4–14 所示。

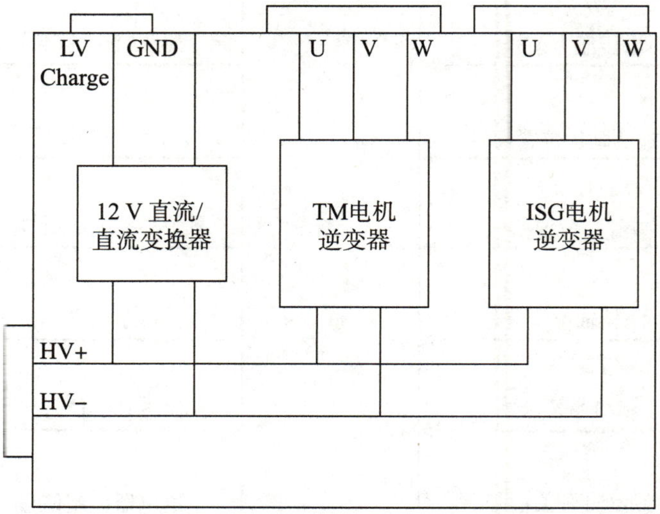

图 4–14　电力电子箱内部示意图

4. 高压电池包 ESS 及车载充电机

高压电池包 ESS 位于行李舱下部。高压电池包为锂离子蓄电池，可用能量 9.1 kW·h，总容量 26 A·h，额定电压 350 V，采用冷却液循环和制冷剂循环两种方式冷却。高压电池包内部包括电池模块、电池管理系统、继电器模块、高低压线束及插接器以及冷却系统管路等。

车载充电机在行李舱内，根据电池管理系统的需求，在最大功率范围内为高压电池包充电，以风冷方式冷却。车载充电机输入电压为交流 220 V，最大持续输入电流为 16 A，输出电压范围为 200 ～ 430 V，最大持续输出电流为 13 A。

6. 整车控制系统

整车控制系统的核心部件是混合动力控制单元（HCU），HCU 主要用于协调控制动力系统。HCU 能够根据踏板信号和挡位状态解释驾驶人的驾驶意图，依据发动机管理系统、电池管理系统、电力电子箱、换挡控制单元（SCU）以及电驱动变速器（EDU）等动力系统部件状态协调动力系统输出动力，系统控制框图，如图 4–15 所示。

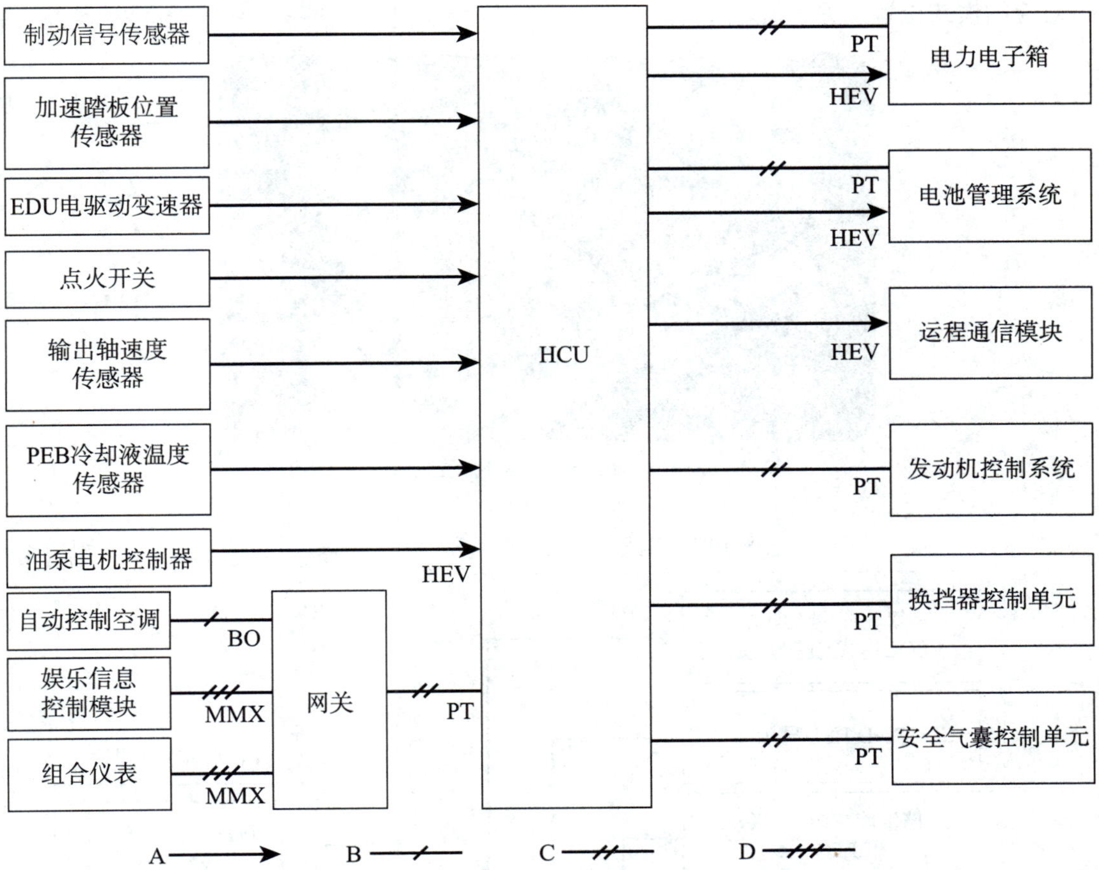

A- 混合动力高速 CAN 线；B- 车身高速 CAN 线；C- 动力高速 CAN 线；D—硬线；E- 多媒体高速 CAN 线。

图 4–15　整车控制系统控制框图

HCU 对能够驾驶模式、能量回收等级、SOC 电源管理、混合动力系统工作模式以及高压系统断电等进行控制。其中，HCU 根据车辆各种实时状态信息（如电池 SOC、空调负载、节气门开度、车速等），来选择不同的工作模式：纯电动、串联、并联模式。这几种工作模式的切换是通过控制离合器 C1、C2 的接合与分离来实现的。

另外，当车辆发生碰撞后，HCU 通过 CAN 总线接收来自安全气囊控制单元（SDM）的信号，然后 HCU 协调电池管理系统断开高压电池包内部主继电器、预充电继电器及负极主继电器，从而切断高压电池包的高压电输出（高压电的正极和负极均断开）。

7. 电子换挡器总成

电子换挡器总成如图 4–16 所示，电子换挡器总成包括换挡器控制单元（SCU）、电子换挡旋钮、驾驶模式开关、能量回收模式开关、电量管理模式开关等，它的作用有采集当前挡位信息、输出换挡位置信号、输出驾驶模式、能量回收模式、电量管理模式请求信号。

电子换挡器总成通过动力高速 CAN 总线与外部其他电子控制单元交换信息，主要的数据交换对象是 HCU，如图 4–17 所示。R、N、D 位信息是通过读取电子换挡器总成内的挡位位置传感器的信号获得，而 P 位的位置信号可通过按压电子换挡旋钮开关触发；驾驶模式、能量回收模式、电量管理模式的信息则是通过对应的模式位置开关获得。

图 4-16　电子换挡器总成

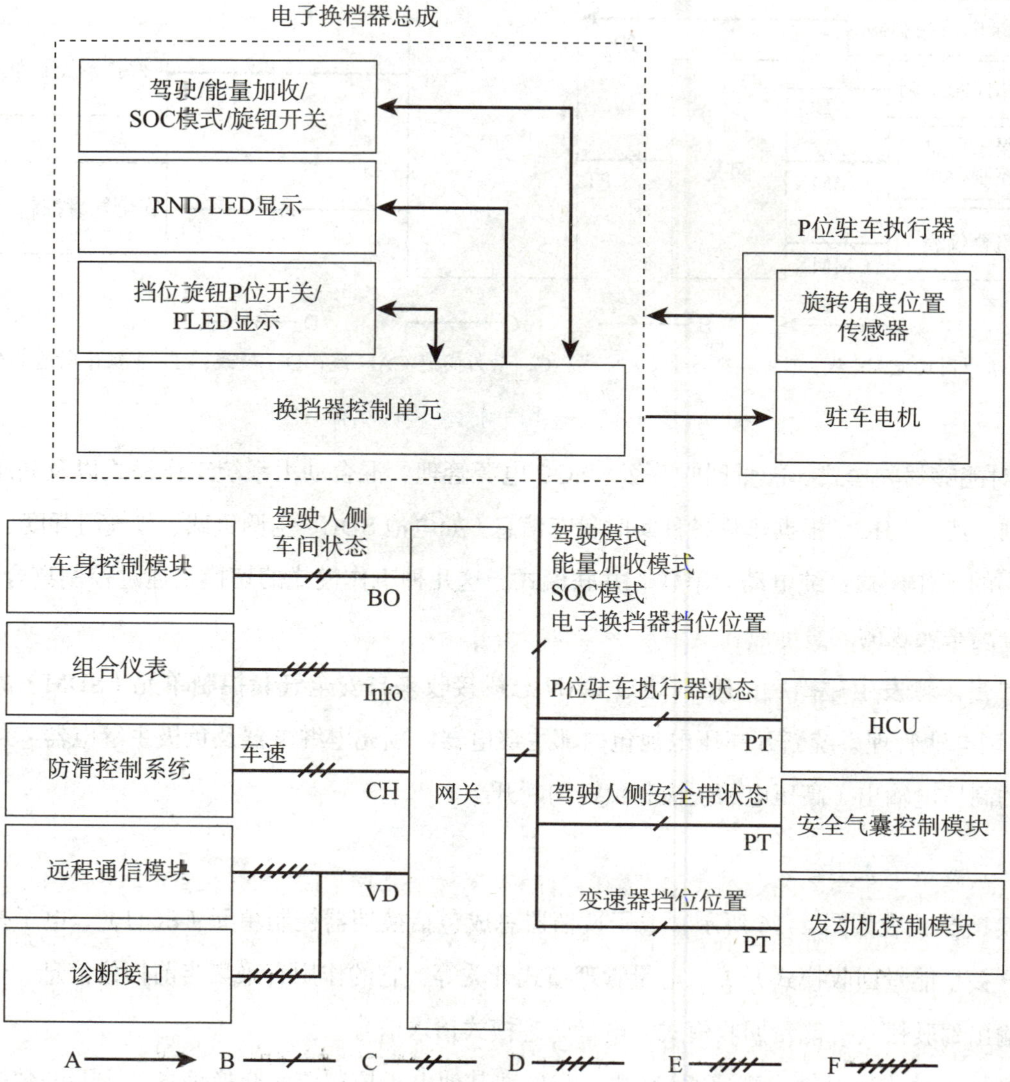

A- 硬线；B- 动力高速 CAN 线；C- 车身高速 CAN 线；D- 底盘高速 CAN 线；
E- 信息高速 CAN 线；F- 诊断高速 CAN 线。

图 4-17　电子换挡操纵控制系统控制图

采集到的 R、N、D 位置信息，各类模式信息通过动力高速 CAN 总线发送给 HCU。P 位由换挡器控制单元控制位于变速器上的 P 位驻车执行器来实现。电子换挡器总成上的 LED 指示灯来指示当前变速器的挡位，各个挡位都有一个对应的 LED 指示灯，这些位置分别是“P”“R”“N”“D”。

8. 暖风、通风与空调系统

暖风、通风与空调系统，用于把汽车车厢内空气的温度、湿度、清洁度及空气流动调整和控制在最佳状态，为乘员提供舒适的乘坐环境，减少旅途疲劳。另外，暖风、通风与空调系统为驾驶人创造良好的工作条件，也是对确保安全行车起到重要作用的装置。

暖风、通风与空调系统由通风、制冷、暖风及控制部件组成。其中包含有空调滤清器总成、压缩机、空调箱总成（暖风芯体、蒸发器等）、风道、空调控制器以及控制面板等。系统根据控制面板上的设置需求，由鼓风机提供动力源，将新鲜空气或车内空气经过空调滤清器过滤后流经空调箱，加热或冷却后，从风道吹向风窗或乘客。

压缩机（电空调压缩机）安装在变速器的安装支架下，通过高压电机驱动。该压缩机是一个定排量的压缩机，可以通过高压电机转速的变化向空调系统提供所需要的制冷剂量。另外，空调制冷系统不但对乘客舱进行制冷，还参与高压电池包的冷却。

9. 整车冷却系统

冷却系统由水泵、膨胀水箱、冷却液管路和散热器等部件组成。冷却系统利用热传导的原理，通过冷却液在各个独立的冷却系统回路中循环，使发动机、PEB、EDU 和电池保持在最佳的工作温度。整车冷却系统分为三个独立的系统，分别是发动机冷却系统、传动系统（PEB/EDU）冷却系统和电池冷却系统。其中，电池冷却系统是通过电池冷却器将冷却液与空调制冷剂进行热交换，将冷却液进行冷却，然后在水泵的作用下流入高压电池包，实现对高压电池包的降温。

整车冷却系统有一个机械泵和三个电子水泵。机械泵是发动机冷却系统的水泵，另外三个电子水泵分别是传动系统（PEB/EDU）冷却泵、电池冷却泵和暖风芯体进液冷却泵（空调有特定的供暖需求时，增大冷却液流经暖风芯体的流量）。机械泵由发动机驱动，三个电子水泵分别由电力电子箱、电池管理系统和空调控制器各自按照一定的温度控制策略进行控制。

整车冷却系统有三个膨胀水箱。发动机冷却系统膨胀水箱和传动系统（PEB/EDU）冷却系统膨胀水箱注塑成形在一起，但中间腔体隔开，两边冷却液不互通。电池冷却系统膨胀水箱布置在行李舱内右侧。

整车冷却系统有两个散热器，分别是发动机冷却散热器和传动系统（PEB/EDU）低温散热器。从车头位置向后看，依次是传动系统低温散热器（位于冷凝器的下部）、冷凝器、中冷器（对发动机涡轮增压器增压后的空气进行冷却）、发动机冷却散热器、冷却风扇。

发动机冷却系统、传动系统（PEB/EDU）冷却系统、电池冷却系统以及空调制冷系统都需要冷却风扇参与工作，冷却风扇由发动机控制模块驱动。其中，HCU 采集 PEB/EDU 冷却系统以及电池冷却系统的冷却风扇启动请求，网关采集自动空调控制器的冷却风扇启动请求，然后通过动力高速 CAN 总线传递至发动机控制模块，由发动机控制模块驱动冷却风扇，如图 4-18 所示。

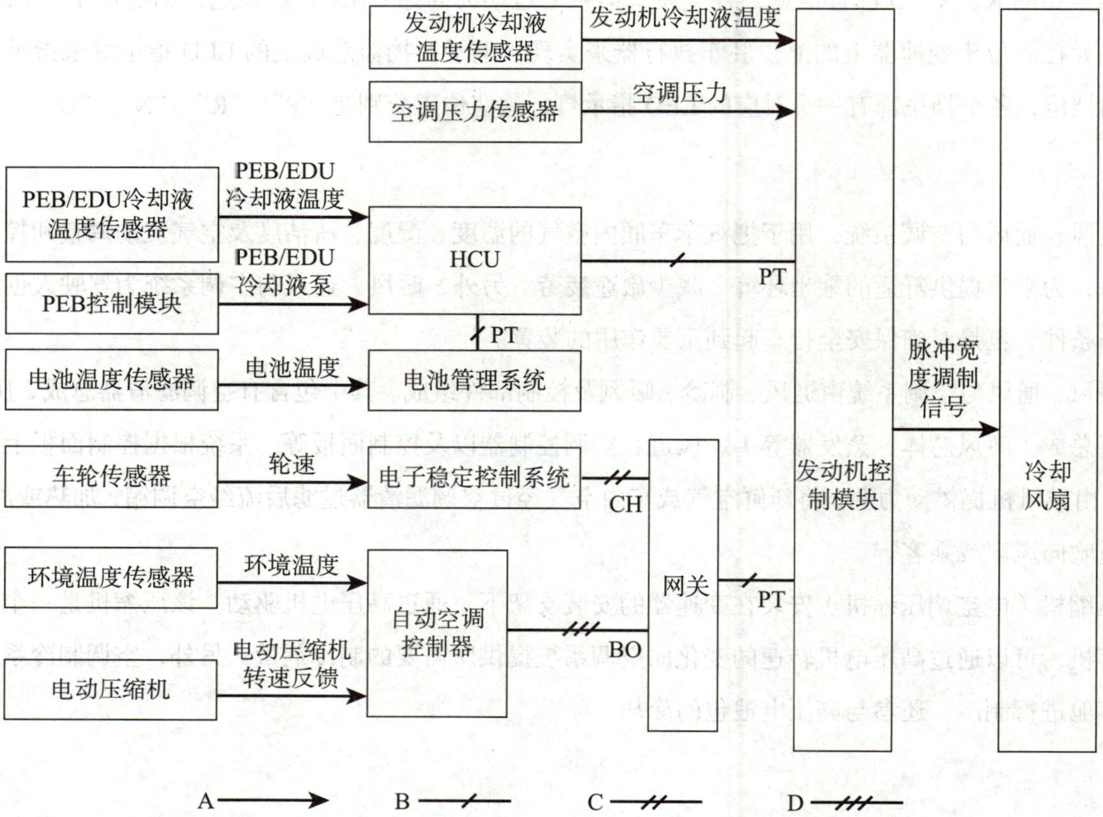

A– 动力高速 CAN 线；B– 底盘高速 CAN 线；C– 车身高速 CAN 线；D– 硬线。

图 4–18　冷却风扇控制

荣威 ei6 插电式混合动力电动汽车为管柱助力式电动助力转向系统，制动系统也配备了电动真空泵，在前机舱内也安装了行人警示扬声器，此部分内容以及组合仪表等其他系统，此处不再介绍。

任务二　混合动力汽车控制系统维护

一、混合动力汽车控制系统组成

为了达到混合动力汽车的控制要求，混合动力系统要实现数据交换、信息传递、故障诊断、安全监控、驾驶员意图解析、发动机和电动机能量协调管理、车身电器等辅助系统的控制等功能，从而实现混合动力汽车的动力性、安全性、舒适性和节能环保的控制目标。混合动力汽车控制系统主要由整车控制单元（VCU）、混合动力控制单元（HV ECU）、发动机控制单元（PCU）、电机控制器、车载充电机、电池管理器、高压电缆、驾驶员操纵传感器、数据总线、漏电监测装置、高压互锁系统、低压辅助电源、DC–DC 变换器以及电器辅助系统等组成，如图 4–19 所示。

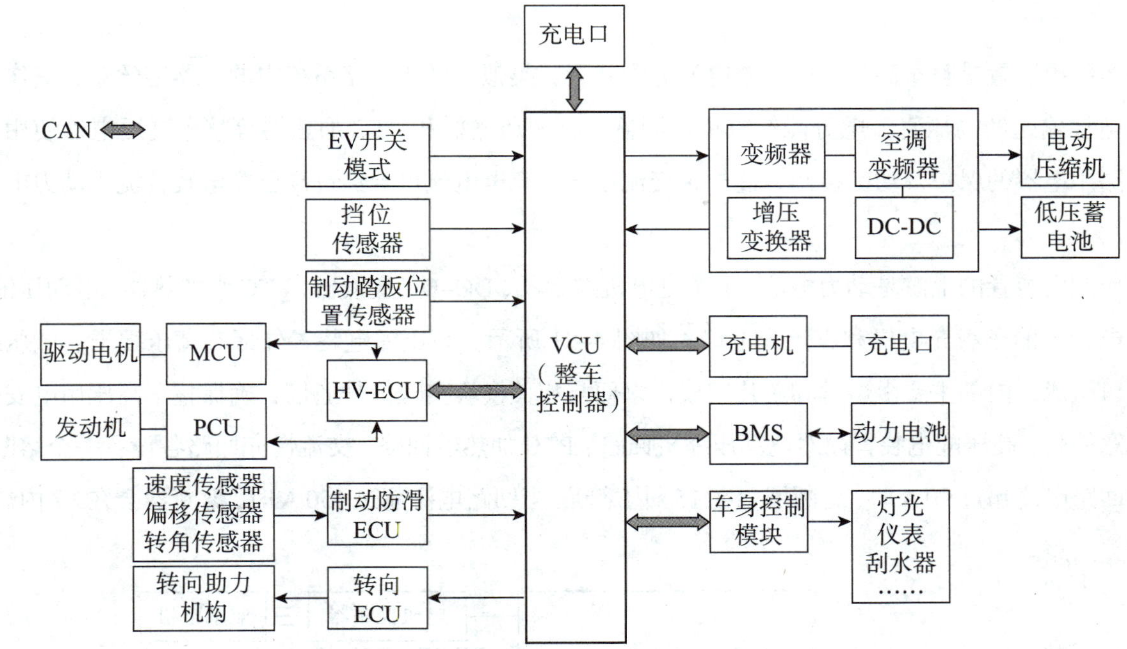

图 4–19　混合动力汽车控制系统组成

1. 整车控制器

整车控制器（vehicle control unit，VCU）是整个汽车的核心控制部件，如图 4–20 所示。它采集加速踏板信号、制动踏板信号及其他部件信号，并进行分析判断，然后给下层控制器发出指令，做出相应判断后控制下层控制器的动作。VCU 采集驾驶员驾驶信号和车辆状态，通过 CAN 总线对网络信息进行管理，调度，分析和运算，进行相应的能量管理，实现混动驱动控制、发动机运行策略控制、能量优化控制、制动能量回馈控制、高压上 / 下电控制、充电过程控制、实时监测车辆状态和故障诊断与处理等功能。整车控制器通常安装于前机舱内贴近前舱防火墙位置。

图 4–20　整车控制器

在混合动力汽车整车控制系统中，各种整车控制器硬件组成都大同小异，主要由印制电路板、壳体、线束插接器和固定螺栓等构成，印制电路板一般都是封装在铝制金属壳体内部，并通过线束插接件与整车线束相连接。

2. 高压配电装置

高压配电装置是整车高压电的一个电源分配装置，类似于低压电路系统中的电器熔丝盒，其作用是将动力电池输送的高压直流电分配给电机控制器、空调压缩机和 PTC 加热器等整车高压电器使用，实现对支路用电器的保护及切断控制，此外，交流慢充时充电电流也会经过高压配电装置流入动力电池为其充电。

高压配电装置的上游是动力电池，下游是电机控制器、DC-DC 变换器、PTC 水加热器、电动压缩机，还有充电相关的车载充电机和直流充电口，如图 4-21 所示。高压配电装置外部有高压端子、低压线束等插接口组成，内部主要由熔丝和芯片组成，以便与相关模块实现信号通信，确保整车高压用电安全。需要注意的是，高压配电装置内对电动压缩机回路、PTC 加热器回路、交流慢充回路各设有一个熔断器。当上述回路电流超过 90 A 时，熔断器会在 15 s 内熔断；当回路电流超过 150 A 时，熔断器会在 1 s 内熔断，保护相关回路。

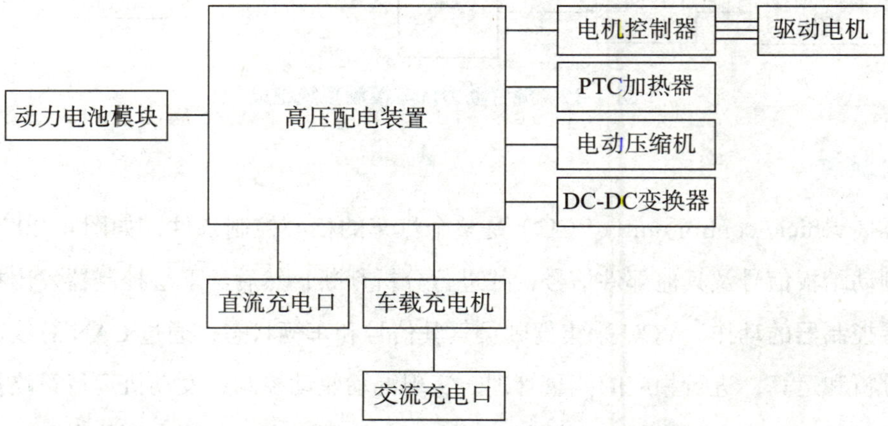

图 4-21　高压配电装置

3. 混合动力控制模块

混合动力控制单元（HV ECU）可以接收整车控制单元、发动机控制单元等传输的车辆状态相关信息，根据内部存储的控制逻辑进行分析处理，从而向发动机控制单元或者整车控制单元发出控制驱动电机、发动机以及动力电池工作的指令，使车辆合理地切换电机驱动和发动机驱动两个状态，最终有效控制动力系统的工作。

具体工作时，它根据请求转矩、再生制动控制和动力电池的 SOC（充电状态）信号，控制发电机（MG1）、电动机（MG2）和发动机，其工作状态由挡位，加速踏板踩下角度和车速来确定。混合动力系统 ECU 监控动力电池的 SOC 和动力电池的温度、发电机（MGI）和电动机（MG2）以对这些项目实施最优控制。

4. 发动机控制模块

发动机控制模块是控制发动机的核心部件，其主要作用是根据各传感器的输入信息，控制发动机的燃油喷射和点火时刻，并为其他输出装置提供最佳的控制指令。此外，ECM 的作用还包括对自身故障、各传感器和执行元件、串行数据线、故障指示灯电路进行检测，当检测到故障时，ECM 记忆相应的故障码并采取有关措施。

发动机控制模块通常安装于前机舱内，离发动机较近的位置，一般使用金属材料制作发动机控制模块外壳以保证其工作的稳定性。

5. 驱动电机控制器

驱动电机控制器与 DC 总成位于发动机舱，驱动电机控制器与 DC 总成的作用主要有两个：一是，将高压动力电池包的高压电转换为 12 V 直流电压和驱动电机所需电压，分别为车辆的辅助设备和驱动电机供电；二是，将驱动电机的动能转化为电能储存到高压动力电池中。

6. 电池管理器

电池管理器（BMS）通常安装于动力电池附近或动力电池包内部，是电池保护和管理的核心部件。作为电池和各控制器以及驾驶员沟通的桥梁，电池管理器不仅要保证电池安全、可靠地使用，而且要充分发挥电池的能力和延长使用寿命。此外，电池管理器通过控制接触器控制动力电池组的充、放电，并向整车控制系统上报动力电池系统的基本参数及故障信息。

7. 总线通信系统

混合动力汽车信息通信系统是通过车载总线实现的，因此混合动力汽车的信息通信系统主要是车载总线。

总线是整车控制系统中各控制模块之间信号传输的通道，控制总线是传输控制信号的传输线束，它相当于各控制模块间运行控制数据的通道，即所谓的信息高速公路。对于汽车而言，控制模块之间应该可以发送和接收控制数据，需要进行双向控制数据的传输，因此汽车上使用的车用总线为数据总线。

总线通信系统采用分布式布置方式。通常高压系统各控制模块中均会设有通信系统，通过网线连接成总线系统，总线通信系统各设备负责与外部诊断设备的连接和诊断通信，实现诊断服务，包括数据流读取、故障码的读取和清除、控制端口的调试。

8. 高压互锁

混合动力汽车为了保证行车过程中高压电的正常传输，并尽量降低误操作对人员和设备造成的伤害，配备了高压互锁。这个高压互锁可以监测到高压电路连接异常或未连接，并在高压断电之前给整车控制器提供报警信息，预留整车系统采取应对措施的时间；也可以在人为误操作时，防止整个回路电压加在断点两端造成对周围的人员和设备造成伤害。

混合动力汽车高压互锁是一个串联电路，可以利用低压信号来监测高压系统电器、导线、导线插接器以及电器保护盖等电气完整性的低压电路。如图 4–22 所示，高压动力电池总成、电机控制器、电动空调压缩机总成，以及驱动电机总成的导线插接器组成的高压互锁回路。

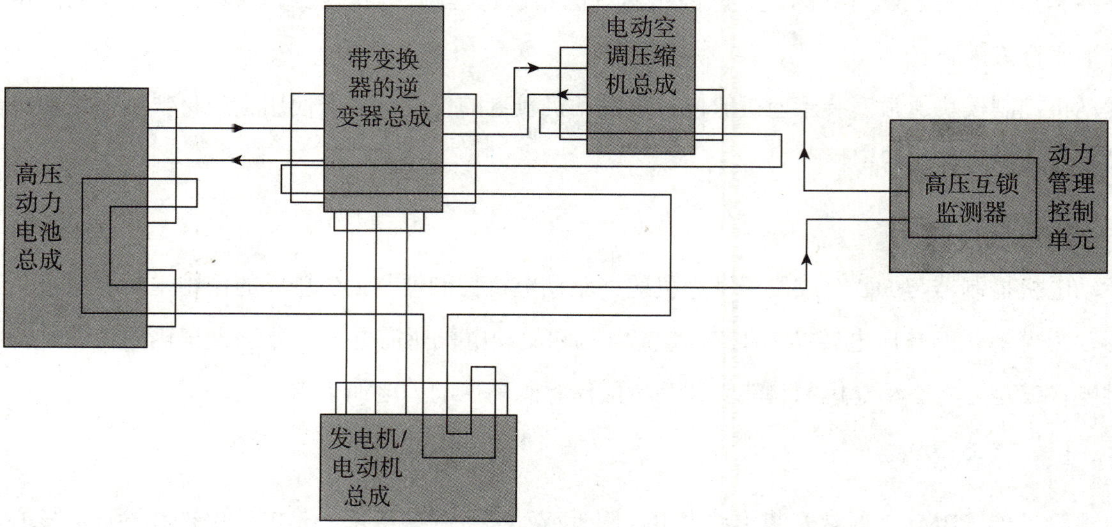

图 4-22　电动汽车高压互锁回路

互锁系统中高压动力电池总成、电机控制器等相关的高压部件插接器中安装的互锁开关，如图 4-23 所示。

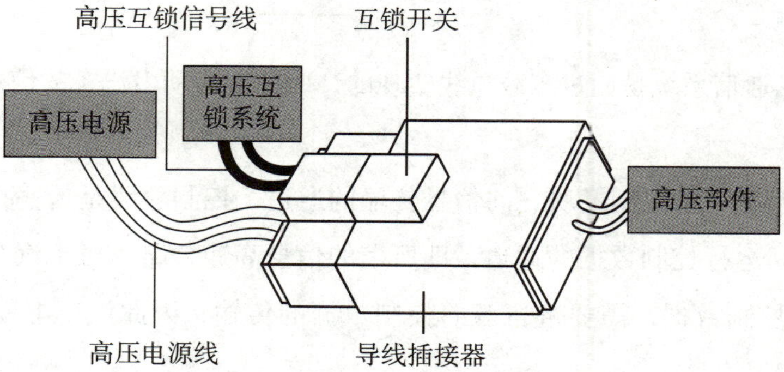

图 4-23　高压部件导线插接器中的互锁开关

9. 漏电监测装置

混合动力汽车的绝缘监测装置也称为漏电传感器，它可以准确、实时地检测高压系统对车辆底盘的绝缘性能，以保证乘客安全、电气设备正常工作和车辆安全运行是纯电动汽车必备的漏电保护装置。当高压系统漏电时，漏电传感器会发送漏电信息给电池管理器，电池管理器接收到漏电信息，判定漏电情况，并在电池管理器接收到漏电信号以后报警，并控制立即断开高压系统，防止高压漏电对人或者物品造成伤害和损失。

绝缘检测装置，是通过监测动力电池输出的高压负极母线与车身底盘之间的绝缘电阻，来判断高压电池包的漏电程度。当测得绝缘电阻大于 100 ～ 120 kΩ 时，表明绝缘情况正常；当测得绝缘阻值小于或等于 100 ～ 120 kΩ 时，表明一般漏电；当绝缘阻值小于或等于 20 kΩ 时，表明严重漏电。当动力电池包漏电时，传感器发出一个信号给电池管理控制器，电池管理控制器接到漏电信号后，进行相关保护操作并报警，放置动力电池包的高压外泄，造成人或物品的伤害和损失。

10. 驾驶员操纵传感器

驾驶员操纵传感器主要包括挡位传感器、制动踏板位置传感器、加速踏板位置传感器。

（1）挡位传感器

挡位传感器的作用是检测汽车变速杆的位置，并将信号送给整车控制器，为控制汽车的行驶状态提供必要的信息。

挡位传感器按照不同的分类标准可分为接触式和非接触式，由于接触式挡位传感器的工作过程会有磨损，其寿命、可靠性通常较差，所以优先选择非接触式挡位传感器。而非接触式传感器目前大多采用霍尔式传感器和光电式传感器。常用的挡位传感器有霍尔式和光电式，混合动力汽车大多采用光电式挡位传感器。

（2）制动踏板位置传感器

制动踏板位置传感器安装在制动踏板轴的一端，如图 4–24 所示。它用于监测制动踏板的位置，有的也可以作为后制动灯的开关。

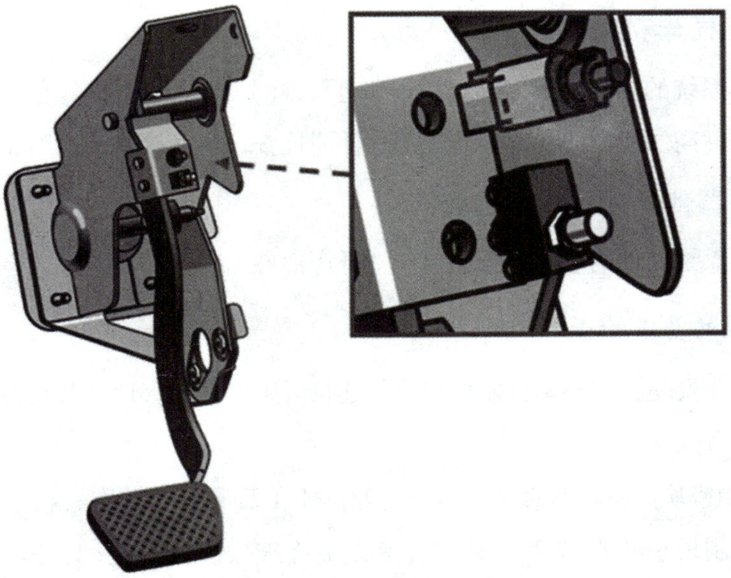

图 4–24　制动踏板位置传感器位置

制动踏板位置传感器有霍尔式、滑动电阻式和开关型三种，为了提高信息检测的精确度，现出现了新型制动踏板位置传感器，包括双滑动电阻式和线性双霍尔式两种。混合动力汽车广泛应用的是双滑动电阻型制动踏板位置传感器。

（3）加速踏板位置传感器

加速踏板位置传感器俗称油门位置传感器，安装在驾驶室加速踏板轴的一端，如图 4–25 所示，用于检测汽车加速或减速信号。

加速踏板位置传感器有霍尔式和滑动电阻式两种，新型加速踏板位置传感器有双滑动电阻式和线性双霍尔式，混合动力汽车中常用的为滑动电阻型加速踏板位置传感器。

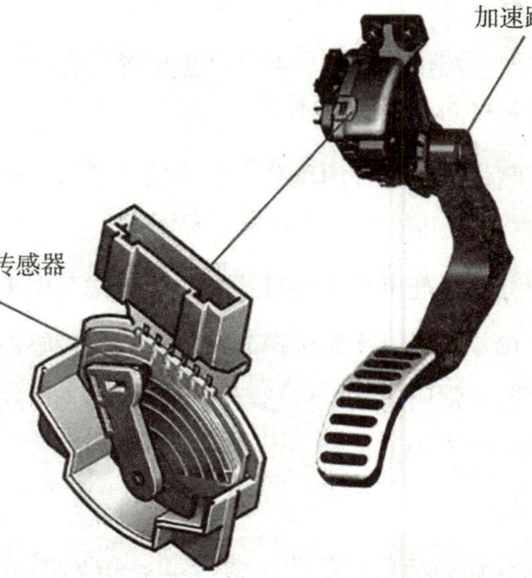

图 4-25　加速踏板位置传感器位置

二、混合动力汽车控制系统维护方法

混合动力汽车控制系统的维护主要以外观检查和电气检测为主，检查内容包括控制系统器件外观的基本检查、控制系统器件高压线束的检查、高压部件性能检查、车辆故障码检测和车载网络检查。

（一）控制系统器件外观的基本检查

混合动力汽车控制系统器件的基本检查主要包括低压部件和高压部件的外观检查。

1. 低压部件外观的基本检查

低压部件外观检查主要是检查整车控制模块及其连接线束、电池管理器及其连接线束，具体检查内容如下。

（1）检查整车控制模块。确认其表面无异物附着，外观无明显的破损、烧蚀和外壳脱落情况。

（2）检查整车控制模块连接线束。确认线束无绝缘破损、高温烧蚀、碰撞变形和外伤等情况发生。

（3）检查电池管理器。确认其外观正常，无明显的破损、烧蚀和外壳脱落情况。

（4）检查电池管理器连接线束。确认线束无绝缘破损、高温烧蚀、碰撞变形和外伤等情况发生。

2. 高压部件外观基本检查

驱动电机 DC-DC 变换器和高压配电盒都属于高压部件，具体检查内容如下。

（1）检查驱动电机 DC-DC 变换器、高压配电盒表面无异物附着，外观无明显的破损、烧蚀和外壳脱落情况。

（2）清洁驱动电机 DC-DC 变换器、高压配电盒表面散热片，确保散热片表面清洁，以保证散热时风道通畅，散热片热传导良好。

（3）使用定扭扳手紧固驱动电机控制器 DC–DC 变换器和高压配电盒的固定螺栓，固定转矩应为（25 ± 5）N · m。

（二）控制系统器件高压线束的检查

（1）检查驱动电机控制器 DC–DC 变换器、高压配电盒各连接电缆及插接器无破损、裂纹，绝缘老化、烧蚀等情况发生。

（2）使用绝缘电阻表 1 000 V 测试挡检测驱动电机控制器 DC–DC 变换器、高压配电盒各连接线束与车身搭铁之间的绝缘电阻值，测量结果应大于 20 MΩ，若低于标准值，则需进一步检查高压电缆，必要时进行更换。

（三）高压部件性能检查

（1）使用绝缘电阻表 1 000 V 测试挡，检测 DC–DC 变换器、高压配电盒线束连接端口与车身搭铁之间的绝缘电阻值，测量结果应大于 20 MΩ，若低于标准值，则说明该高压部件可能存在绝缘不良故障。

（2）将车辆点火开关状态调节至 OK 位，使用万用表测量 DC–DC 变换器输出电压，测量值应在 13.2 ～ 16 V 范围内。若低于标准值，则需要进一步检测 DC–DC 变换器。

（四）车辆故障码检查

车辆故障码检测需要遵循以下步骤。

（1）将车辆停放至合适位置，挂入 P 位，拉起驻车制动器。

（2）安装车辆故障诊断仪。

（3）打开车辆点火开关至 ON 位，并使用诊断仪读取车辆信息。

（4）进入故障诊断界面读取整车控制系统的相关故障码。

（5）若有必要可再读取车辆数据流。

（6）若系统存在故障，则需根据故障码提示，进一步检测整车控制系统。

（7）确认系统无故障后需要检查整车控制模块软件是否存在更新，若存在更新，则需要及时更新整车控制模块软件。

（五）车载网络检查

（1）连接车辆适配器。

（2）使用万用表电压挡测试动力网 CAN–H 和 CAN–L 的工作电压值，CAN–L 应在 1.5 ～ 2.5 V 内，CAN–H 应在 2.5 ～ 3.5 V。

（3）关闭车辆点火开关，断开低压蓄电池负极电缆。

（4）使用万用表电阻挡测量动力网终端电阻值，正常情况下应该为 60 Ω；若在断线情况下检测，则应为 120。

（5）装复低压蓄电池负极电缆，打开点火开关。

（6）使用示波仪监测动力网 CAN–H 和 CAN–L 的波形，波形应为标准的数字方波信号，CAN–H 波形与 CAN–L 波形呈镜像对称。

三、混合动力汽车控制系统维护注意事项

（1）进行混合动力汽车控制系统外观检查和维护时，可以不用断开车辆高压维修开关，但是为防止高压系统部件发生故障漏电引发触电事故，维修人员操作时需全程穿戴高压绝缘防护装备。

（2）维护过程中若需要对整车控制系统高压部件进行绝缘检测或插拔高压电缆插接器，则需遵循要求拆卸低压蓄电池负板电缆，断开高压维修开关，等待 15 min 后再进行操作。

（3）对混合动力动汽车控制系统进行维护时要注意查询厂方的相关公告，及时根据厂方指导要求更新控制系统软件，以免在某种程度上影响车辆的混动程度控制、能量回收控制功能。

（4）使用厂方规定的诊断仪对控制系统进行故障码检查和软件升级，否则可能会造成故障码错误解析或软件升级过程中出现异常，导致车辆无法使用。

四、混合动力汽车控制系统维护周期

比亚迪 · 秦汽车控制系统维护周期可依照表 4–7 所示的内容进行。

表 4–7　比亚迪 · 秦汽车控制系统维护周期（总里程）

维护保养时间 / 维护保养项目	里程表读数（总里程）或月数，以先到者为准						
	里程表读数 /1 000 km	11	26	41	56	71	86
	月数	18	42	66	90	114	138
检查膨胀罐内冷却液的液面高度		I	I	I	I	I	I
检查高压线束或插接件是否松动、引脚是否烧蚀		I	I	I	I	I	I
检查高压模块外观是否变形、有油液		I	I	I	I	I	I
检查高压部件是否有涉水痕迹		I	I	I	I	I	I
检查整车模块是否有软件更新，有则更新		I	I	I	I	I	I

注：I 表示必要时进行检查、修正或更换。

项目实训

认识混合动力汽车

1. 车辆准备

准备荣威 ei6 插电式混合动力电动汽车一辆，如图 4–26 所示。这是 2020 款荣威 ei6，搭载上汽第一代 EDU 电驱动系统。

图 4-26 荣威 ei6 插电式混合动力电动汽车

2. 实践操作

（1）车辆外部认知

找到加油口与慢充口。加油口在车辆左后侧，慢充口在车辆右后侧。

（2）前机舱认知

打开前机舱盖，认知荣威 ei6 插电式混合动力电动汽车前机舱。左侧是电控发动机部分，右侧是高压电控部分。

找到电控发动机部分的传感器、发动机控制模块与执行器。传感器主要有空气流量传感器、增压压力传感器、进气压力温度传感器、节气门位置传感器、凸轮轴位置传感器、油轨压力传感器、冷却液温度传感器、空调压力传感器、三元催化转化器、前氧传感器、后氧传感器等。执行器主要有点火组件、燃油控制阀、喷油器、炭罐电磁阀、进气凸轮轴位置执行器电磁阀、排气凸轮轴位置执行器电磁阀、增压控制电磁阀、增压器泄流阀等。

找到电力电子箱及高压线束。电力电子箱是控制 TM 电机和 ISG 电机的电气组件，电力电子箱内部集成了 TM 控制器、ISG 控制器、逆变器以及 DC-DC 变换器。

找到 EDU 电驱动变速器。EDU 电驱动变速器总成内有两个永磁同步电机。左侧是 ISG 电机，ISG 电机集成起动发电机，其主要作用为起动发动机和给动力蓄电池充电；右侧是 TM 电机，TM 电机为牵引电机，其主要作用为输出动力。

找到发动机冷却液膨胀水箱、电力电子箱与电驱动变速器冷却液膨胀水箱。

（3）行李舱认知

打开行李舱，掀开行李舱地板垫，找到低压蓄电池、高压电池包冷却液膨胀水箱、交流慢充枪、车载充电机及高压线束。

（4）底部认知

举升车辆，找到位于行李舱下部的高压电池包、主高压线束（连接高压电池包至电力电子箱）、电空调压缩机线束、车载充电机线束。高压电池包可用能量为 9.1 kW·h，总容量为 26 A·h，额定电压为 350 V。高压电池包采用水冷方式冷却，找到冷却液进水管和出水管。

（5）车内认知

降下车辆，进入车内，找到组合仪表、一键起动开关、中央触控电子屏。组合仪表显示内容有车速表、功率表、电量表、电续驶里程、警告灯、指示灯、能量回收等级指示、驾驶模式以及动力系统状态 READY 指示灯等信息。

找到电子换挡旋钮、驾驶模式选择开关、能量回收模式选择开关、电量管理模式选择开关。

课后练习

一、填空题

1. 混合动力电动汽车是指由__________不同类型的__________联合驱动的车辆，车辆的行驶动力依据车辆行驶状态由单个动力源单独或__________共同提供。

2. 根据混合动力驱动的混合方式，混合动力汽车主要分为__________、__________和__________三类。

3. 整车控制器是整个汽车的__________，它采集加速踏板信号、制动踏板信号及其他部件信号，并进行分析判断，然后给__________发出指令，做出相应判断后控制下层控制器的动作。

4. 驾驶员操纵传感器主要包括__________、__________、__________。

二、简答题

1. 混合动力串联方式的优点有哪些？
2. 串联式混合动力系统有哪些工作模式？
3. 简述混合动力汽车控制系统的维护方法。

项目五 燃料电池电动汽车

项目概述

燃料电池电动汽车的名字中有“燃”字，它为什么也算新能源汽车呢？它是如何工作的？是否只是将燃油更换成了燃料？本项目介绍燃料电车汽车的动力系统与氢燃料电池，包含以下两个任务。

任务一：燃料电池电动汽车。

任务二：氢燃料电池简介。

通过以上两个任务的学习，掌握燃料电池电动汽车动力系统结构组成，了解氢燃料电池的工作原理。

学习目标

知识目标

◆了解燃料电池的定义和结构。

◆熟悉氢燃料的相关知识。

能力目标

◆能够简述燃料电池电动汽车的驱动系统。

◆能够简述燃料电池工作原理。

素质目标

◆培养学生与时俱进的精神，爱岗敬业、奉献社会的道德风尚。

◆能够发现学习过程中的问题，引导学生通过团队协作解决问题，提高团队协作素质。

思政目标

◆使学生坚定理想信念，传承中华优秀传统文化精华，树立社会主义主流意识形态。以培养“三有”青年为任务，提高学生使命感与责任感，强化学生自身教育能力和社会实践能力。

◆使学生具备服务意识和团队合作精神，培养学生树立正确的世界观、人生观、价值观。

任务工单

1. 寻找成员

以 3 ～ 5 人为一组，选出组长并进行任务分工，将小组成员及分工情况填入表 5-1 中。

表 5-1　小组成员及分工情况

班级：　　　　　　　　　　组号：　　　　　　　　　　指导教师：

小组成员	姓名	学号	任务分工
组长			
组员			

2. 制订计划

（1）查阅相关资料，制订工作计划，并将其填入表 5-2 中。

表 5-2　工作计划

序号	工作内容	负责人

（2）将操作过程中所需的工具和耗材等填入表 5-3。

表 5-3　操作过程中所需的工具和耗材等清单

序号	名称	型号与规格	单位	数量	备注

3. 进行决策

（1）小组成员针对各自的工作计划展开讨论，并选出最佳工作计划。

（2）指导教师根据各小组提交的工作计划给出评价。

（3）各小组成员根据指导教师的评价对工作计划进行调整，调整合格后的工作计划即为最终实施方案。

4. 工作实施

根据最终实施方案，认识新能源汽车维护的主要作业项目及其位置。按实际操作过程，将实施内容、遇到的问题及解决办法等记录于表 5–4 中。

表 5–4　工作实施过程记录表

序号	实施内容	遇到的问题及解决办法	结果

5. 考核评价

各组展示任务完成情况，并完成见表 5–5 的考核评价表。

表 5–5　考核评价表

<table>
<tr><th rowspan="2">项目名称</th><th rowspan="2">评价内容</th><th rowspan="2">满分 / 分</th><th colspan="3">评分 / 分</th></tr>
<tr><th>自评</th><th>互评</th><th>师评</th></tr>
<tr><td rowspan="6">职业素养考核项目 40%</td><td>穿戴规范、整洁</td><td>6</td><td></td><td></td><td></td></tr>
<tr><td>安全意识、责任意识及服从意识强</td><td>6</td><td></td><td></td><td></td></tr>
<tr><td>积极参加教学活动，按时完成任务工单</td><td>10</td><td></td><td></td><td></td></tr>
<tr><td>团队合作、沟通交流能力强</td><td>6</td><td></td><td></td><td></td></tr>
<tr><td>劳动纪律良好</td><td>6</td><td></td><td></td><td></td></tr>
<tr><td>维护场地、设备及工具等干净整洁</td><td>6</td><td></td><td></td><td></td></tr>
<tr><td rowspan="4">专业能力考核项目 60%</td><td>了解燃料电池的定义和结构</td><td>12</td><td></td><td></td><td></td></tr>
<tr><td>简述燃料电池电动汽车的驱动系统</td><td>18</td><td></td><td></td><td></td></tr>
<tr><td>熟悉氢燃料的相关知识</td><td>12</td><td></td><td></td><td></td></tr>
<tr><td>简述燃料电池工作原理</td><td>18</td><td></td><td></td><td></td></tr>
<tr><td colspan="2">合计</td><td>100</td><td></td><td></td><td></td></tr>
<tr><td rowspan="2">总评</td><td rowspan="2">自评（20%）＋互评（20%）＋师评（60%）＝</td><td>综合等级</td><td colspan="3" rowspan="2">指导教师（签名）：</td></tr>
<tr><td></td></tr>
</table>

任务一　燃料电池电动汽车

燃料电池电动汽车（FCEV）简称为燃料电池汽车，其定义是以燃料电池系统作为动力源或主动力源的车辆，如图 5–1 所示。燃料电池用于车辆驱动，为能源问题和环境污染问题提供了一个有效的解决方案。随着燃料电池技术的不断发展，如何将燃料电池应用于车辆系统，解决它与车辆众多复杂子系统之间的匹配等问题随之出现。FCEV 与其他电动汽车的根本区别是所用的动力源以燃料电池为主，而对于电机驱动、传动机构以及汽车所需的各种辅助功能等基本相同。

燃料电池电动汽车

图 5–1　车载燃料电池底盘实物

燃料电池汽车的结构有多种形式：按照驱动形式，可分为纯燃料电池驱动和混合驱动；按照燃料电池系统的能量来源，又可分为车载纯氢和燃料重整两种方式。由于燃料电池电动汽车正处在研究的初期阶段，所以各种技术竞相试用并各有优缺点。

一、燃料电池单独驱动汽车动力系统

燃料电池的种类不同和选配的辅助电池组种类不同，构成了动力路线的多样性。燃料电池单独驱动车型驱动系统一般由燃料箱、燃料电池、电机控制器、电机、信号线路等组成，如图 5–2 所示。

燃料电池单独驱动汽车动力传动系统结构简图，如图 5–3 所示，该系统实为纯燃料电池驱动系统。燃料电池系统将氢气与氧气反应产生的电能通过总线传给驱动电机，驱动电机将电能转化为机械能再传给传动系统，从而驱动汽车前进。这种系统结构的优点如下。

（1）系统结构简单，便于实现系统控制和整体布置。

（2）系统部件少，有利于整车的轻量化。

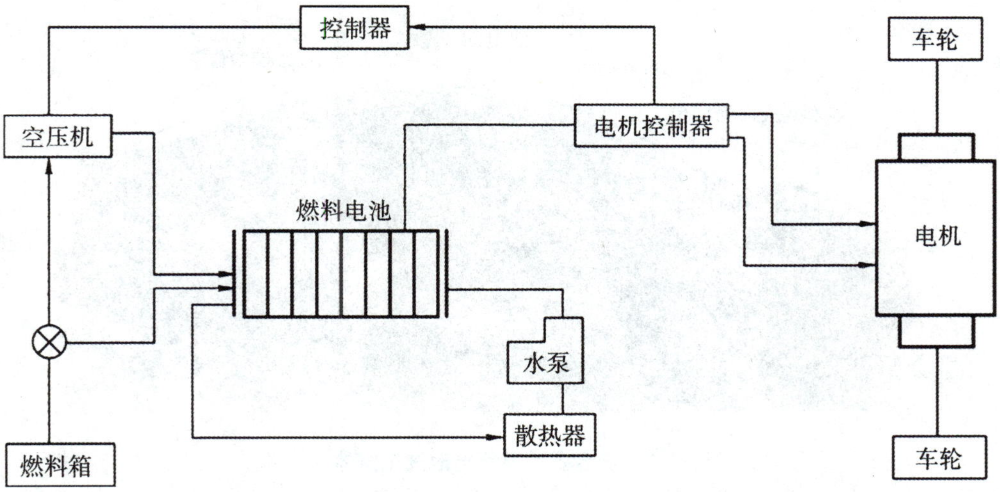

图 5-2　燃料电池单独驱动车型驱动系统结构

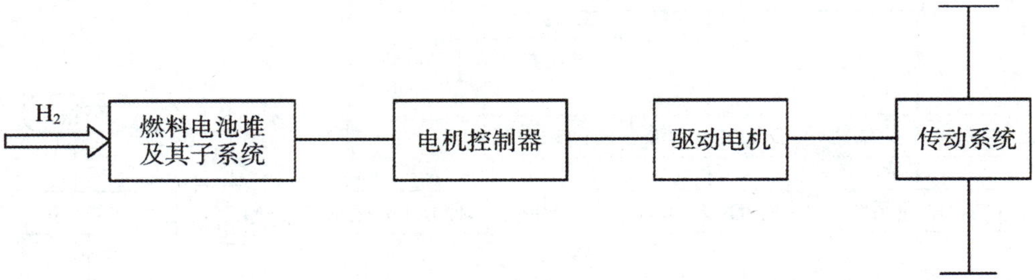

图 5-3　燃料电池单独驱动汽车动力传动系统结构简图

由于燃料电池无法充电，所以这种结构形式的燃料电池电动汽车无法实现制动能量回馈，这将影响系统能量效率的提高。单一燃料电池结构形式的汽车以巴拉德公司和戴姆勒 – 克莱斯勒公司的车型为代表。戴姆勒 – 克莱斯勒公司开发的燃料电池大客车长度为 9 ～ 12 m，燃料电池系统的功率为 200 ～ 250 kW，最高车速可达 80 km/h，续驶里程为 200 ～ 400 km。

纯燃料电池汽车只有燃料电池一个动力源，汽车的所有功率负荷都由燃料电池承担。其主要缺点如下。

（1）燃料电池的功率大，成本高。

（2）对燃料电池系统的动态性能和可靠性提出了很高要求。

（3）不能进行制动能量回收。

二、燃料电池混合动力汽车动力系统

基于纯燃料电池汽车上述这些不利因素，现在已较多地采用了混合驱动这种结构形式。这种结构形式既以燃料电池系统作为主动力源，又增加了动力电池组或超级电容作为辅助动力源，其整体结构如图 5-4 所示。图 5-5 为混合驱动型燃料电池汽车的动力系统结构原理，从图 5-5 中可知它主要由燃料电池系统、DC-DC 转换器、辅助动力源、驱动电机以及各相应的控制器，再加上机械传动与车辆行驶构等组成。

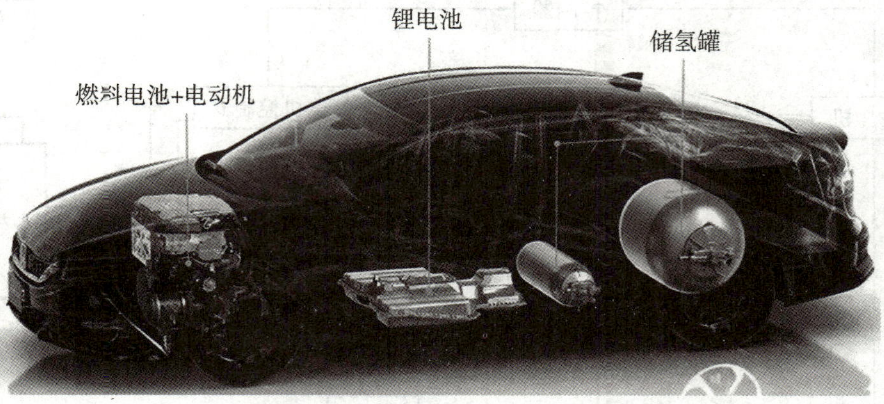

图 5-4　混合驱动燃料电池汽车整体结构

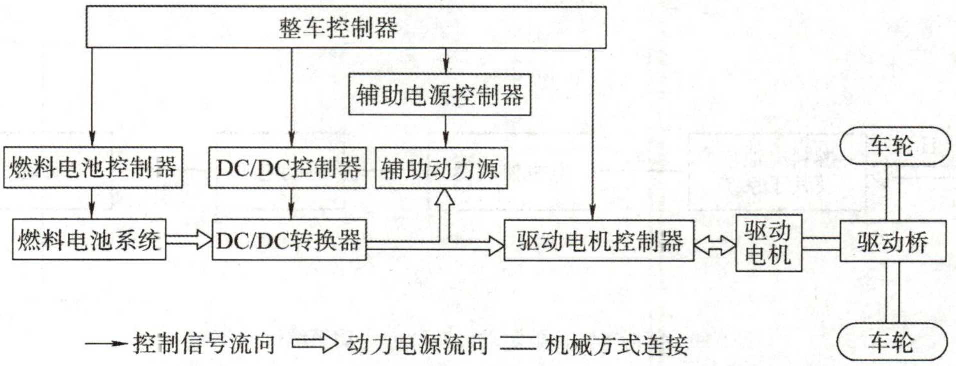

图 5-5　混合驱动型燃料电池汽车的动力系统结构原理

1. DC-DC 转换器

燃料电池由于制造工艺和对其使用安全性的考虑，其输出电压一般比电动汽车动力电源所要求的电压低，且特性较软，即随输出电流的增加，电压下降幅度较大。为了实现燃料电池系统输出电压与电机驱动电压相匹配，中间需要通过 DC-DC 转换器，即经过 DC-DC 转换起到升压和稳压的调节作用。它不仅是为了满足驱动电机的需要，也为了混合动力系统中需与辅助动力源中的动力电池等工作电压相匹配，并且 DC-DC 转换器能够对燃料电池的最大输出电流和功率进行控制，起到保护燃料电池系统的目的。

2. 辅助动力源

辅助动力源有三种方式：动力电池、超级电容或动力电池 + 超级电容，由此所构成的混合动力驱动系统分别被称为“FC+B”“FC+C”或“FC+B+C”三种结构形式。考虑到目前燃料电池系统自身的一些特殊要求，例如，在燃料电池启动时，空气压缩机或鼓风机需要供电，电堆（一组燃料电池）需要预加热，氢气和空气需要预加湿等，这些过程都需要提前向燃料电池系统供电。同时，在汽车启动、加速、爬坡等工况下，驱动功率需要大于燃料电池可提供的功率，此时由辅助动力源承担部分电能，即可降低燃料电池的峰值功率需求，使燃料电池工作在一个较稳定的工况下。在汽车怠速、低速等低负荷工况下，当燃料电池的功率大于驱动功率时，即可把富余能量存储于辅助动力源内；并在滑行、下坡及减速制动时，通过电机发电回馈来吸收其动能，从而提高整个动力系统的能量效率。由辅助动力源和燃料电池系统组合起来的混合动力驱动系统不仅降低了对燃料电池功率和动态特性的要求，同时也降低了燃料电池系统的成本。

根据燃料电池所提供的功率占整车总需求功率的比例不同，燃料电池混合动力汽车也可分为能量混合型和功率混合型两类。能量混合型主要用在燃料电池汽车开发的初期，由于技术水平的限制，燃料电池的功率较小，还难以满足车辆的功率需求。在车辆行驶过程中燃料电池只能提供整车功率需求的一部分，不足部分即需要辅助动力源来提供。能量混合型燃料电池汽车为了满足一定的性能指标，往往需要配备较大容量的动力电池组，从而导致整车自重增加，动力性变差，空间布置紧张，也增加了动力电池的维护和更换费用。能量混合型燃料电池汽车的燃料电池可以经常工作在系统效率较高的额定功率区域内，但每次运行结束后，除了要加注氢燃料外，还需要用地面电源为动力电池充电。

随着燃料电池技术的不断成熟，燃料电池性能的逐渐提高，燃料电池所提供的功率比例增大，这样就可以减少动力电池的容量，从而减轻车载自重，提高动力性能。但为了回收制动能量，还需要一定数量的动力电池，但动力电池组只提供整车所需功率中的一小部分。燃料电池作为主动力源，动力电池为辅助动力源，车辆需要的功率主要由燃料电池提供，动力电池只是在燃料电池启动、汽车爬坡或加速时输出能量，而在汽车下坡或降速制动时回收制动能量。采用这种混合驱动形式的汽车即为功率混合型燃料电池汽车。

由于镍氢电池或锂离子电池比能量及比功率较高，从而可以减少电池组的体积和重量，现在越来越多地被用作燃料电池混合动力汽车的辅助动力源。但是，由于目前这些电池的价格仍非常高，同时在使用过程中，电池的工作电压、电流、温度等的变化与其氢安全等有密切关系，所以也须配备专门的电池管理系统。由于目前动力电池存在寿命短、成本高、维护麻烦等弊端，故较多采用“燃料电池＋超级电容”或“燃料电池＋动力电池＋超级电容”的功率混合型驱动形式。采用超级电容的突出优点是寿命长且效率高，有望能较大地降低使用成本，故有利于燃料电池汽车的商业化推广和应用。动力电池和超级电容都以并联的形式与动力电源主线连接。超级电容主要用于提供加速（或吸收制动能量）的尖峰电流，从而减轻动力电池的负担，延长动力电池的使用寿命。

图 5-6 为采用“燃料电池＋电池”（FC+B）或“燃料电池＋电池＋超级电容”（FC+B+C）混合动力驱动型燃料电池汽车的动力系统结构。考虑到目前燃料电池系统自身的一些特殊要求，如在启动空气压缩机或鼓风机时需要供电，电堆需要加热，氢气和空气需要加湿等，同时也为了能够回收制动能量，因而将电池和燃料电池系统组合起来，形成混合动力系统。该系统降低了对燃料电池的功率和动态性的要求，同时也降低了燃料电池系统的成本，但增加了驱动系统的重量、体积和复杂性，从而增加了电池的维护、更换费用。

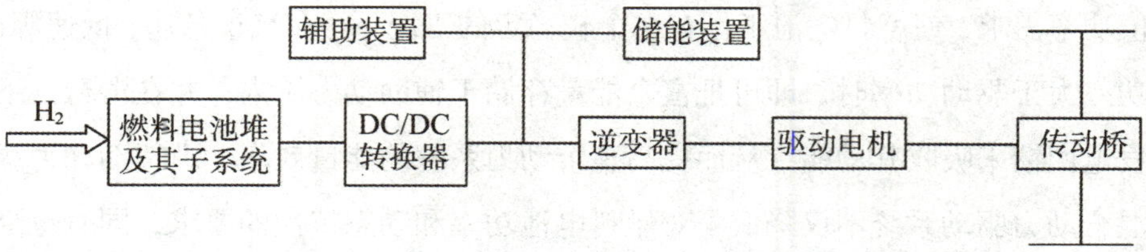

图 5-6　混合动力驱动型燃料电池汽车的动力系统结构

在“燃料电池 + 电池”动力系统结构中，燃料电池和动力电池一起为驱动电机提供能量，驱动电机将电能转化成机械能传给传动系统，从而驱动汽车前进；在汽车制动时，驱动电机变成发电机，动力电池将储存回馈的能量。

在燃料电池和动力电池联合供能时，燃料电池的能量输出变化较为平缓，随时间变化波动较小，而能量需求变化的高频部分由动力电池分担。

FC+B 型燃料电池汽车混合动力系统结构，如图 5-7 所示，其优点如下。

（1）由于增加了比功率价格相对低廉得多的动力电池组，系统对燃料电池的功率要求较单一燃料电池结构形式有很大的降低，从而大大地降低了整车成本。

（2）燃料电池可以在比较好的设定的工作条件下工作，工作时燃料电池的效率较高。

（3）系统对燃料电池的动态响应性能要求较低。

（4）汽车的冷启动性能较好。

（5）制动能量的回馈可以回收汽车制动时的部分动能，该措施可增加整车的能量效率。

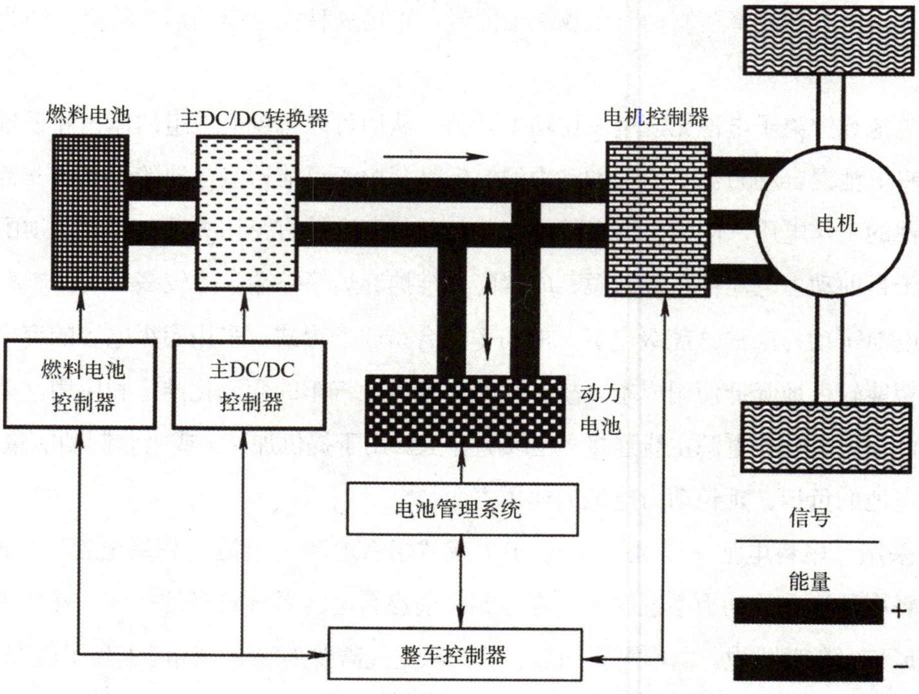

图 5-7　FC+B 型燃料电池汽车混合动力系统结构

FC+B 型燃料电池汽车混合动力系统结构的结构形式存在的缺点如下。

（1）动力电池的使用使得整车的质量增加，动力性和经济性受到影响，对能量复合型混合动力汽车上的影响更为明显。

（2）动力电池充放电过程会有能量损耗。

（3）系统变得复杂，系统控制和整体布置难度增加。

图 5–8 为丰田 FCHV–K–2 型燃料电池汽车动力系统布置示意图。该车的动力系统主要由动力控制单元、电机、电池组、高压氢气瓶和加气口等组成。动力控制单元按照驾驶人的操作指令确定动力系统应提供动力的大小或回收制动、减速的能量。燃料电池组向动力系统提供能量驱动电机使汽车行驶或向动力电池充电，以备加速和大负荷工况之用。

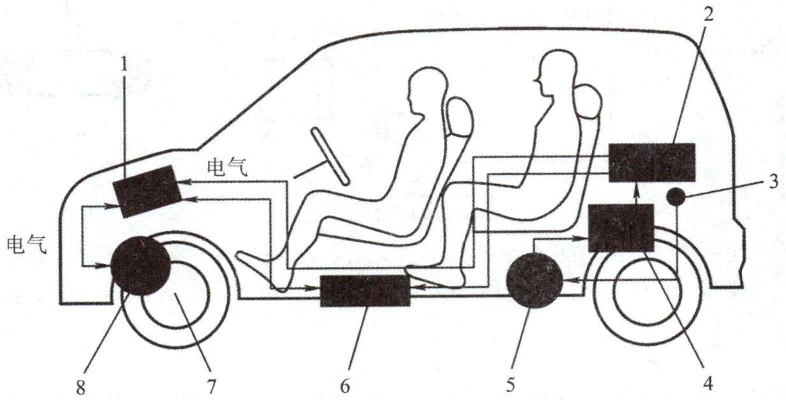

1– 驱动用逆变器；2–DC–DC 转换器；3– 加气口；4– 动力电池组；5– 高压氧气瓶；6– 动力电池；7– 车轮；8– 轮毂电机。

图 5–8　丰田 FCHV–K–2 型燃料电池汽车动力系统布置示意图

图 5–9 为丰田 FCHV–BUS2 型燃料电池客车的外观，由于其空间较大，动力系统容易布置，故其结构与燃料电池电动轿车有较大的差别，如高压氢气瓶可以布置在车顶上。

图 5–9　丰田 FCHV–BUS2 型燃料电池客车的外观

燃料电池电动汽车的动力系统组成是很复杂的，图 5–10 为其较为详细的结构，其主要组成为燃料系统（燃料箱及其连接部分等）、空气供给系统（空气压缩机及其连接部分等）、控制器、燃料电池组（燃料电池、冷却剂、水泵等）、动力电池、DC–DC 转换器、DC/AC 逆变器、电机及驱动齿轮等。燃料电池组发出的电流经 DC/AC 逆变器后进入电动机驱动汽车行驶或经 DC–DC 转换器向动力电池充电，当汽车行驶时需要的动力超过电池的发电能力时，动力电池也参加工作，其电流经 DC-DC 转换器进入电机后驱动汽车行驶。

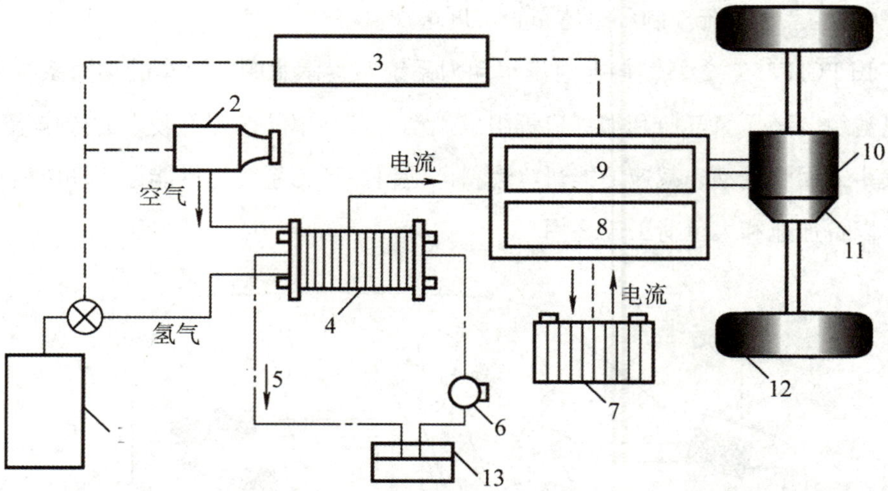

1- 燃料箱；2- 空气压缩机；3- 控制器；4- 燃料电池；5- 冷却剂；6- 水泵；7- 动力电池；8-DC-DC 转换器；9-DC/AC 逆变器；10- 电机；11- 减速器；12- 轮胎；13- 散热器。

图 5-10　燃料电池电动汽车动力系统结构

目前，燃料电池混合动力汽车的驱动形式多种多样，除了前面介绍的“FC+B”外，近年来，功率混合型燃料电池汽车开始出现“FC+C”的驱动形式，即动力电池也被其他储能装置（如超级电容、飞轮储能器等）所代替，而采用燃料电池与超级电容组合，完全摒弃了寿命短、成本高、使用要求复杂的电池。采用超级电容的突出优点是寿命长和效率高，可大大降低使用成本，有利于燃料电池汽车的商业化推广和应用。

在燃料电池、动力电池和超级电容联合供能时，燃料电池的能量输出较为平缓，随时间变化波动较小，而能量需求变化的低频部分由动力电池承担，能量需求变化的高频部分由超级电容承担。在这种结构中，各动力源的分工更加明确，因此它们的优势也得到更好的发挥。这种结构的优点比燃料电池 + 动力电池结构形式的优点更加明显，尤其是在部件效率、动态特性、制动能量回馈等方面。而其缺点也一样更加明显，具体内容如下。

（1）增加了超级电容，整个系统的质量将可能增加。

（2）系统更加复杂化，系统控制和整体布置的难度也随之增大。总的来说，如果能够对系统进行很好的匹配和优化，这种结构带来的良好的性能具有很大的吸引力。

综上所述，燃料电池和辅助电池混合驱动是一种比较流行的结构。采用燃料电池和辅助电池的双动力源结构主要基于以下原因。

（1）当前燃料电池的动态性能欠佳，而汽车的工作状态总是在较大的范围内动态变化，燃料电池不能随时满足汽车的功率需求，增加辅助电池可以起到快速调节功率的作用。

（2）燃料电池最佳负荷率在额定功率 20% ～ 40% 的范围内，为了实现整车能量效率最佳，增加辅助电池调节燃料电池的功率输出，可使其工作点尽量保持在效率最佳的范围内。

（3）目前燃料电池的成本还很高，从降低整车价格的方面来考虑，适当减小燃料电池的额定功率，用辅助电池来弥补不足的功率输出，可以在一定程度上降低整车成本。

与燃料电池＋动力电池结构相似的还有燃料电池＋超级电容结构。与动力电池相比，超级电容充放电效率高，能量损失小，功率密度大，在回收制动能量方面更具优势，循环寿命长，但是超级电容的能量密度较小。随着超级电容技术的不断进步，这种结构将成为一种新的重要研究方向。

燃料电池汽车不同动力驱动系统结构特性比较，见表 5-6。

表 5-6 燃料电池汽车不同动力驱动系统结构特性比较

动力系统结构	FC 单独驱动	FC+B 能量混合型	FC+B+C 功率混合型
结构特点	结构最简单 无法实现制动能量回收	结构较为复杂 动力电池质量、体积较大	结构复杂 动力电池质量、体积较小
燃料经济性	差	较优	优
燃料电池寿命与安全性	当汽车功率需求较大时，燃料电池易发生过载，难以满足动态响应要求，系统寿命较短	当汽车功率需求较大时，燃料电池发生过载概率小，系统寿命较长	汽车功率需求较大时，燃料电池可控制在最高效率点恒功率输出，不易发生过载，系统寿命长

三、典型的燃料电池汽车结构

燃料电池以其特有的燃料效率高、比能量大、功率大、供电时间长、使用寿命长、可靠性高、噪声低及不产生有害排放物（氮氧化物）等优点正引起各国的注意。与内燃机汽车相比，氢燃料电池电动汽车有害气体的排放量减少 99%，二氧化碳的生成量减少 75%，电池能量转换效率约为内燃机效率的 2.5 倍。这种电池将有可能成为继内燃机之后的汽车最佳动力源之一。近年来，一些厂家如戴姆勒－克莱斯勒、丰田、通用、本田、日产、福特等公司都开发了自己的燃料电池电动汽车。汽车界人士认为 FCEV 是汽车工业的一大革命，是 21 世纪真正的纯绿色环保车，是较具实际意义的环保车种。

1. 通用 Autonomy 燃料电池概念车

Autonomy 概念车是以氢为原料的燃料电池汽车，有超前的流线型车身，滑板一样的平坦底盘，加上四个轮子、车身加底盘，如图 5-11 所示。

Autonomy 将汽车的“内脏”（发动机、制动和转向系统、燃料储存系统和控制器）集成在一个 4.6 m 长的“滑板”里，这个 15 cm 厚的平台上可以放置任何设备。有了这套系统，在车身的设计上就不受任何约束了。通用汽车公司最初打算制造并销售一种“搭扣”式连接车身，它允许车主在“滑板”上面安装不同形式的车身，在需要时，可以将轿车改成小型厢式车。

Autonomy 概念车的所有车内系统都集中在底盘中，底盘上有操纵系统的标准接口，还有车身机械锁定装置与系统外联装置，这是一种通用的固定模式。但车身（车厢）部分形状可以随心所欲，可以选择像展会的 Autonomy 模样的车身，也可以选择其他模样的车身。将车身放在底盘上，通过机械锁定装置与系统外联装置，即刻合成了一辆汽车。这样，将来客户只要拥有一个底盘，就可以根据自己的爱好和需求租用各种类型的车身，随意地变换使用。

此外，这款概念车身上还有一个吸引用户的地方，它采用了一种线传操控技术（X-by-Wire）。使用这种技术使汽车的操纵系统、制动系统及其他辅助系统能够通过电子方式而不是传统的机械方式进行控制。也就是说，像方向盘柱、踏板连杆、变速杆连杆等刚性传动件将会消失，用导线、继电器、电磁阀等元件组成的传动系统则会代替刚性传动件。在这样的变化下，驾驶人既可坐在左侧或右侧，也可坐在中间，甚至坐在任意位置操纵汽车。由于采用线传操控技术，Autonomy 概念车的所有操纵系统都可以集中在底盘，底盘与车身之间只需用接口连接，即可将车厢内驾驶人的操纵信息传送至底盘内的操纵系统。

据了解，这种线传操控技术不是一种不成熟的新技术，它已经作为一种技术商品应用到一些新型汽车上了，如新型宝马 7 系列轿车采用线传操控系统，用于变速器和加速踏板，使其操控更为精确。而 Autonomy 概念车上的线传操控技术则是由瑞典 SKF 公司生产的。

（a）

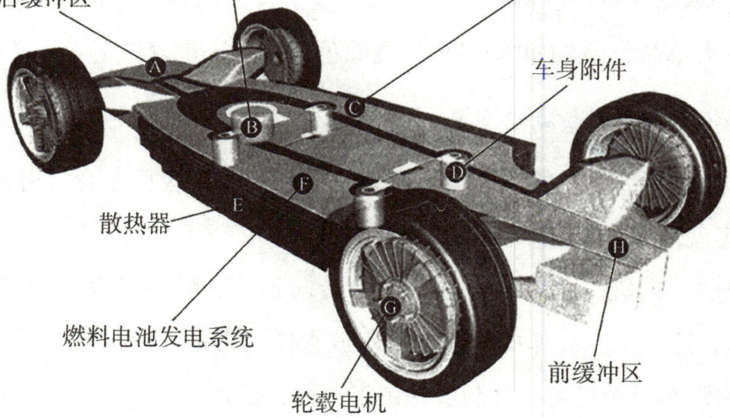

（b）

图 5-11　通用 Autonomy 燃料电池概念车的外形和滑板设计

2. 现代 i-Blue 燃料电池电动概念车

i-Blue 燃料电池电动车是一款全新的氢动力、零排放的概念车，是日本千叶的现代设计与技术中心研发的。全新的 i-Blue 燃料电池电动概念车生产平台结合了现代公司第三代燃料电池技术，这种技术是由韩国 Mabuk 的现代公司生态化技术研究机构研发。

为了体现“可持续发展与环境保护”的主题，i-Blue 概念车表明了现代公司已向其燃料电池汽车商业化的目标迈出了重要一步。与之前基于 SUV 平台生产的车型不同，i-Blue 概念车拥有全新的 2+2 交叉型多用途运载车（CUV）的体型，如图 5-12 所示。

图 5-12 i-Blue 概念车的 CUV 体型

i-Blue 概念车是现代公司设计的第一款完全运用了燃料电池技术的车型，是其研发计划的一次巨大飞跃。

3. 通用 Sequel 燃料电池汽车

通用 Sequel 燃料电池汽车可连续行驶 300 mile（480 km），且能够在 10 s 内由静止状态加速到 60 mile/h（96 km/h）。Sequel 燃料电池系统内的氢能源可以被直接转换为电能。车辆制动时锂动力电池系统可以用来储存制动时回收的能量以提高车辆的连续行驶能力。Sequel 燃料电池汽车电气系统由 3 个子系统组成，其中高压系统为驱动装置提供动力，42 V 电源系统为一般电气设备供电，12 V 电源系统为辅助设备提供电源。

Sequel 燃料电池汽车是在继通用 Autonomy 和 Hy-wire 概念车之后的又一突破，采用先进的电子电气技术，可以由电能来控制方向和制动效能，这样就能减少机械部件的使用，在类似滑板的底盘上可以配置各种创新的操作装置。此外，该车有 4 个轮毂电机，分别装在 4 个轮子处，提供特别的牵引和制动控制，这也可以在舱内留出更多的空间给乘客和行李。

任务二 氢燃料电池概述

一、氢能源的基本内容

氢（H）是地球的重要组成元素，也是宇宙中最常见的物质。氢主要以化合态的形式出现，通常的单质形态是氢气（H_2）。氢气可从水、化石燃料等含氢物质中制取，是重要的工业原料和能源载体。

氢能是指氢在物理与化学变化过程中释放的能量，可用于储能、发电、各种交通工具用的燃料、家用燃料等。

1. 氢的特点

（1）来源多样

氢作为二次能源不仅可以通过煤炭、石油、天然气等化石能源重整，生物质热裂解或微生物发酵等途径制取；也可以来自焦化、氯碱、钢铁、冶金等工业副产气；还可以利用电解水制取，特别是与可再生能源发电结合，不仅实现全生命周期绿色清洁，更拓展了可再生能源的利用方式。

（2）清洁低碳

氢不论燃烧还是通过燃料电池的电化学反应，产物只有水，没有传统能源利用所产生的污染物及碳排放。此外，生成的水还可继续制氢，反复循环使用，真正实现低碳甚至零碳排放，有效缓解温室效应和环境污染。氢热值高（140.4 MJ/kg），是同质量焦炭、汽油等化石燃料热值的 3 ～ 4 倍，通过燃料电池可实现综合转化效率 90% 以上。氢能可以成为连接不同能源形式（气、电、热等）的桥梁，并与电力系统互补协同，是跨能源网络协同优化的理想互联媒介。

（3）应用场景丰富

氢可广泛应用于能源、交通运输、工业、建筑等领域。既可以直接为炼化、钢铁、冶金等行业提供高效原料、还原剂和高品质的热源，有效减少碳排放；也可以通过燃料电池技术应用于汽车、轨道交通、船舶等领域，降低长距离、高负荷交通对石油和天然气的依赖；还可以应用于分布式发电，为家庭住宅、工业建筑等供电供暖等。

2. 氢的安全

氢气具有燃点低、爆炸区间范围宽和扩散系数大等特点，长期以来作为危化品管理。氢气是已知密度最小的气体，比重远低于空气，扩散系数是汽油的 12 倍，发生泄漏后极易消散，不容易形成可爆炸气雾，爆炸下限浓度远高于汽油和天然气。氢气与汽油蒸气、天然气的性质比较，见表 5–7。因此，在开放空间情况下氢气安全可控。

表 5–7　氢气与汽油蒸气、天然气的性质比较

技术指标	氢气	汽油蒸气	天然气
爆炸极限（%）	4.1 ～ 75	1.4 ～ 7.6	5.3 ～ 15
燃烧点能量 /MJ	0.02	0.2	0.29
扩散系统 /（m^2 /s）	6.11×10^{-5}	0.55×10^{-5}	1.61×10^{-5}
能量密度 /（MJ/kg）	143	44	42

燃料电池电动汽车是氢能较为常见的终端应用项目，主要涉及车载供氢系统的安全性和车辆的安全性。美国、日本以及我国就车载供氢系统均有专门技术要求，不仅规定了压力等级，同时也涵盖了应力、腐蚀、泄漏、振动等规范以及极端条件下的安全测试，从而保证供氢系统的安全运行。燃料电池电动汽

车的设计和运行中，对储氢瓶材料选择、储氢罐保护、氢系统管路、燃气管设计等关键环节从技术设计和材料选用上双管齐下，同时辅以严格的性能测试与密切的氢气监控体系，确保整车安全。相关测试表明，与燃油汽车和纯电动汽车相比，燃料电池电动汽车在事故和极端试验环境下，发生爆炸的可能性更低，安全系数相对更高。

二、氢的制取

目前，氢的制取产业主要有以下三种较为成熟的技术路线：一是以煤炭、天然气为代表的化石能源重整制氢；二是以焦炉煤气、氯碱尾气、丙烷脱氢为代表的工业副产气制氢；三是电解水制氢，年制取氢气规模占比约 3%。生物质直接制氢和太阳能光催化分解水制氢等技术路线仍处于实验和开发阶段，产收率有待进一步提升，尚未达到工业规模制氢要求。

1. 化石能源重整制氢

煤制氢历史悠久，通过气化技术将煤炭转化为合成气，再经水煤气变换分离处理以提取高纯度的氢气，是制备合成氨、甲醇、液体燃料、天然气等多种产品的原料，广泛应用于煤化工、石化和钢铁等领域。煤制氢技术路线成熟高效，可大规模稳定制备，是当前成本最低的制氢方式。其中，原料煤是煤制氢最主要的消耗原料，约占制氢总成本的 50%。以技术成熟成本较低煤气化技术为例，每小时产能为 54 万方合成气的装置，在原料煤价格 600 元 / t 情况下，制取氢气成本约为 8.85 元 /kg。

天然气制氢技术中，蒸汽重整制氢较为成熟，也是国外主流制氢方式。其中，天然气原料占制氢成本的比重达 70% 以上，天然气价格是决定制氢价格的重要因素。考虑到我国“富煤、缺油、少气”的资源，仅有少数地区可以探索开展。

为控制氢气制取环节的碳排放，化石能源重整制氢需结合碳捕集与封存技术（CCS）。CCS 作为一项有望实现化石能源大规模低碳利用的新技术，是我国未来减少二氧化碳排放、保障能源安全和实现可持续发展的重要手段。当前，国内 CCS 尚处于探索和示范阶段，需要通过进一步开发技术来推动能耗和成本的下降，并拓展二氧化碳的利用渠道。

2. 工业副产提纯制氢

工业副产氢气主要分布在钢铁、化工等行业，提纯利用其中的氢气，既能提高资源利用效率和经济效益，又可降低大气污染，改善环境。

我国是全球最大的焦炭生产国，每吨焦炭可产生焦炉煤气约 350 ～ 450 m^3，焦炉煤气中氢气含量约占 54% ～ 59%。除用于回炉助燃、城市煤气、发电和化工生产外，剩余部分可采用变压吸附（PSA）提纯技术制取高纯氢。我国烧碱年产量基本稳定在 3 000 万～ 3 500 万 t 之间，副产氢气 75 万～ 87.5 万 t。其中约 60% 的氢气被配套聚氯乙烯和盐酸利用，剩余约 28 万～ 34 万 t。甲醇及合成氨工业、丙烷脱氢（PDH）项目的合成气含氢量在 60% ～ 95% 范围内，可通过纯化技术制取满足燃料电池应用的氢气。

目前，工业副产氢气的提纯成本为 0.3 ～ 0.6 元 /kg，考虑副产气体成本后的综合制氢成本约为

10 ～ 16 元 /kg。工业副产提纯制氢可提供百万吨级氢气供应，能为氢能产业发展初期就近提供低成本、分布式氢源。但该路线同样面临 CCS 问题，从中长期来看，钢铁、化工等工业领域需要引入无碳制氢技术替代化石能源实现深度脱碳。

3. 电解水制氢

目前，电解水制氢技术主要有碱性水电解槽（AE）、质子交换膜水电解槽（PEM）和固体氧化物水电解槽（SOE）。其中，碱性水电解槽技术最为成熟，生产成本较低，国内单台最大产气量为 1 000 m^3/h；质子交换膜水电解槽流程简单，能效较高，国内单台最大产气量为 50 m^3/h，但因使用贵金属电催化剂等材料，成本偏高；固体氧化物水电解槽采用水蒸气电解，高温环境下工作，能效最高，但尚处于实验室研发阶段。

电解水制氢具有绿色环保、生产灵活、纯度高（通常在 99.7% 以上）以及副产高价值氧气等特点，但其单位能耗约在 4 ～ 5 kW·h ／立方氢，制取成本受电价的影响很大，电价占到总成本的 70% 以上。若采用市电生产，制氢成本约为 30 ～ 40 元 /kg，且考虑火电占比较大，依旧面临碳排放问题。一般认为当电价低于 0.3 元 /（kW·h）（利用“谷电”电价），电解水制氢成本会接近传统化石能源制氢。按照当前我国电力的平均碳强度计算，电解水制得 1 kg 氢气的碳排放为 35.84 kg，是化石能源重整制氢单位碳排放的 3 ～ 4 倍。

未来，可再生能源发电制氢的潜力很大。一方面，作为全周期零碳排放技术，随着可再生能源发电并网，电解水制氢成本将持续下降；另一方面，当波动性可再生能源在电源结构中占到较高比重时，单纯依靠短周期（小时级）储能将无法满足电力系统稳定运行需要。日间、月度乃至季节性储能将是实现高渗透率可再生能源调峰的主要手段。国家发展和改革委员会与国家能源局先后发文，支持高效利用廉价且丰富的可再生能源制氢。

三、氢的储运

氢能可储可输，提高氢能储运效率，降低氢能储运成本是氢能储运技术的发展重点。

1. 储氢技术

目前，氢的储存主要有气态储氢、液态储氢和固态储氢三种方式。高压气态储氢已得到广泛应用，低温液态储氢在航天等领域得到应用，有机液态储氢和固态储氢尚处于示范阶段。

（1）气态储氢

高压气态储氢具有充放氢速度快、容器结构简单等优点，是现阶段主要的储氢方式，分为高压氢瓶和高压容器两大类。其中钢质氢瓶和钢质压力容器技术最为成熟，成本较低。20 MPa 钢质氢瓶已得到了广泛的工业应用，并与 45 MPa 钢质氢瓶、98 MPa 钢带缠绕式压力容器组合应用于加氢站中。储氢瓶类别，见表 5-8。碳纤维缠绕高压氢瓶的开发应用，实现了高压气态储氢由固定式应用向车载储氢应用的转变。70 MPa 碳纤维缠绕Ⅳ型瓶已是国外燃料电池乘用车车载储氢的主流技术，35 MPa 碳纤维缠绕Ⅲ型瓶目前仍是我国燃料电池商用车的车载储氢方式，70 MPa 碳纤维缠绕Ⅲ型瓶已少量用于我国燃料电池乘用车中。

表 5-8　储氢瓶类别

类型	I 型瓶	II 型瓶	III 型瓶	IV 型瓶
材质	铬钼钢	钢制内胆纤维环向缠绕	铝内胆纤维全缠绕	塑料内胆纤维全缠绕
工作压力 /MPa	17.5 ～ 20	26.3 ～ 30	30 ～ 70	30 ～ 70
应用情况	加氢站等固定式储氢应用	—	国内车载	国际车载

（2）液态储氢

液态储氢具有储氢密度高等优势，可分为低温液态储氢和有机液体储氢。

① 低温液态储氢。将氢气冷却至 –253 ℃，液化储存于低温绝热液氢罐中，储氢密度可达 70.6 kg/m^3，但液氢装置一次性投资较大，液化过程中能耗较高，储存过程中有一定的蒸发损失，其蒸发率与储氢罐容积有关，大储罐的蒸发率远低于小储罐。我国液氢已在航天工程中成功使用，民用缺乏相关标准。

② 有机液体储氢。有机液体储氢是利用某些不饱和有机物（如烯烃、炔烃或芳香烃）与氢气进行可逆加氢和脱氢反应，实现氢的储存，加氢后形成的液体有机氢化物性能稳定，安全性高，储存方式与石油产品相似。但存在着反应温度较高、脱氢效率较低、催化剂易被中间产物毒化等问题。我国已有燃料电池客车车载储氢示范应用案例。

（3）固态储氢

固态储氢是以金属氢化物、化学氢化物或纳米材料等作为储氢载体，通过化学吸附和物理吸附的方式实现氢的储存。固态储氢具有储氢密度高、储氢压力低、安全性好、放氢纯度高等优势，其体积储氢密度高于液氢。国外固态储氢已在燃料电池潜艇中商业应用，在分布式发电和风电制氢规模储氢中得到示范应用；我国固态储氢已在分布式发电中得到示范应用。

2. 氢输运技术

目前，氢的输运方式主要有气态输运、液态输运和固态输运三种。氢不同输运方式的技术比较，见表 5-9。

表 5-9　氢不同输运方式的技术比较

输运方式	运输工具	压力 /MPa	载氢量 /（kg/ 车）	体积储氢密度 /（kg/m^3）	质量储氢密度 /（wt%）	成本 /（元 /kg）	能耗 /（kW·h/kg）	经济距离 / km
气态输运	长管拖车	20	300 ～ 400	14.5	1.1	2.02	1 ～ 1.3	≤ 150
	管道	1 ～ 4	—	3.2	—	0.3	0.2	≥ 500
液态输运	液氢罐车	0.6	7 000	64	14	12.25	15	≥ 200
固态输运	货车	4	300 ～ 400	50	1.2	—	10 ～ 13.3	≤ 150
有机液体输运	槽罐车	常压	2 000	40 ～ 50	4	15	—	≥ 200

（1）气态输运

高压气态输运可分为集装格、长管拖车和管道输运三种方式。集装格由多个容积为 40 L 的高压钢瓶组成，充装压力 15 MPa。高压长管拖车是氢气近距离输运的重要方式，技术较为成熟，国内常以 20 MPa 长管拖车运氢，单车运氢约 300 kg，国外则采用 45 MPa 纤维全缠绕高压氢瓶长管拖车运氢，单车运氢可提至 700 kg。

管道输运是实现氢气大规模、长距离运输的重要方式，管道运行压力一般为 1.0 ～ 4.0 MPa，具有输氢量大、能耗小和成本低等优势，但建造管道一次性投资较大。美国已有 2 500 km 的输氢管道，欧洲已有 1 598 km 的输氢管道。目前，我国包括规划中的输氢管线总长度已超过 1 800 km。在初期可积极探索掺氢天然气方式，以充分利用现有管道设施。

（2）液态输运

液氢输运通常适用于距离较远、运输量较大的场合。其中，液氢罐车可运 7 t 氢，铁路液氢罐车可运 8.4 ～ 14 t 氢，专用液氢驳船的运量则可达 70 t。采用液氢输运能够减少车辆运输频次，提高加氢站单站供应能力。日本、美国已将液氢罐车作为加氢站运氢的重要方式之一。我国尚无民用液氢输运案例。

（3）固态输运

轻质储氢材料（如镁基储氢材料）具有高的体积储氢密度和重量储氢率，作为运氢装置具有较大潜力。将低压高密度固态储罐仅作为随车输氢容器使用，加热介质和装置固定放置于充氢和用氢现场，可以同步实现氢的快速充装及其高密度高安全输运，提高单车运氢量和运氢安全性。

目前，我国氢能示范应用主要围绕工业副产氢和可再生能源制氢产地附近（小于 200 km）布局，氢能储运以高压气态方式为主。氢能市场渗入前期，车载储氢将以 70 MPa 气态方式为主，辅以低温液氢和固态储氢，氢的输运将以 45 MPa 长管拖车、低温液氢、管道（示范）输运等方式，因地制宜，协同发展。中期（2030 年），车载储氢将以气态、低温液态为主，多种储氢技术相互协同，氢的输运将以高压、液态氢罐和管道输运相结合，针对不同细分市场和区域同步发展。远期（2050 年）氢气管网将密布于城市、乡村，车载储氢将采用更高储氢密度、更高安全性的储氢技术。

四、加氢基础设施

加氢基础设施是氢能利用和发展的中枢环节，是为燃料电池电动汽车充装燃料的专门场所。不同来源的氢气经氢气压缩机增压后，储存在高压储氢罐内，再通过氢气加注机为氢燃料电池电动汽车加注氢气。在商业运行模式下，乘用车氢气加注时间一般控制在 3 ～ 5 min。

根据氢气来源不同，加氢站分为外供氢加氢站和站内制氢加氢站两种。外供氢加氢站通过长管拖车、液氢槽车或者管道输运氢气至加氢站后，在站内进行压缩、储存、加注等操作。站内制氢加氢站是在加氢站内配备了制氢系统，制得的氢气经纯化、压缩后进行储存、加注。站内制氢包括电解水制氢、天然气重整制氢等方式，可以省去较高的氢气运输费用，但是增大了加氢站系统复杂程度和运营水平。因氢气按照危化品管理，制氢加氢站只能放在化工园区，尚未有站内制氢加氢站。

根据加氢站内氢气储存相态不同，加氢站有气氢加氢站和液氢加氢站两种。在全球 369 座加氢站中，30% 以上为液氢储运加氢站，主要分布在美国和日本。相比气氢加氢站，液氢加氢站占地面积小，同时液氢储存量更大，适宜大规模加氢需求。

根据供氢压力等级不同，加氢站有 35 MPa 和 70 MPa 压力供氢两种，用 35 MPa 压力供氢时，氢气压缩机的工作压力为 45 MPa，高压储氢罐工作压力为 45 MPa，一般供乘用车使用；用 70 MPa 压力供氢时，氢气压缩机的工作压力为 98 MPa，高压储罐工作压力为 87.5 MPa。

截至 2023 年底，我国已建成加氢站数量达 403 座，较 2022 年增长 12.6%，继续保持全球第一。在氢能制取、储运及加注、以及新兴应用等领域技术不断成熟的驱动下，中国氢能产业规模进一步增长。2023 年中国氢能产量继续保持稳定增长，达 3 686.2 万吨，增长 4.5%。从我国六大区域分布来看，氢气主要生产于西北、华北、华东三个地区，合计占比达 77.3%，西北地区氢气产量 1 021.1 万吨，华北地区氢气产量 925.2 万吨，华东地区 903.1 万吨。2023 年，我国氢气消费最大应用仍为石油精炼领域，达到 1 145.0 万吨。

五、燃料电池介绍

1. 氢燃料电池的原理

燃料电池是氢能高效利用的重要途径。氢燃料电池的原理就是氢与氧结合生成水的同时将化学能转化为电能和热能。该过程理论效率可达 90% 以上，具有很高的经济性。燃料电池的阳极和阴极中间有一层坚韧的隔膜，以隔绝氢气和氧气，有效规避了氢气和氧气直接接触发生燃烧和爆炸的危险。氢气进入燃料电池的阳极，在催化剂的作用下分解成氢离子和电子。随后，氢离子穿过隔膜到达阴极，在催化剂的作用下与氧气结合生成水，电子则通过外部电路向阴极移动形成电流，如图 5–13 所示。不同于传统的铅酸、锂电等储能电池，燃料电池类似于“发电机”，且整个过程不存在机械传动部件，没有噪声和污染物排放。进入 21 世纪以来，燃料电池在发电和供热站、便携式移动电源、汽车、航天和潜艇等领域得到广泛应用。

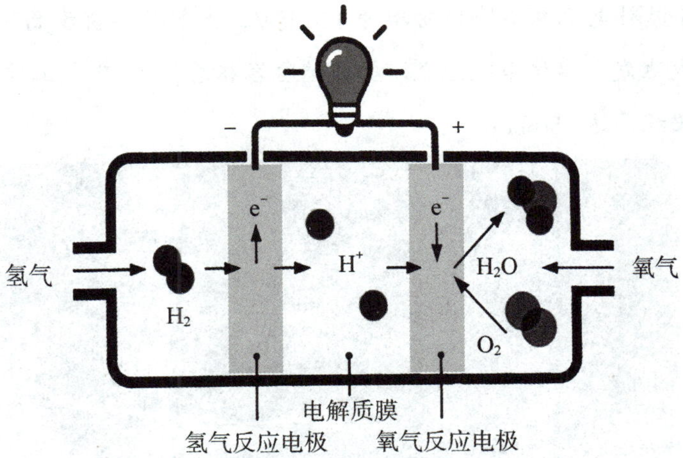

图 5–13　氢燃料电池的原理

2. 氢燃料电池的类型与特点

目前，燃料电池技术主要有碱性燃料电池、磷酸燃料电池、固体氧化物燃料电池、熔融碳酸盐燃料电池和质子交换膜燃料电池。从商业应用上来看，熔融碳酸盐燃料电池、质子交换膜燃料电池和固体氧化物燃料电池是最主要的三种技术路线。其中，质子交换膜燃料电池由于其工作温度低、启动快、比功率高等优点，非常适合应用于交通和固定式电源领域，逐步成为现阶段国内外主流应用技术。固体氧化物燃料电池具有燃料适应性广、能量转换效率高、全固态、模块化组装、零污染等优点，常用在大型集中供电、中型分电和小型家用热电联供领域作为固定电站。

我国主要集中在质子交换膜燃料电池和固体氧化物燃料电池领域开展研发和产业化。自“十五”新能源汽车重大科技专项启动以来，在国家一系列重大项目的支持下，燃料电池技术取得了一定的进展，初步掌握了燃料电池电堆与关键材料、动力系统与核心部件、整车集成等核心技术；部分关键技术实验室水平已接近国际先进水平，但工程化、产业化水平滞后。

质子交换膜燃料电池随着终端应用的逐步推广，膜电极、双极板、质子交换膜等已具有国产化的能力，但生产规模较小；电堆产业发展较好，但辅助系统关键零部件产业发展较为落后；系统及整车产业发展较好，配套厂家较多且生产规模较大，但大多采用国外进口零部件，对外依赖度高。

项目实训

认识燃料电池电动汽车

通过手机、计算机等媒体工具，利用网络、期刊、杂志等渠道，查询国内外燃料电池乘用车的介绍资料。

1. 丰田 Mirai

丰田早在 2014 年年末就推出了第一代燃料电池电动汽车 Mirai，至今累计销售了 1.1 万辆，是全球最畅销的燃料电池电动汽车车型。2020 年，丰田正式发布了第二代 Mirai 燃料电池电动汽车，如图 5-14 所示。经过对燃料电池电堆和系统的重新设计开发，新车续驶里程提高了 30%。官方数据显示，第二代 Mirai 燃料电池电堆峰值功率为 128 kW，体积功率密度高达 5.4 kW/L（不包括端板），由 330 节燃料电池发电单体串联组成。搭载储氢容积总计 14 lL、工作压力 70 MPa 的三个高压气态储氢罐，续驶里程高达 850 km。

图 5-14　丰田第二代 Mirai 燃料电池电动汽车

2. 现代 NEXO

2013 年，现代汽车 ix35 氢燃料电池电动汽车在韩国蔚山工厂正式下线，成为世界上第一辆量产版氢燃料电池电动汽车。在第五届国际氢能与燃料电池电动汽车大会（FCVC 2020）上，现代带来了氢燃料电池电动汽车 NEXO，这是现代第二代商用燃料电池电动汽车，如图 5-15 所示。该车搭载了一台 135 kW 的氢燃料动力系统和三个储氢罐，仅需 5 min 即可充满氢气。在充满氢气的情况下，NEXO 的续驶里程超过 800 km（NEDC 标准综合工况）。

图 5-15　现代 NEXO 燃料电池电动汽车

3. 本田 CR-V e:FCEV

本田早在 1996 年就开始了对燃料电池技术的研究，在 1999 年时就在东京车展推出了名为 FCX 原型车，并且在持续研发后，于 2002 年推出了第一款量产车 FCX，不过由于氢气站的设置还不够完全，主要还是提供给政府单位或组织来使用，一直到 2008 年时，推出了 FCX Clarity，这时氢燃料电池电动汽车的最大续驶里程已有 372 km，与一般小型轿车无异，也成功地推向全球市场，一直到 2014 年时停产。

2024 年 2 月 27 日，日本本田公司宣布其最新的燃料电池混合动力车型——CR-V e:FCEV（FCEV 指代 Fuel Cell Electric Vehicle）正式发布。如图 5-16 所示。新车在外观上与标准版 CR-V 车型差别不大，主要亮点在于除燃料电池外，还具备插电充电功能。其搭载的 17.7 kWh 电池支持车辆约 46.67 km 的纯电续航里程。

图 5-16　本田 CR-V e:FCEV 燃料电池混合动力车型

4. 荣威 RX9

在国产汽车品牌中，上汽荣威是最早进行研究氢燃料电池的汽车公司。2023 年在国际氢能与燃料电池汽车大会上，搭载捷氢 90 kW 燃料电池系统的荣威 RX9 燃料电池 SUV 亮相，续航超过 800 km，采用氢燃料电池作为动力来源，具有零排放、长续航里程等优点，如图 5–17 所示。

图 5–17　荣威 RX9 燃料电池电动汽车

经过多年的研发应用，上汽集团以整车企业完整的开发体系为基础，已经掌握了完整的电堆系统和整车核心技术，完成三代电堆和系统的开发工作，拥有 350 余项燃料电池领域的相关专利，参与了 15 项燃料电池汽车相关国标的制定。

此外，在自主开发的第二代 200 型燃料电池电堆的基础上，上汽集团开发了 P240 燃料电池系统，用于 FCV80 等车型上，系统功率达到 40 kW。此外，搭载第三代大功率电池电堆的 P390 燃料电池系统也在 2020 年年初正式量产，电堆的功率达到 115 kW，体积功率密度达到 3.1 kW/L，空气系统可以实现 −30 ℃的低温起动。同时，上汽集团还启动了面向未来的第四代燃料电池电堆和系统研发工作。

此外，国产自主品牌中推出氢燃料电池电动汽车的还有荣威 iMAX8、海马 7X–H 等车型，这里不再赘述，如有兴趣可自行查询并总结。

课后练习

一、填空题

1. ____________电动汽车（FCEV）简称为燃料电池汽车，其定义是以燃料电池系统作为____________的车辆。

2. 燃料电池单独驱动车型驱动系统一般由____________、____________、____________、电机、信号线路等组成。

3. 辅助动力源有三种方式：____________、____________或____________。

4. 燃料电池以其特有的____________、比能量大、____________、供电时间长、____________、可靠性高、____________及不产生有害排放物（氮氧化物）等优点。

二、简答题

1. 采用燃料电池和辅助电池的双动力源结构主要原因是什么？
2. 简述采用氢燃料的原因。
3. 简述氢燃料电池的发电过程。

项目六 新能源汽车底盘系统维护

项目概述

新能源汽车由于改变了传统燃油汽车的动力方式，因此也必定改变了车身的其他结构。汽车底盘系统作为车辆的大框架，有哪些不同之处？本项目介绍新能源汽车底盘系统的结构与维护方法，包含以下三个任务。

任务一：变速齿轮机构维护。

任务二：行驶系统维护。

任务三：制动系统维护。

通过以上三个任务的学习，能够掌握新能源汽车底盘系统的组成，并对新能源汽车底盘系统进行检修。

学习目标

知识目标

◆了解新能源汽车底盘系统的构成。

◆熟悉新能源汽车底盘系统的维护方式。

能力目标

◆能够简述变速齿轮的组成及工作原理。

◆能够简述行驶系统的组成及制动系统的类型。

素质目标

◆培养学生决策能力、组织能力、指挥能力和应变能力。

◆通过学习，使学生提升科技创新能力，提高创新素质。

思政目标

◆培养学生养成细心、严谨的工作作风。

◆培养学生严格遵守标准规范的意识。

任务工单

1. 寻找成员

以 3 ～ 5 人为一组，选出组长并进行任务分工，将小组成员及分工情况填入表 6–1 中。

表 6–1　小组成员及分工情况

班级：　　　　　　　　　　　　　组号：　　　　　　　　　　　　指导教师：

小组成员	姓名	学号	任务分工
组长			
组员			

2. 制订计划

（1）查阅相关资料，制订工作计划，并将其填入表 6–2 中。

表 6–2　工作计划

序号	工作内容	负责人

（2）将操作过程中所需的工具和耗材等填入表 6–3。

表 6–3　操作过程中所需的工具和耗材等清单

序号	名称	型号与规格	单位	数量	备注

3. 进行决策

（1）小组成员针对各自的工作计划展开讨论，并选出最佳工作计划。

（2）指导教师根据各小组提交的工作计划给出评价。

（3）各小组成员根据指导教师的评价对工作计划进行调整，调整合格后的工作计划即为最终实施方案。

4. 工作实施

根据最终实施方案，认识新能源汽车维护的主要作业项目及其位置。按实际操作过程，将实施内容、遇到的问题及解决办法等记录于表 6–4 中。

表 6–4　工作实施过程记录表

序号	实施内容	遇到的问题及解决办法	结果

5. 考核评价

各组展示任务完成情况，并完成见表 6–5 的考核评价表。

表 6–5　考核评价表

<table>
<tr><th rowspan="2">项目名称</th><th rowspan="2">评价内容</th><th rowspan="2">满分 / 分</th><th colspan="3">评分 / 分</th></tr>
<tr><th>自评</th><th>互评</th><th>师评</th></tr>
<tr><td rowspan="6">职业素养考核项目 40%</td><td>穿戴规范、整洁</td><td>6</td><td></td><td></td><td></td></tr>
<tr><td>安全意识、责任意识及服从意识强</td><td>6</td><td></td><td></td><td></td></tr>
<tr><td>积极参加教学活动，按时完成任务工单</td><td>10</td><td></td><td></td><td></td></tr>
<tr><td>团队合作、沟通交流能力强</td><td>6</td><td></td><td></td><td></td></tr>
<tr><td>劳动纪律良好</td><td>6</td><td></td><td></td><td></td></tr>
<tr><td>维护场地、设备及工具等干净整洁</td><td>6</td><td></td><td></td><td></td></tr>
<tr><td rowspan="4">专业能力考核项目 60%</td><td>了解新能源汽车底盘系统的构成</td><td>12</td><td></td><td></td><td></td></tr>
<tr><td>简述变速齿轮的组成及工作原理</td><td>18</td><td></td><td></td><td></td></tr>
<tr><td>熟悉新能源汽车底盘系统的维护方式</td><td>12</td><td></td><td></td><td></td></tr>
<tr><td>简述行驶系统的组成及制动系统的类型</td><td>18</td><td></td><td></td><td></td></tr>
<tr><td colspan="2">合计</td><td>100</td><td></td><td></td><td></td></tr>
<tr><td rowspan="2">总评</td><td rowspan="2">自评（20%）＋互评（20%）＋师评（60%）＝</td><td>综合等级</td><td colspan="3" rowspan="2">指导教师（签名）：</td></tr>
<tr><td></td></tr>
</table>

任务一　变速齿轮机构维护

一、变速齿轮机构类型及组成

（一）类型

在传统汽车中，变速齿轮机构可分为手动变速器、AT 变速器、CVT 变速器、DCT 变速器等。纯电动汽车由于其驱动电机的特性决定了传动系统可脱离变速器，直接采用电机驱动即可带动车辆平稳、高效地行驶，因此在纯电动汽车上较少使用变速器部件，通常使用固定传动比的主减速器来替代变速器。而混合动力汽车大多数使用挡位较少的变速器对发动机进行降速增矩，而比亚迪・秦混合动力汽车使用双离合自动变速器。

（二）组成

双离合变速器又称为直接换挡变速器（dual clutch transmission，DCT），该变速器综合了手动变速器与自动变速器的优点，实现了机、电、液的组合。

比亚迪双离合变速器由壳体总成、双离合器、变速齿轮机构、换挡操纵机构、DCT 控制系统以及变速器油构成。

1. 壳体总成

双离合变速器中的壳体总成主要包括变速器壳体、离合器壳体、机油泵罩盖和机械电子组件罩盖构成。

2. 双离合器

双离合器位于发动机与变速器之间，是发动机与变速器动力传递的“开关”，它是一种既能传递动力，又能切断动力的传动机构。双离合器由离合器盖罩、驱动盘、K1 内片支架、K1 内摩擦片、K1 分离弹簧、K2 内片支架、K2 内摩擦片、K2 分离弹簧和外片支架等构成。

3. 变速齿轮机构

变速齿轮机构位于双离合器和液压循环系统组件中间，通过不同变速齿轮的啮合产生不同的传动比，从而改变车辆行驶速度和行驶方向。比亚迪・秦双离合变速器的变速齿轮机构可以产生 6 个前进挡和 1 个倒挡。

4. 换挡操纵机构

比亚迪・秦的换挡操纵机构既是控制单元，也是传感器，它通过 4 颗螺栓固定在驾驶员与前排乘客之间的中央通道上，由变速杆传感器控制单元 J587、驻车锁电磁阀 N110、应急解锁装置、点火钥匙防拔锁等部件构成，如图 6–1 所示。

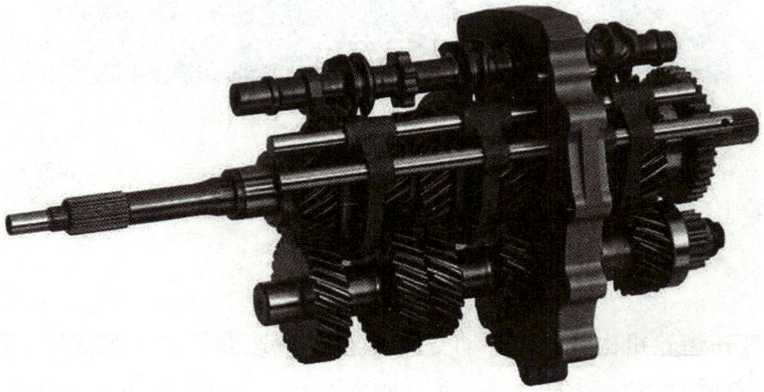

图 6–1　换挡操纵机构结构图

5. DCT 控制系统

DCT 控制系统是整个变速器工作的指挥中枢，它装在变速器内部，根据发动机 ECU、ABS 系统 ECU 以及内部各传感器传递过来的信息和运动参数，再根据电控单元内部设置的程序，向各个执行元件发出指令，实现对变速器的各种控制。

DCT 控制系统由电控系统和液压控制系统两部分组成。电控系统包括传感器、电控单元、电磁阀、挡位开关。

液压控制系统包括液压阀体和滑阀。阀体内有多条油路，滑阀的动作可改变油路的走向。

6. 自动变速器油

自动变速器油用于变速器内，是能够润滑、传力和清洗变速器的油液产品。自动变速器油的好坏直接影响着变速器的操作性能，因此新能源汽车变速齿轮机构的维护主要是对自动变速器油进行维护，自动变速器油具有以下特性。

（1）黏温特性。自动变速器油的使用温度范围一般为 –25 ～ 170 ℃。因此，必须具有适宜的高温黏度、较高的黏度指数和较低的倾点。

（2）热氧化安定性。自动变速器油在使用的过程中，在高温、氧气、金属催化等因素下会逐渐氧化变质。氧化变质后会产生酸性物质腐蚀金属，降低自动变速器油的绝缘性能；增加黏度，导致油液传热性变差，冷却效果降低；产生沉淀及油泥，堵塞管路、油孔过滤器。因此，自动变速器油必须具有热氧化安定性。

（3）密封材料适应性。自动变速器油应与自动变速器中各部分的密封材料相适应，不应使它们有明显的膨胀、收缩、硬化等不良影响。

（4）摩擦特性。自动变速器换挡执行机构离合器多属于湿式多片摩擦离合器，自动变速器油作为摩擦介质，要求有与摩擦片相匹配的静、动摩擦系数以保证换挡性能。

（5）抗磨性。变速机构中主要零件的接触面多为钢和青铜，因此要求自动变速器油应对不同材料的摩擦都具有良好的抗磨性，既能可靠地传力，又能良好地润滑各部件。

（6）剪切安定性。自动变速器油在液力变矩器中进行动力传动时，会受到强烈的剪切力，使油品黏度降低，油压下降，甚至导致离合器打滑。因此，自动变速器油必须具有剪切安定性。

（7）抗泡性能。自动变速器油在自动变速器狭小的油路里高速循环时很容易起泡，引起油压降低，致使离合器打滑甚至烧结。因此，自动变速器油必须具有良好的抗泡沫性。

二、变速齿轮机构维护方法

（一）变速齿轮机构电气检查

（1）使用诊断仪读取变速齿轮机构故障码，必要时读取相关数据流判断变速齿轮机构电气控制系统是否存在故障。

（2）对车辆进行路试检查，实验前进、后退、原地停驶等待和驻车等情况，判断变速齿轮机构机械系统工作情况。

（二）自动变速器油的检查

自动变速器油是一种长寿命油，其更换周期为首次 50 000 km 更换，之后每 4 年或 60 000 km 检查油品，必要时更换。但是其使用寿命的长短与性能发挥的好坏都与日常使用和维护息息相关，因此要重视自动变速器油的检查。

1. 油品检查

检查自动变速器油的油质、颜色、气味和杂质，确认油液是否过热变质。正常的自动变速器油颜色应清澈略带红色。但自动变速器内的工作温度很高，随着使用时间的推移，其质量会因高温氧化逐渐下降，油的颜色也由红色逐渐变为暗红或褐色，使变速器内的机件磨损加剧，离合器和制动器出现打滑现象。因此，必须加强对油液品质的检查。

检查时用手指沾少许油液，用手指捻看是否有磨屑，嗅闻油液气味是否有异味，看颜色是否明显变化。如有，则说明发生了变质。如变褐色，则说明油液工作温度过高而引起变质；如果变棕色或发黑色，则说明自动变速器磨损已相当严重，需要修复；如果颜色发白并丧失透明度，则表明油液中混入水分；若油液颜色清淡有气泡，则表明有气体渗入或油平面太高；若油液有焦糊味道，则是离合器或制动器摩擦片烧蚀。

2. 油量检查

自动变速器中油面的高低也会对变速器的性能产生影响。若油面过高，旋转机件旋转时，剧烈搅动油液会产生气泡，气泡混入油液内，导致液压回路的油压降低，影响控制阀的正常工作，同时还会引起离合器、制动器打滑，加剧磨损；若油面过低，油泵吸入空气或油液中渗入空气，同样会导致液压回路的油压降低，影响润滑效果和执行器的工作情况。另外，油面过低还会使润滑、冷却条件变差，加速油液的氧化变质。

油量检查步骤如下。

（1）使变速器处于热态（油温 50 ～ 80 ℃）。

（2）将车辆停在水平路面上，并拉紧驻车制动。同时，发动机怠速运转，使自动变速器在各挡位轮换停留短暂时间，使油液充满变矩器和油缸。

（3）发动机熄火将变速杆从 P 位换入各挡位后回到 P 位。

（4）将变速器油尺拉出擦净，再全部插入管内。

（5）再次将油尺拉出，检查油位是否在 HOT（热）范围内，如图 6–2 所示。

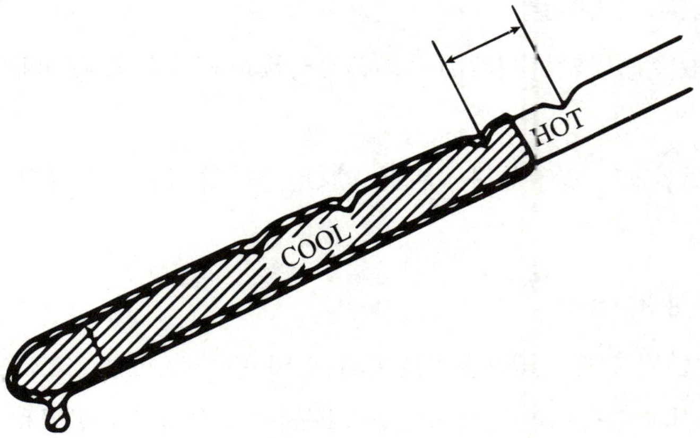

图 6–2　油尺高度

根据生产厂家的不同，自动变速器油量检查的条件也不同，油尺的刻度标准也不完全相同。一般加入自动变速器中的油液数量，应保证在液力变矩器及各操纵油路充满以后，变速器中的油面高度低于行星齿轮等旋转件的最低点、高出阀体与变速器壳体的接合面。

3. 外部渗漏检查

检查自动变速器壳体外部是否有渗漏，尤其要检查油液冷却器以及与之相连接的管路接头处，若发现渗漏情况，则需进行修复处理。

（三）自动变速器油的更换

自动变速器达到规定行驶里程或放置一年以上必须更换全部油液，同时还应更换油液滤清器。换油时必须使用规定型号的油液，具体更换步骤如下。

（1）自动变速器油更换需参考维修手册和保养手册中的相关内容，选择对应牌号的自动变速器齿轮油，否则可能造成变速齿轮异常磨损或变速执行装置反应迟缓。

（2）将变速器预热至工作温度，以降低油的黏度，确保油内的杂质和沉淀物随油一起排出。

（3）将汽车停放在水平路面上，拉紧驻车制动杆，挡位换至 P 挡。

（4）打开放油口将油放出，注意检查自动变速器油的状态，以便分析自动变速器的情况。

（5）加油时应关闭放油口，从加油口缓慢注入，使油面达到规定标准。

（6）变速器切换至各挡位后等待 3 s，待所有执行器阀工作后，再挂一段时间 P 挡。

（7）待变速器充分变热后（油温为 50 ～ 80 ℃）检查油量，若油位较低，则需及时补充变速器油。

（8）换下来的废油需密封保存，交由环保部门指定的厂家集中处理，不能自行处理。

三、变速齿轮机构维护注意事项

（1）由于自动变速器油存在一定的污染性，一滴自动变速器油可以污染超过 1 000 L 水，因此自动变速器油排放必须进行统一收集并处理。

（2）打开变速器时不得使污物进入变速器，排出的自动变速器油不允许重新添加和使用。

（3）变速器放油螺栓为一次性用品，拆卸后需更换，安装时需按规定力矩紧固。

（4）双离合变速器包含两种油类，除维护保养中需要更换的自动变速器油外，自动变速器里面还有变速器液压控制油。由于液压控制油不需要更换，也不存在损耗，所以在变速齿轮机构维护时不要误换液压控制油，也无须检查油位。

四、变速齿轮机构维护周期

由于自动变速器结构复杂精密，要想保持其良好的工作状态，维护很关键，最好按照汽车厂家的规定进行换油维护。每个汽车制造厂家都会根据自己生产汽车的实际情况制定相应的换油周期。不同的生产商，规定的换油周期不同。如比亚迪 e5 规定行驶 40 000 km 或 24 个月之后（以先到者为准）就需进行首次更换齿轮油，以后每 24 个月或行驶 48 000 km 后（以先到者为准）需要进行更换；而比亚迪・秦则规定行驶 56 000 km 后需要进行首次更换，以后每 4 年或行驶达到 60 000 km 后（以先到者为准）需要进行油品检查，必要时进行更换。

任务二 行驶系统维护

一、行驶系统组成

（一）车架

车架是全车的装配基体，将整个汽车连接成一整体，并承接车内外的载荷。因此，车架需要有足够的强度和适当的刚度，较轻的质量，合适的高度，结构形式应能满足汽车的布置需要。

按结构形式的不同，车架可分为边梁式车架、中梁式车架和综合式车架。现在部分轿车和客车为了减轻自重，改成以车身兼代车架，这种车架称为承载式车身，即无梁式车身，如图 6-3 所示。

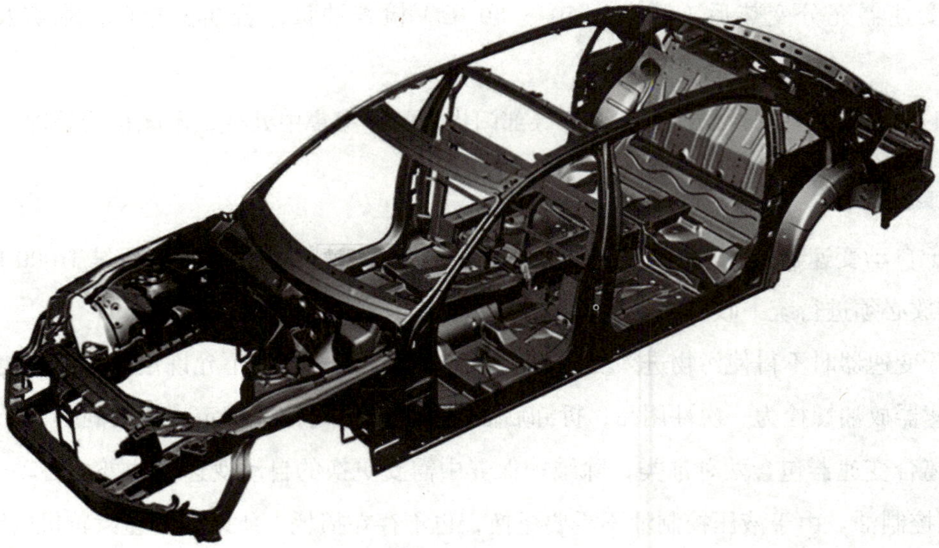

图 6-3　承载式车身

（二）车桥

车桥通过悬架与车架相连接，其两端安装车轮，车桥传递车架与车轮之间的各种作用力及其所产生的弯矩和转矩。根据车桥的功能，车桥可分为转向桥、驱动桥、转向驱动桥、支持桥等，现代轿车的前桥一般采用转向驱动桥，如图 6-4 所示。

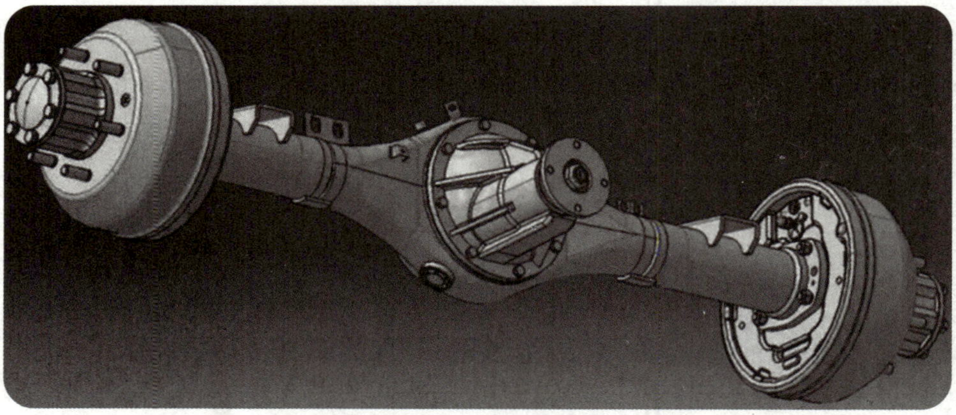

图 6-4　转向驱动桥的结构

转向驱动桥是既有转向功能，又有驱动功能的车桥。驱动系统的动力传给左、右等速万向节与传动轴，再由它们传给车轮，驱动车轮转动。转动转向盘，通过转向器带动左、右横拉杆移动，使转向节臂转动，带动车轮摆动，实现汽车转向。

（三）悬架

悬架是车架（或承载式车身）与车桥（或车轮）之间一切传力连接装置的总称。它由弹性元件、减振装置和导向机构三部分组成，如图 6-5 所示。根据汽车两侧车轮运动是否相互关联，汽车悬架分为非独立悬架和独立悬架。

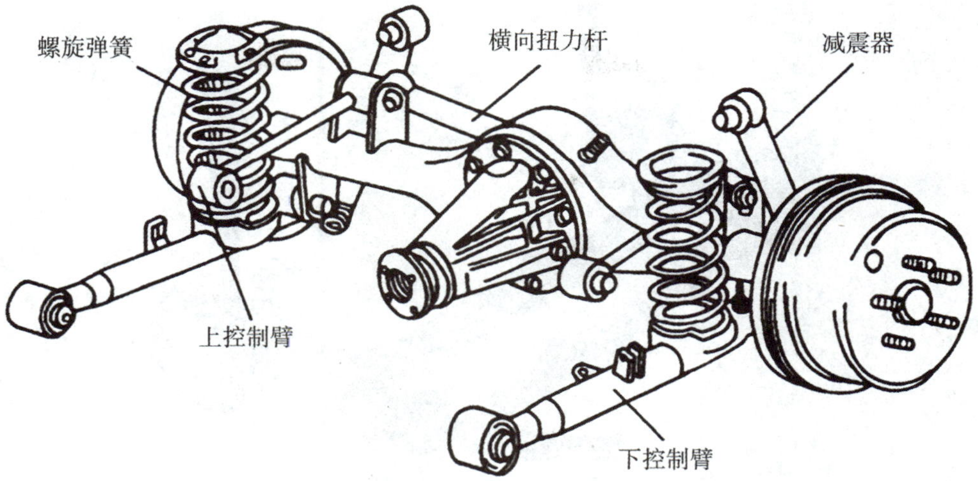

图 6-5　悬架结构

1. 独立悬架

独立悬架由螺旋弹簧、筒式减震器、导向装置或稳定杆等构成，如图 6-6 所示。其结构特点是两侧车轮各自单独地通过弹性元件与车架（或车身）相连，并且采用断开式车桥。每一侧的车轮可以单独通过弹性悬架与车架两侧车轮单独跳动，互不影响。

图 6-6　独立悬架的结构

2. 非独立悬架

非独立悬架一般只用于轿车的后悬架，由螺旋弹簧、筒式减震器、横向和纵向连接臂或稳定杆等构成，如图 6-7 所示。其结构特点是两侧的车轮由一根整体式车桥相连，车轮连同车桥一起通过弹性悬架与车架连接。当一侧车轮因道路不平而发生跳动时，必然引起另一侧车轮在汽车横向平面内发生摆动。

图 6–7　非独立悬架结构

（四）车轮和轮胎

车轮和轮胎的作用是支撑汽车的重量、缓和不平路面所造成的冲击和振动，并通过轮胎与路面的附着力来产生驱动力和制动力。

1. 车轮

车轮用以安装轮胎和连接半轴或转向节，一般由轮辋、轮毂，以及连接这两者的轮辐（轮盘）组成，如图 6–8 所示。

图 6–8　车轮的基本结构

车轮按照轮辐结构分，可以分为辐板式和辐条式；按轮辋结构分，可分为槽轮辋、平底轮辋和对开式（可拆式）轮辋。

2. 轮胎

轮胎安装在轮辋上，直接与路面接触。现代汽车都采用充气轮胎，分类方式多样。轮胎按组成结构的不同，可以分为有内胎轮胎和无内胎轮胎。

按胎面花纹的不同，可以分为普通花纹轮胎、越野花纹轮胎和混合花纹轮胎，一般新车花纹深度为 6 ～ 7 mm。

按胎体内帘线排列方向的不同，可分为普通斜交轮胎和子午线轮胎。子午线轮胎是指轮胎的内部帘布编织排列方向与胎面中心线成 90° ，形似地球仪上的子午线，在轮胎侧面标志为“R”；斜交轮胎是指轮胎的帘线按斜线交叉排列，在轮胎侧面标志为“D”。

二、行驶系统维护方法

新能源汽车行驶系统的维护主要是对车轮和悬架进行维护。车轮维护主要包括车轮胎外观检查、胎压检查、轮胎动平衡检查以及四轮定位。

（一）车轮的维护

1. 车轮外观检查

（1）检查轮胎外部是否有异物，如石头、铁钉等。如有异物，则应先查看轮胎是否被扎破，有则更换轮胎，没有则使用螺钉旋具等工具取出，如图 6–9 所示。

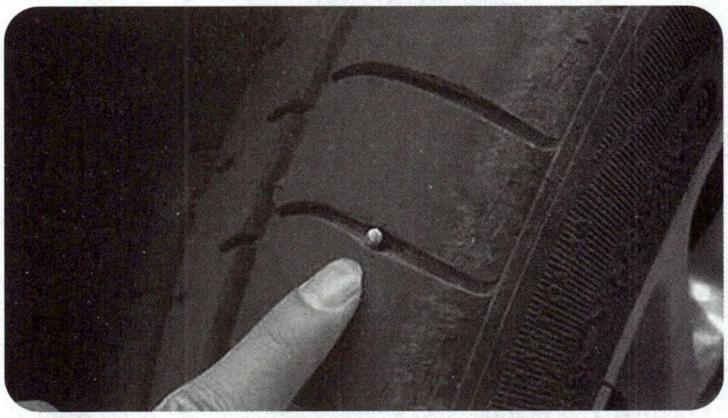

图 6–9　检查车轮胎有无异物

（2）检查轮胎磨损程度。目测轮胎表面是否有异常磨损，用花纹深度尺在不同地方多次检测花纹深度，看是否超出安全的花纹深度，如图 6–10 所示。

图 6–10　检查轮胎磨损程度

（3）检查轮毂。举升车辆到相对高度后，用双手握住轮胎的上、下侧，来回扳动轮胎，检查轮毂轴承有无松动、摆动现象；来回转动轮胎，检查有无噪声、卡滞。

2. 车轮胎压检查

汽车轮胎胎压不应超过厂家规定的标准气压，过高或过低都会造成轮胎的异常磨损。胎压的检查方法是将胎压表对准轮胎气门嘴读取数值，若胎压不在正常值范围内，则应及时调整。

3. 轮胎动平衡检查

当汽车高速行驶时，如果发生转向盘振动的情况，就需要对轮胎进行动平衡检测以进行校正。轮胎动平衡检测需要使用动平衡机，其结构如图 6–11 所示。

图 6–11　动平衡机结构

轮胎动平衡检查步骤如下。

（1）清除轮胎上的泥土、石子等杂物。

（2）拆下旧平衡铅块，如图 6–12 所示。

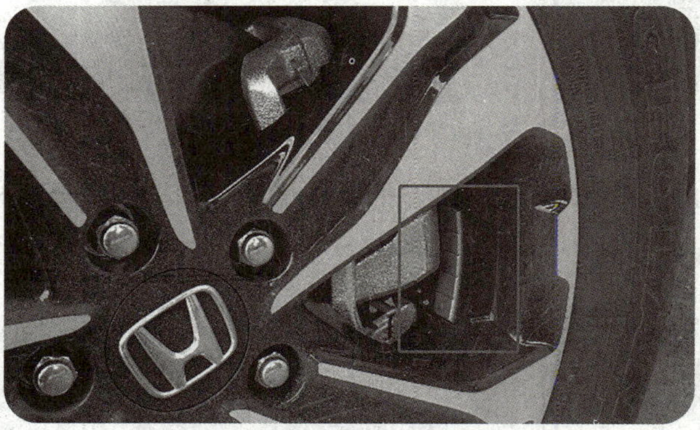

图 6–12　轮胎的平衡铅块

（3）检查轮胎气压，如不合规定，则充气至规定值。

（4）根据轮辋中心孔的大小选择锥体装上车轮，用快速锁紧螺母将车轮锁紧在转轴上。

（5）安装车轮，快速拧紧螺母。

（6）用卡尺测量轮辋宽度、轮辋边缘至机箱的距离。将宽度、距离及轮辋直径数据输入动平衡机。

（7）放下车轮防护罩，按下起动键，车轮旋转，平衡测试开始，自动采集数据；运行几秒后车轮自动停转，从指示装置读取车轮内、外不平衡质量和不平衡位置信息。

（8）抬起车轮防护罩，用手缓慢转动车轮。当指示装置发出声音、指示灯点亮、显示点阵或检测数据的提示时，停止转动。在轮辋的内侧或外侧的上部加装平衡块，常用的平衡块有 5 g、10 g、15 g、20 g、25 g、30 g、50 g 和 100 g 八种，一般选择两面嵌入式配重模式。

（9）安装新平衡块后，按第（7）步重新进行平衡试验，直至不平衡小于 5 g，或指示装置显示“00”为止。

（10）测试结束拆下轮胎。

（二）悬架维护

1. 悬架部件状态检查

（1）检查左、右摆臂及转向器外侧拉杆球头、球头上的防尘罩是否出现破损、漏油现象。

（2）检查球头的摆动与转动是否流畅，是否有松动现象。

（3）在轮胎气压正常、汽车空载状态下，观察汽车。若汽车左右不等高，则要检查前悬架螺栓弹簧是否左右长度不等，如有，则更换螺旋弹簧。

（4）检查橡胶件是否有损坏、开裂或老化失效。

（5）检查前、后悬架装置是否有破损、松脱或车身倾斜。

（6）检查前、后悬架上的弹簧座有无开脱、撕裂或其他损坏。

（7）检查悬架螺栓、各支架螺栓连接是否紧固。

（8）检查后稳定杆、纵臂是否弯曲、变形或损坏。

2. 四轮定位检查

转向桥在保证汽车转向功能的同时，还应使转向轮能自动回正，以保证汽车稳定直线行驶。即当转向轮在偶遇外力作用发生偏转时，一旦作用的外力消失后，应能立即自动回到原来直线行驶的位置。这种自动回正作用是由转向轮的定位参数来保证的，也就是转向轮主销和前轴之间的安装应具有一定的相对位置。转向轮的定位参数主要有主销后倾角、主销内倾角、前轮外倾角、前轮前束。

四轮定位检修的步骤如下。

（1）车辆准备：将车辆举升至一定高度，用钢直尺测量车后轮、前轮、悬架 1 号下臂衬套固定螺栓中心以及后牵引臂衬套固定螺栓中心的离地间隙；检查转向盘自由行程是否符合规范。

（2）检查车轮摆动。

（3）检查轮胎与轮辋的跳动度，轮辋的径向圆跳动标准应小于或等于 0.75 mm。

（4）起动四轮定位仪，建立车辆档案信息。

（5）检查底盘连接件是否松动，各部件是否变形、损坏。

（6）安装四轮定位仪夹具、传感器和连接电缆。

（7）按照设备要求，推动车辆前后位置进行四轮偏位补偿。按照设备要求，转动转向盘进行转向偏位补偿。

（8）车轮定位检测。检查两后轮是否落在后滑板上的正确位置，两前轮中心是否落在转角盘中心。

（9）检查定位数据，根据设备提示检查各定位数据是否超出允许范围，若超出范围过多，则应根据“先倾角，后前束”的顺序进行调整。

三、行驶系统维护注意事项

（1）检查车辆轮胎气压时需注意轮胎温度，只有当轮胎处于冷却状态下测量值才是准确值。

（2）由于车辆悬架系统为运动件，在车辆行驶一定里程数后，需对车辆悬架各部件固定螺栓进行紧固检查，可使用定扭扳手按照维修手册规定紧固螺栓。

（3）由于车辆悬架系统较难检查，可通过路试检测判断车辆悬架系统的性能。

（4）车轮导向机构橡胶件凭借目视较难检查，可使用撬棒撬动车轮导向机构，若发生松旷情况，应及时更换橡胶件。

（5）对车辆进行四轮定位检查前需检查车辆行驶系统状态，如悬架系统工作情况、车轮胎压、胎纹磨损情况等，若异常，则需及时调整或排除故障才能进行四轮定位作业。

（6）对车辆进行四轮定位时需要检查车辆的负载状态，应确保车辆空载。若为混合动力汽车，还要注意油箱油量的需充足，否则定位数据会存在一定的误差。若油箱的油量不满，可在油箱上方的车厢座椅上放置同等重量的配重，以补偿重量。

四、行驶系统维护周期

纯电动汽车行驶系统的维护周期，见表 6–6，“I”表示必要时进行检查、修正或更换，“R”表示恶劣工况需增加项目。

表 6–6　纯电动汽车行驶系统的维护周期

维护保养时间 / 维护保养项目	里程表读数（总里程）或月数，以先到者为准									
	里程表读数 /1 000 km	7.5	15	30	45	60	75	90	105	120
	月数	6	12	24	36	48	60	72	84	96
检查前、后悬架装置		I	I	I	I	I	I	I	I	I
检查前、后轮定位		I	I	I	I	I	I	I	I	I
检查轮胎和重启压力（含 TPMS）		I	I	I	I	I	I	I	I	I
轮胎调换		I	I	I	I	I	I	I	I	I
检查车轮轴承有无游隙		I	I	I	I	I	I	I	I	I

混合动力汽车行驶系统的维护周期见表 6–7，“I”表示必要时进行检查、修正或更换，“R”表示更换。

表 6-7　混合动力汽车行驶系统的维护周期

维护保养时间 / 维护保养项目		里程表读数（总里程）或月数，以先到者为准											
	里程表读数 /1 000 km	3.5	11	18.5	26	33.5	41	48.5	56	63.5	71	78.5	86
	月数	6	18	30	42	54	66	78	90	102	114	126	138
检查紧固底盘固定螺栓		I		I		I		I		I		I	
检查传动轴防尘罩		I		I		I		I		I		I	
检查球销和防尘罩		I		I		I		I		I		I	
检查前、后悬架装置			R		R		R		R		R		R
检查前、后轮定位		I		I		I		I		I		I	

任务三　制动系统维护

一、制动系统的功用与组成

制动系统

汽车在保证行驶安全的前提下，应尽可能地提高行驶速度，以提高运输生产效率，同时还应视需要能减速和停车。因此，汽车上必须设有用来强制汽车减速和停车以及能在坡道上停放的可靠装置——汽车制动系统。汽车制动系统的功用是视需要使汽车减速或在最短的距离内停车，并保证停放可靠，不致自动滑溜。

汽车制动系统一般由四部分组成：供能装置、控制装置、传动装置、制动器。制动器是制动系统中用以产生阻碍车轮转动的部件。汽车制动器常见的有两种，分别是盘式制动器和鼓式制动器，如图 6-13 所示。

（a）盘式制动器　　（b）鼓式制动器

图 6-13　盘式制动器和鼓式制动器

制动操纵机构是将驾驶员踏板力传递到制动器的一系列部件，如液压制动系统操纵机构包括制动主缸、真空助力装置、液压管路等。

二、制动系统的类型

汽车制动系统有多种分类方法，如按制动能量的传输方式分为机械式、液压式、气压式；按制动能源分为人力式、动力式、伺服式；按制动系统回路分为单回路、双回路等。最常见的分类是按制动系统功用分为行车制动系统、驻车制动系统、辅助制动系统，如图 6–14 所示。

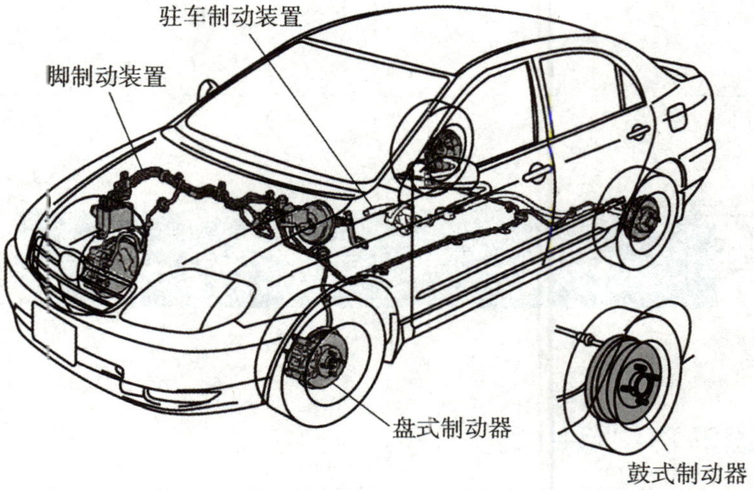

图 6–14 制动系统的类型

（1）行车制动系统主要用于汽车行驶时的减速和停车。一般通过液压或气压将踏板力传到制动器，利用制动器内旋转件与固定件之间的机械摩擦作用，使旋转的车轮减速或停止转动。

（2）驻车制动系统主要用于停车后防止汽车滑溜。

（3）辅助制动系统主要用于汽车下长坡时用以稳定汽车行驶车速。

三、液压制动系统的工作原理

汽车制动系统的工作原理可用如图 6–15 所示的简单液压制动系统示意图来说明。液压制动系统由液压操纵机构和车轮制动器两部分组成。当驾驶员踩下制动踏板时，制动器产生一种使轮胎停止转动的力（路面的反作用力）和吸收车辆继续前进的力（惯性力），从而停住车辆。具体而言，就是把旋转车轮的能量（动能）通过操纵能（使车轮停止旋转作用的制动器）使其转换成摩擦能量（热能）液压制动系统按制动管路布置不同．可分为单回路液压传动装置和双回路液压传动装置。

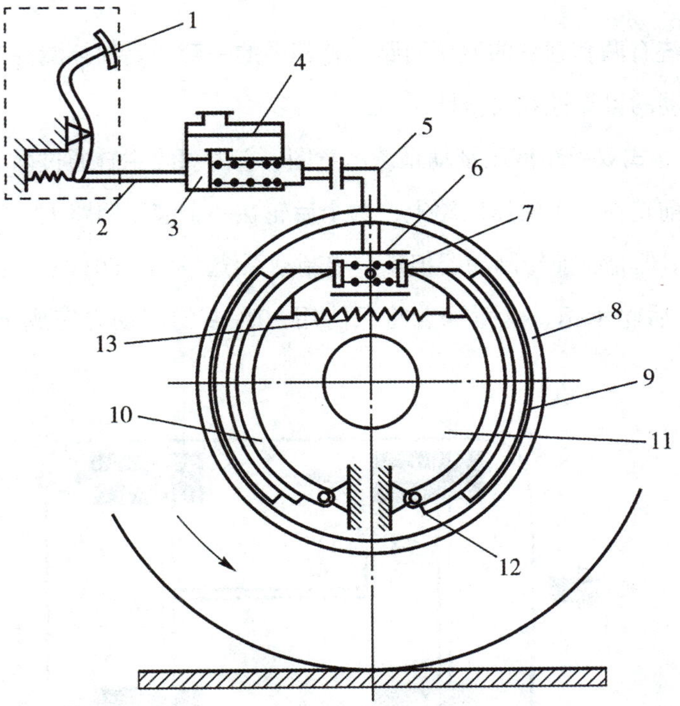

1- 制动踏板；2- 推杆；3- 主缸活塞；4- 制动主缸；5- 油管；6- 制动轮缸；7- 轮缸活塞；8- 制动鼓；9- 摩擦片；10- 制动蹄；11- 制动底板；12- 支承销；13- 制动蹄回位弹簧。

图 6-15　液压制动系统示意图

1. 单回路液压传动装置

图 6-16 为单回路液压制动系统示意图，制动主缸只有一个输出口，与轮缸之间通过油管连接，并充满制动液。当踩下制动踏板时，制动主缸的推杆推动主缸活塞使主缸油压升高，制动液便经油管流至四个车轮的制动轮缸，迫使轮缸活塞在油压力作用下外移，推动两制动蹄张开产生制动。当松开制动踏板时，制动蹄和轮缸活塞在回位弹簧作用下回位，将制动液压回制动主缸，从而解除制动。

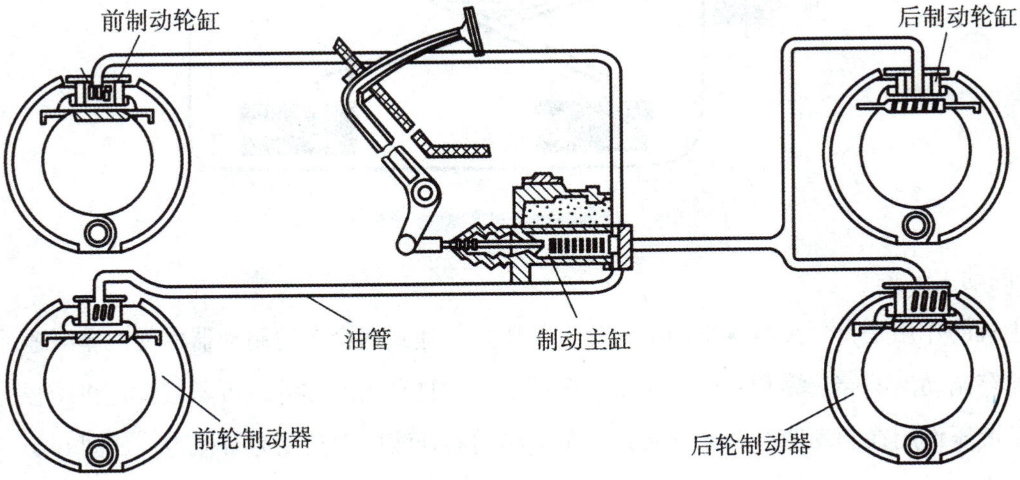

图 6-16　单回路液压制动系统示意图

2. 双回路液压传动装置

双回路液压制动系统有两套独立的液压回路，若其中的一套回路损坏漏油时，另一套仍能起制动作用，从而提高了汽车制动的可靠性和安全性。

图 6–17 为前 / 后分立式双回路液压制动系统示意图，它由双腔主缸通过两套独立回路分别控制前、后车轮制动器，即两个前轮在一个液压回路上，两个后轮在一个液压回路上。如果一个回路失灵，另一个回路仍能使车辆停住。但是，前轮制动器担负整个制动系统工作的 60% 多，如果前轮制动回路失效，则所有制动工作全部由后轮承担，这意味着将只能用 30% 多的制动力完成全车制动，这显然是不理想的。

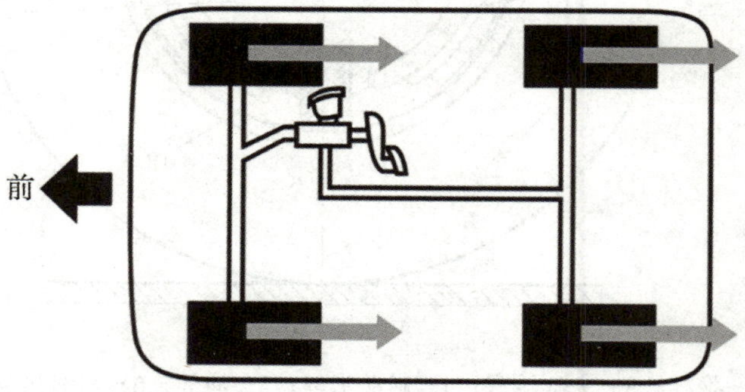

图 6–17　前 / 后分立式双回路液压制动系统示意图

图 6–18 为对角分立式液压制动系统示意图，它由双腔主缸通过两套独立的液压回路分别控制前、后车轮制动器。一个回路控制左前轮和右后轮，一个回路控制右前轮和左后轮。在一个回路失效时，另一个回路在一个前轮和与其对应的后轮上进行制动工作，因此制动力能维持总制动力的 50%。

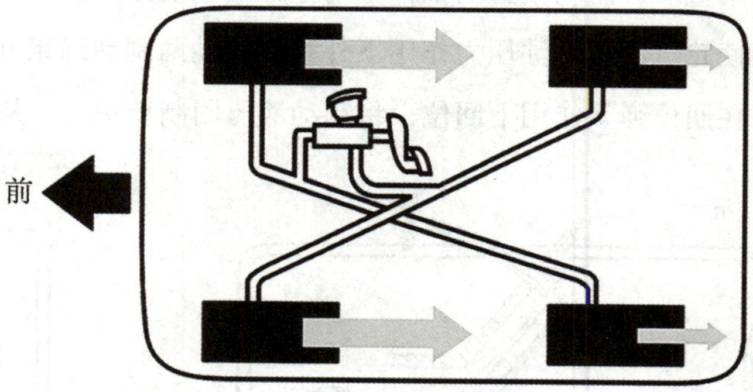

图 6–18　对角分立式液压制动系统示意图

（1）制动主缸

制动主缸的作用是将驾驶员踩踏制动踏板上的压力传递到四个车轮制动器以使汽车减速或停车。它包括一个储存制动液的储液罐和一个可产生油压的缸。主缸利用液体的不可压缩性，将踏板力转变为液压力，然后液压作用在制动器的制动分泵，在车轮制动器处液压力转变为机械力，如图 6–19 所示。

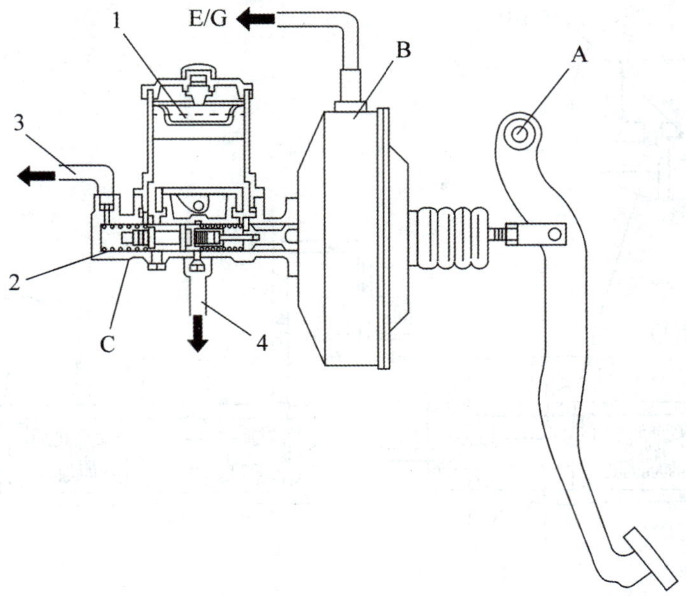

1- 储液罐；2- 缸；3- 前轮制动；4- 后轮制动；A- 制动踏板；B- 制动助力器；C- 制动总泵。

图 6-19　典型的液压制动系统

主缸由两部分构成，即储液罐和主缸体。1 号和 2 号活塞的活塞皮碗定位在进油孔口与补偿孔口之间，总泵与储液罐之间形成一个通道。由 2 号回位弹簧的力把 2 号活塞推到右边，但是用一个止动螺栓防止其继续进去，如图 6-20 所示。

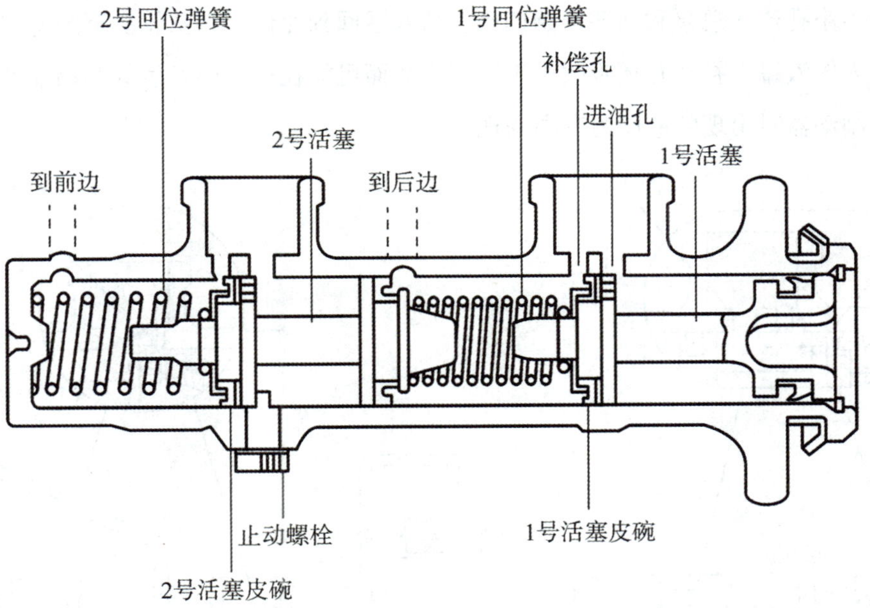

图 6-20　制动主缸

① 踩下制动踏板时

1 号活塞移动到左边活塞皮碗封闭补偿孔口，阻塞总泵与储液罐之间的通道，如图 6-21 所示。当活塞推得更远时，增加了总泵内的液压力，该压力作用在后轮缸上。由于此液压力也推动 2 号活塞，所以 2 号活塞与 1 号活塞以相同的方法工作，作用在前轮缸上。

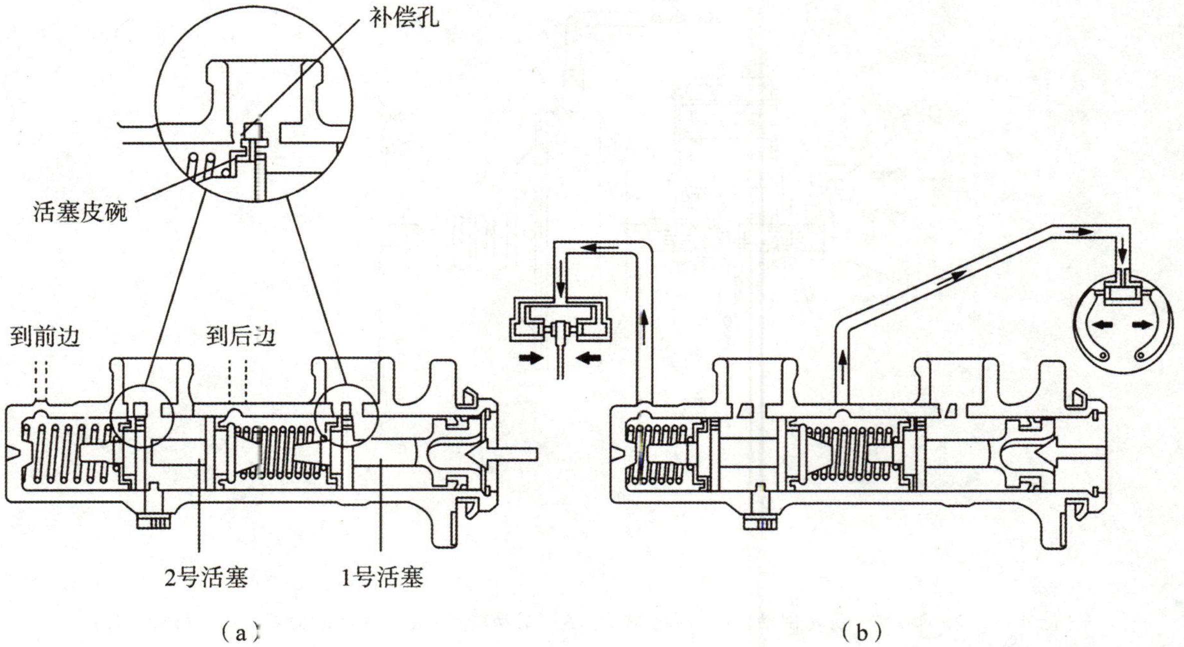

图 6-21　踩下制动踏板时

② 松开制动踏板时

由液压力和回位弹簧的力把活塞返回到原位上，如图 6-22 所示。但是，因为制动油液不会马上从轮缸中返回，总泵内部的液压力会暂时下降（形成真空）。结果是储液罐里的制动油液就通过进油口从活塞顶部上的许多小孔流入总泵和活塞皮碗四周。活塞返回到原位后，从轮缸渐渐返回到总泵的制动油液通过补偿孔流入储液罐。补偿孔还吸收由于温度变化而可能在轮缸内发生的制动油液容积的变化，这避免了在不使用制动器时出现的液压力升高的现象。

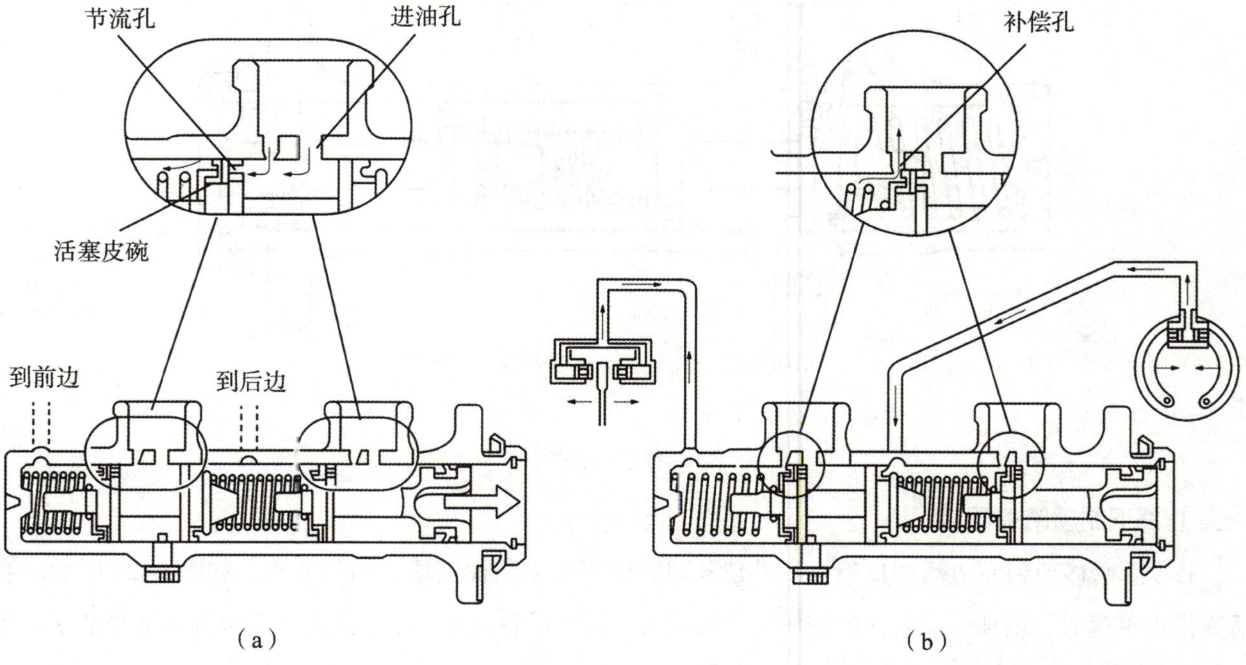

图 6-22　松开制动踏板时

（2）制动轮缸

制动轮缸的功用是将主缸传来的液力转变为使制动蹄张开的机械推力。按照车轮制动器结构以及轮缸数目和结构形式的不同，制动轮缸通常分为双活塞式和单活塞式两类。

图 6-23 为双活塞式制动轮缸。缸体用螺栓固定在制动底板上，缸内有两个活塞，两个刃口相对的密封皮圈压靠在活塞上，以保持两皮圈之间的进油孔畅通。活塞外端凸台孔内压有支承盖，与制动蹄的上端抵紧。缸体两端的防护罩用以防止尘土和水分进入，以免活塞与缸体受到腐蚀而卡死。在缸体上方装有放气螺钉，用以排放轮缸中的空气。此类轮缸多用于简单非平衡式车轮制动器或双向助势平衡式车轮制动器。此外，有些直径不等的双活塞阶梯式轮缸，多用于简单非平衡式车轮制动器中，其大端朝向后制动蹄以增加后蹄的推力。

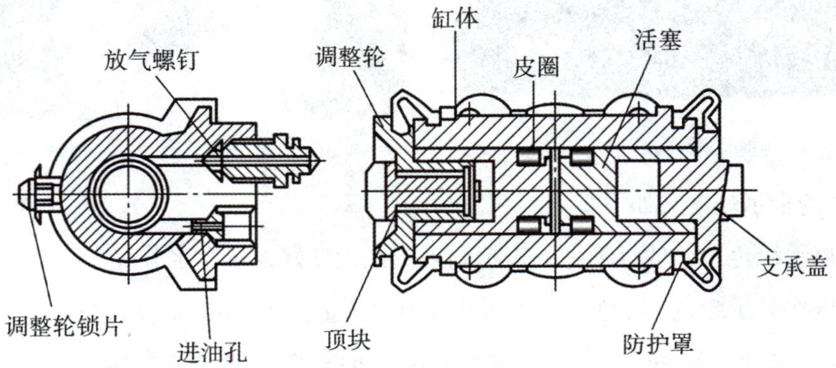

图 6-23　双活塞式制动轮缸

四、制动液选用原则和质量检查

（一）制动液选用原则

（1）制动液选用类型应与车辆制造商规定的制动液产品类型相同。一般车辆制动液加注口附近或者加注口盖会有说明。

（2）尽量选择正规厂家生产的制动液，其性能稳定、质量有保证。

（3）制动液选用的质量等级应等于或高于车辆制造商规定的制动液质量等级。

（4）严禁不同类型和不同品牌的制动液混合使用，对有特殊要求的制动系统，应加注特定牌号的制动液。由于不同品牌和不同类型的制动液的配方不同，混合使用会造成制动液性能指标下降，即使是互溶性较好，标明能混用或可替代的品牌，使用中也可能引起故障，因而也不要长期混合使用。

（二）制动液质量检测

制动液质量检测工作中最常用的检测仪器是用于定性分析含水量的制动液检测笔，如图 6-24 所示。使用制动液检测笔时，拔下测试头护帽，将金属测试头放入被检测制动液中并按下测试开关（图 6-25），笔身上的指示灯就会亮。制动液质量检测完成后，要用干燥的布或者纸把测试头上的制动液擦拭干净，关闭开关并套好护帽。

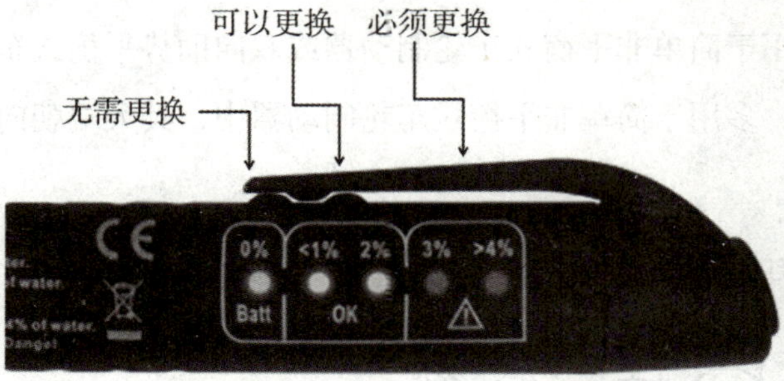

图 6–24　制动液测试笔

图 6–25　制动液质量测试

制动液检测笔的指示灯含义如下。

（1）指示灯显示绿色，其他灯不亮，表示制动液性能良好，不含水分。

（2）指示灯依次显示绿色 / 黄色，表明制动液中含水量低于 1%，制动液性能好，可放心使用。

（3）指示灯显示绿色 / 黄色 / 黄色，制动液中含水量约 2%，制动液可继续使用。

（4）指示灯显示绿色 / 黄色 / 黄色 / 红色，表明制动液中含水量约 3%，建议更换制动液。

（5）指示灯显示绿色 / 黄色 / 黄色 / 红色 / 红色，说明制动液中含水量超 4%，需立刻更换制动液。

（三）制动液更换条件

（1）车辆正常行驶 40 000 km 或连续使用 2 年。

（2）若发现制动液有杂质或沉淀物，应该及时更换。

（3）若车辆在正常行驶中出现制动忽轻忽重，要及时更换制动液，并用酒精清洗制动系统。

（4）冬季时，如发现制动效果下降，应及时更换在低温下黏度偏小的制动液。

（5）若出现制动效能降低或制动踏板回位滞后，要及时对制动系统进行全面检查。如发现橡胶件膨胀变形，说明制动液质量存在问题，这时应选择质量比较好的制动液予以更换，同时更换相关橡胶件。

（四）制动液更换

（1）从制动液储液罐上拧下密封盖，制动液储液罐连接制动液加注及排气装置的吸油软管，抽吸尽可能多的旧制动液。

（2）在驾驶员座椅和制动踏板之间放置制动踏板加载装置，并预紧。

（3）在制动液储液罐上连接制动液加注及排气装置的适配接头，将制动液加注及排气装置的加注软管连接在适配接头上，并启动装置。

（4）拔下左前制动钳排气螺栓上的盖罩，将排气螺栓与制动液收集瓶上的排气软管牢固地固定在一起，以免空气进入制动装置内。用油管扳手旋松排气螺栓，然后放出制动液，如图 6–26 所示。

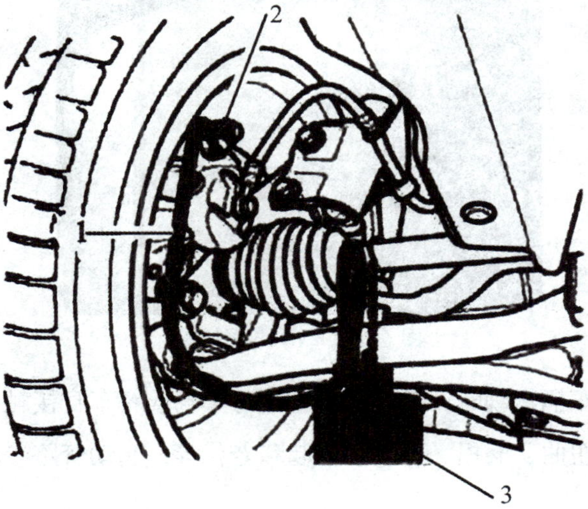

1- 排气软管；2- 排气螺栓；3- 制动液收集瓶。

图 6–26　排放制动液

（5）待流出的制动液清澈纯净无气泡时，拧紧排气螺栓。

（6）在汽车右前制动钳上重复此前工作。

（7）拆下两个后车轮，在汽车两后轮上重复工作。

（8）将适配接头从制动液储液罐拧下，检测制动液液位符合要求。

（9）将密封盖拧在制动液储液罐上，取出制动踏板加载装置，重新安装车轮，完成制动液更换。

（五）更换制动液注意事项

（1）更换的制动液必须与原来的制动液编号等级相同，不得和其他等级的制动液混用。

（2）制动液有毒且有腐蚀性，不允许与皮肤、车辆油漆及其他零件表面接触。如果制动液溢出，要用大量的清水冲洗。

（3）制动液具有吸湿性，必须密封保存，否则会从环境中吸取水分而变质。

（4）注意遵守废弃物处理规定，合理收集和处置排放的废旧制动液。

（5）制动液更换完成后，检测踏板压力和制动踏板的自由行程，并确保制动液液位符合要求、制动装置无泄漏和损坏、液压软管无扭转、液压软管和车轮无摩擦。

五、制动系统维护流程

（一）制动系统外观检查

目测制动系统液压管道、接头处，检查有无泄漏、破损、锈蚀；检查制动储液罐制动液液面位置，应处在高（MAX）和低（MIN）位刻线之间，如图 6–27 所示。

图 6-27 制动液面检查

检查制动管路和软管在车辆运动时，是否因震动而与车轮或者车身接触；检查制动管路安装是否良好；检查制动管路软管有无扭曲、磨损、开裂、隆起和老化等；制动管路渗漏检查，目测制动管路连接部分有无液体渗漏。

（二）制动踏板检查

（1）制动踏板状况检查。检查制动踏板有无反应灵敏度差、踏板不完全落下、异常噪声、过度松动等现象。

（2）踏板高度检查。使用一把直尺测量制动踏板高度，如果超出规定范围，应调整踏板高度。

（3）制动踏板自由行程检查。踩下制动踏板几次，解除制动助力器，然后使用手指轻轻按压制动踏板并使用一把直尺测量制动踏板自由行程。对于配备了液压制动助力器的车辆，至少要踩下制动踏板 40 次。

（4）制动踏板行程余量。驻车制动器松开时，用力踩下制动踏板，然后使用一把标尺测量踏板行程余量，检查其是否处于规定的范围内，踏板行程余量标准值请参阅相关车型维修手册。

（三）驻车制动装置检查

（1）驻车制动杆行程检查驻车制动杆被拉动时，检查其行程是否在预定的槽数内（拉动时可以听到“咔嗒”声），如果不符合标准，应调整驻车制动杆的行程。注意，若驻车制动杆行程超出规定值，应调整后制动蹄片或驻车制动蹄片的间隙，然后重复检查。

（2）检查驻车指示灯工作情况将启动开关置于“ON”挡位置，在拉动杆到达第一个槽口位置前，检查仪表上的驻车指示灯是否已经亮起。

（3）驻车制动拉杆行程调整在调整驻车制动杆行程之前，应确保驻车制动蹄片间隙已经调整好。

（四）制动摩擦片的测量和检查

1. 盘式制动摩擦片厚度测量

拆下车辆前轮，用游标卡尺或钢板尺测量内外摩擦片的厚度，如图 6-28 所示。摩擦片厚度（不计背板厚度）应符合该车型维修手册规定的数值。

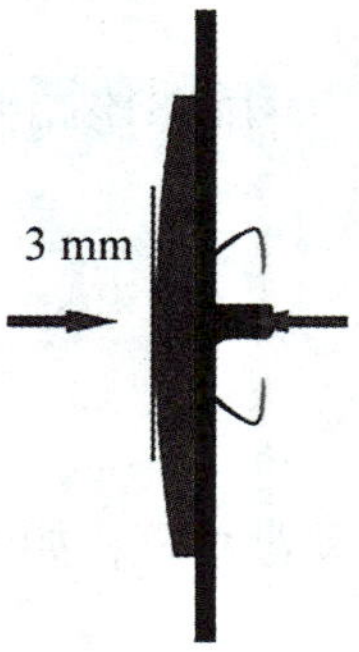

（a）立马更换　　（b）新刹车片

图 6-28　新旧摩擦片厚度对比

2. 鼓式制动摩擦片厚度测量

鼓式制动摩擦片厚度的测量，如图 6-29 所示，如果摩擦片厚度（不计背板厚度）接近维修手册规定的磨损极限，必须予以更换；制动鼓摩擦表面如果凹槽过深，或制动鼓内圆柱成椭圆，必须与蹄片一起更换。

图 6-29　摩擦盘厚度测量

3. 盘式制动摩擦盘厚度测量

用游标卡尺在制动盘表面的中心测量制动盘厚度，如图 6-30 所示。如果制动盘厚度低于最小厚度值，则需及时更换制动盘。

图 6-30　摩擦盘厚度

4. 制动盘跳动量检查

制动盘的跳动量必须符合该车型维修手册的相关规定，否则会影响制动性能，具体的检测方法如下。

（1）在工作台上组装磁性表座，如图 6-31 所示。

（2）将磁性表座固定在减震器上。

（3）安装百分表，表头距制动盘边缘 10 mm，表头与制动盘垂直，如图 6-32 所示。

图 6-31　磁性表座

图 6-32　百分表

（4）均匀转动制动盘并记下制动盘的最大跳动量，若超出规定范围，则应换新件。

测量后，根据行驶距离估计制动器摩擦片的剩余磨损量，通过该次检查和上一次检查之间的行驶距离，估计到下一次检查前的行驶距离；通过检查上一次检查到现在制动器摩擦片的磨损，估计制动器摩擦片在下一次检查时的情况。在检查时，如果估计制动器摩擦片的厚度小于可接受的磨损值，建议本次更换制动器摩擦片。

（五）电动真空泵及控制器检查维护

（1）车辆停稳后，拉起驻车制动，启动开关置于“ON”挡位置，将制动踏板踩到底，反复踩踏三次后真空泵应正常启动，大约 10 s 后真空度到达设定值，此时真空泵应停止运转。

（2）反复踩踏制动踏板，使制动真空泵连续运转 5 min，然后观察真空泵有无异响、异味，真空泵控制器插接器、线束有无变形、发热现象。

（3）在真空泵运转时，检查制动真空泵与软管连接处、制动真空罐与软管连接处是否漏气，检查各软管有无老化、扭曲及破损。

项目实训

新能源汽车底盘系统检查

1. 减震器检查

（1）按压车辆四周，检查悬架减震器的工作情况，判断悬架的减振性能是否正常。

（2）打开前机舱，铺设车外三件套。

（3）用锤头敲击减震器顶部固定螺栓，查看是否松动。

（4）举升车辆至合适高度，锁止举升机保险器。

（5）检查左前减震器弹簧表面是否正常，有无锈蚀、裂纹、外伤等情况。

（6）用手按压悬架弹簧，检查减震器弹簧弹性是否正常。

（7）检查左前减震器防尘罩表面是否正常，有无开裂、老化现象。

（8）拨开左前减震器防尘罩，检查减震器是否存在油液泄漏情况。

（9）以同样的方法依次检查左后、右后、右前减震器。

2. 悬架球头和轮毂轴承检查

（1）用手抓住左前车轮，依次上下、左右摆动，检查悬架球头间隙情况。

注意事项：若晃动量较大，则说明悬架球头间隙过大而导致松旷，需更换球头。

（2）转动左前轮胎，检查轮毂轴承是否正常，有无松旷、卡滞等现象。

（3）以同样的方法依次检查左后、右后、右前悬架球头及轮毂轴承。

3. 半轴检查

（1）继续举升车辆至合适高度，锁止举升机保险器。

（2）目视检查左前半轴防尘罩的外观是否良好，有无破损、开裂、老化、漏油情况。

（3）以同样的方法检查右半轴防尘罩。

4. 前部悬架各部件检查

（1）目视检查左前下摆臂是否损坏，橡胶件是否老化、损坏。

注意事项：若出现损坏或者橡胶老化现象，则更换受损的前下摆臂或衬套总成。

（2）检查左前横向稳定杆及球头总成的外观是否良好，球头橡胶件是否存在破损、开裂、老化等情况。

（3）用锤子敲击左前横向稳定杆、下摆臂接合处固定螺栓，看其是否松动。

（4）以同样的方法依次检查右前悬架球头及橡胶件。

5. 前部悬架各部件紧固

（1）选用定扭扳手、接杆和 17 mm 套筒组合工具紧固左前下摆臂球头固定螺栓至 120 N·m。

（2）用同样的方法紧固左前侧横向稳定杆下拉杆下部固定螺栓至 120 N·m。

（3）用定扭扳手、接杆和 21 mm 套筒组合工具紧固左前稳定杆拉杆及球头总成的两颗固定螺栓至 80 N·m。

（4）以相同的方法紧固右前稳定杆拉杆及球头总成的固定螺栓至 80 N·m。

（5）用定扭扳手、接杆和 21 mm 套筒组合工具紧固左前减震器支柱总成的 2 颗固定螺栓至 230 N·m。

（6）以相同的方法紧固右前减震器支柱总成的固定螺栓至 230 N·m。

（7）目视检查左后副车架及安装支架总成的外观是否良好，是否存在破损漏油等情况。

6. 后部悬架各部件检查

（1）目视检查左后横向稳定杆总成的外观是否良好，球头是否存在破损、漏油等。

（2）目视检查左后牵引臂总成的外观是否良好，橡胶件是否存在破损、开裂、漏油等。

（3）目视检查左前控制臂的外观是否良好，球头及橡胶件是否存在破损、漏油等情况，。

（4）目视检查左后控制臂的外观是否良好，球头是否存在破损、漏油等情况。

（5）目视检查左后横向稳定杆拉杆球头总成是否良好，橡胶件是否存在破损、开裂、漏油等情况。

（6）用同样的方法检查右后横向稳定杆、牵引臂、控制臂以及稳定杆拉杆球头总成。

（7）用锤子敲击左后横向稳定杆拉杆、左后控制臂、左前控制臂、左后牵引臂接合处固定螺栓，看其是否松动。

（8）用锤子敲击右后横向稳定杆拉杆、右后控制臂、右前控制臂、右后牵引臂接合处固定螺栓，看其是否松动。

7. 后部悬架部件紧固

（1）用定扭扳手、接杆和套筒组合工具紧固左后减震器下部固定螺栓至 230 N·m。

（2）用同样的方法紧固右后减震器下部固定螺栓至 230 N·m。

（3）用定扭扳手、接杆和套筒组合工具紧固左后横拉杆固定螺栓至 55 N·m。

（4）用同样的方法紧固右后横拉杆固定螺栓至 55 N·m。

（5）用定扭扳手、接杆和套筒组合工具紧固左后控制臂和左前控制臂固定螺栓至 120 N·m。

（6）用同样的方法紧固右后控制臂和右前控制臂固定螺栓至 120 N·m。

（7）用定扭扳手、接杆和套筒组合工具紧固左后牵引臂固定螺栓至 120 N·m。

（8）以相同的方法紧固右后牵引臂固定螺栓至 120 N·m。

课后练习

一、填空题

1. 比亚迪双离合变速器由________、________、变速齿轮机构、________、DCT 控制系统以及变速器油构成。

2. 按结构形式的不同，车架可分为__________、__________和__________。

3. 车桥通过__________与车架相连接，其两端__________，车桥传递车架与车轮之间的各种作用力及其所产生的__________。

4. 汽车制动系统一般由四部分组成：__________、__________、__________、__________。

5. 汽车制动系统按制动系统功用分为__________、驻车制动系统、__________。

二、简答题

1. 简述变速齿轮机构维护方法。
2. 行驶系统维护应注意哪些事项?
3. 简述液压制动系统的工作原理。

项目七

汽车整车控制系统

项目概述

在新能源汽车上，“电”的应用更为广泛，这也就使其在整车控制系统上与传统燃油汽车有着很大不同。本项目介绍新能源汽车整车控制系统与控制功能，包含以下两个任务。

任务一：整车控制系统概述。

任务二：整车控制功能介绍。

通过以上两个任务的学习，能够掌握新能源汽车与传统汽车整车控制系统的区别，熟悉整车控制功能应用。

学习目标

知识目标

◆熟悉整车控制系统及软件架构。

◆熟悉制动能量回馈控制、驱动控制等。

能力目标

◆能够简述控制系统的工作原理。

◆能够对车辆状态进行查阅及故障处理。

素质目标

◆培养学生坚守职业道德界线，管理言行举止，提高其职业素质。

◆提升学生思考能力、逻辑推理能力，培养其团队意识。

思政目标

◆增强学生自主、合作、探究的学习意识，提高其综合素质和能力。

◆培养学生的团队协作意识和吃苦耐劳精神，并使其树立正确的理想信念。

任务工单

1. 寻找成员

以 3 ～ 5 人为一组，选出组长并进行任务分工，将小组成员及分工情况填入表 7–1 中。

表 7–1　小组成员及分工情况

班级：　　　　　　　　　　　组号：　　　　　　　　　　　指导教师：

小组成员	姓名	学号	任务分工
组长			
组员			

2. 制订计划

（1）查阅相关资料，制订工作计划，并将其填入表 7–2 中。

表 7–2　工作计划

序号	工作内容	负责人

（2）将操作过程中所需的工具和耗材等填入表 7–3。

表 7–3　操作过程中所需的工具和耗材等清单

序号	名称	型号与规格	单位	数量	备注

3. 进行决策

（1）小组成员针对各自的工作计划展开讨论，并选出最佳工作计划。

（2）指导教师根据各小组提交的工作计划给出评价。

（3）各小组成员根据指导教师的评价对工作计划进行调整，调整合格后的工作计划即为最终实施方案。

4. 工作实施

根据最终实施方案，认识新能源汽车维护的主要作业项目及其位置。按实际操作过程，将实施内容、遇到的问题及解决办法等记录于表 7–4 中。

表 7–4　工作实施过程记录表

序号	实施内容	遇到的问题及解决办法	结果

5. 考核评价

各组展示任务完成情况，并完成见表 7–5 的考核评价表。

表 7–5　考核评价表

项目名称	评价内容	满分 / 分	评分 / 分		
			自评	互评	师评
职业素养考核项目 40%	穿戴规范、整洁	6			
	安全意识、责任意识及服从意识强	6			
	积极参加教学活动，按时完成任务工单	10			
	团队合作、沟通交流能力强	6			
	劳动纪律良好	6			
	维护场地、设备及工具等干净整洁	6			
专业能力考核项目 60%	熟悉整车控制系统及软件架构	12			
	能够简述控制系统的工作原理	18			
	熟悉制动能量回馈控制、驱动控制等	12			
	能够对车辆状态进行查阅及故障处理	18			
合计		100			
总评	自评（20%）+互评（20%）+师评（60%）=	综合等级	指导教师（签名）：		

任务一　整车控制系统概述

整车控制器（VCU）是电动汽车的大脑。作为电动汽车上全部电气的运行平台，它的性能优劣，直接影响其他电气性能的发挥，是整车性能好坏的决定性因素之一。

VCU 结构上是由金属壳体和一组 PCB 线路板组成，功能上由主控芯片及其周边的时钟电路、复位电路、预留接口电路和电源模块组成最小系统。在最小系统外，一般还配备数字信号处理电路，模拟信号处理电路，频率信号处理电路，通讯接口电路（包括 CAN 通讯接口和 RS232 通讯接口）。

一、整车控制系统认知

（一）整车控制器

整车控制系统

整车控制器是新能源电动汽车的三大核心部件之一，整车控制系统结构组成是整个车辆的控制中心。其主要功能是根据驾驶人的操作意愿和各系统实时状态，通过运算分析后做出决策，合理分配动能，控制车辆充电、加减速、能量回收以及故障检测等工作，使车辆运行在最佳状态。

整车控制器的工作流程是：首先进行工况判断；然后计算出转矩需求并发出控制指令，各系统将实时运行信息反馈给 VCU，以此来修正控制指令；最后信息传送采用 CAN 总线模式。整车控制系统的控制模式通常分为正常模式、跛行模式和停机保护模式三种。

1. 正常模式

正常模式是指车辆按照驾驶人的操作意愿、车辆负载以及行驶环境的变化，能够自行调节车辆的动力性、经济性和舒适性，是车辆的正常行驶状态。

2. 跛行模式

跛行模式是指当车辆的某个系统出现中度故障时，系统此时将不采纳驾驶人的加速请求，启动跛行模式即备用模式，此时最高车速通常在 10 km/h 左右，可以维持车辆缓慢行驶至维修网点。

3. 停机保护模式

停机保护模式是当车辆的某个系统出现严重故障时，整车控制器此时无法控制车辆行驶，只能进入停机状态。

（二）整车控制策略

整车控制器通过各种传感器及控制器反馈的信息，判断当前车辆所处的运行状态，合理控制整车运行情况，整车控制系统结构如图 7–1 所示。

1. 起停控制

点火开关置于“ON”挡时，向 VCU 输送 12 V 唤醒信号，VCU 控制主继电器给电机控制器和电池控制器供电，同时通过 CAN 总线发送相关命令，完成整车系统起动。

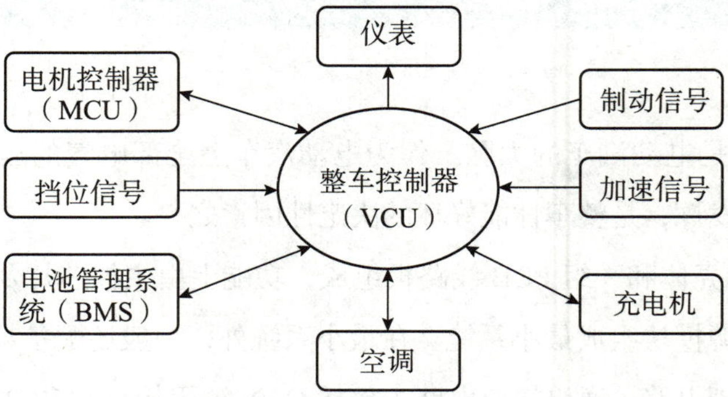

图 7-1 整车控制系统结构

2. 高压供电控制

当整车控制器接收到上电开关、直流充电桩、车载充电机或远程智能终端的唤醒信号后，直接控制高压继电器吸合或断开，接通或断开高压系统。

3. 电机驱动控制

整车控制器根据加速踏板位置信号、挡位信号和车速信号计算车辆的目标转矩，并通过 CAN 总线发送转矩需求指令给电机控制器。

4. 再生能量回收控制

再生能量回收是在车辆滑行或制动过程中，电机从驱动状态转变为发电状态，将车辆的动能转换为电能储存在动力电池中。当车辆在滑行或制动时，VCU 根据 ABS 状态、动力电池状态和制动踏板位置等信号，计算再生能量回收转矩并发送指令给电机控制器，启动再生能量回收功能。

5. 节能模式控制

整车控制器会根据电机状态、加速或制动踏板状态、空调状态、停车状态和节能（ECO）指令判断车辆是否能够进入节能模式。在 ECO 模式下，整车的加速性能会有所减弱，在滑行和制动过程中会加大能量回收效果。

6. 交流充电控制

当整车控制器判断车辆处于慢充模式时，根据动力电池的充电需求，向车载充电机发送充电指令，动力电池开始充电。

7. 快充控制

当车辆与快充设备连接时，充电设备发送充电唤醒信号给整车控制器，然后整车控制器根据充电需求向快充设备发送充电指令，动力电池开始充电。

8. 冷却系统控制

在车辆行驶状态下，整车控制器根据电机温度、IGBT 温度、冷却液温度和空调状态等信号，控制电子冷却水泵与散热风扇的运转。

9. 动力切断控制

当新能源汽车发生碰撞、绝缘故障、动力电池过温 / 过压、动力电机过流 / 过温等严重故障时，整车控制器会及时切断高压电路上的继电器，使动力电池停止输出电流，以确保人员和车辆的安全。

10. DC-DC 变换器控制

新能源汽车的基础电气系统仍然采用 12 V 供电，是由低压蓄电池进行供电的。整车控制器随时监测低压蓄电池的电量，当电压降至设定值时，会控制高压系统上电，通过 DC-DC 变换器给 12 V 蓄电池充电。

11. 远程控制

用户使用智能手机将远程控制指令通过 GPRS/SMS 传送到车载远程智能终端，控制车辆相关部件实现远程查询、远程空调和远程充电功能。执行远程充电控制时，充电线缆必须先连接至车辆，且车辆必须处于无线信号能够覆盖的位置。

新能源汽车以整车控制器为核心，实时收集各系统的运行数据，经运算后发出控制指令，并监控运行状态，如有异常，立即启动故障模式。整车控制系统逻辑关系如图 7-2 所示。

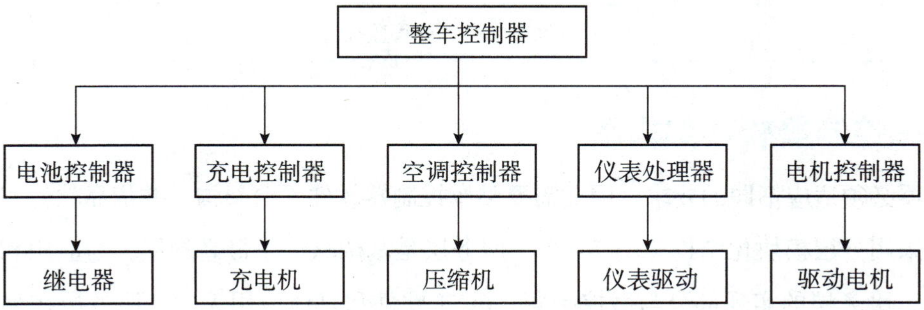

图 7-2　整车控制系统逻辑关系

（三）整车控制原理

电动汽车整车控制系统是由多个子系统构成的一个复杂系统，主要包括电池、电机等动力系统以及其他附件。整车控制系统的工作原理是在车辆运行时通过传感器以及其他车载控制器将整车运行的信息与实时状态反馈给整车控制器，同时整车控制器根据驾驶人操作意图与整车控制策略进行运算，并将控制指令通过 CAN 总线以及各个硬件接口传输传递给其他车载控制器与执行器。整车控制器主要负责控制动力总成唤醒、电源加载、停机、驱动、能量回收、安全控制、故障检索诊断与失效控制等主要功能，主要功能见表 7-6。

表 7–6　整车控制器功能

序号	功能
1	驾驶人意图分析
2	驱动控制
3	制动能量回馈控制
4	整车能量优化管理
5	充电过程管理
6	高低压上下电控制：上下电顺序控制、慢充电时序、快充电时序
7	电动化辅助系统管理
8	车辆状态的实时检测和显示
9	故障诊断与管理
10	远程控制
11	整车 CAN 总线网关及网络化管理
12	基于 CCP 的在线匹配标定
13	DC–DC 控制、EPS 控制
14	挡位控制功能
15	防溜车控制
16	远程监控

二、整车控制器软件架构图

整车控制器必须适应不同的要求，因此需要整车控制器软件平台架构，并依靠软件实现模块数据共享，软件通常采用分层模块化结构（图 7–3）。服务层是基础软件中最高的层，为应用和基础软件模块提供基本服务，服务层的实现部分与微控制器、ECU 硬件和具体应用无关，服务层在很大程度上独立于硬件系统。它包括实时任务调度系统、函数，库、存储服务和通信服务等。应用层是整个软件中的最高层，针对电动汽车的专门应用程序，应用层完全独立于微处理器和 ECU 系统。只需要配置不同的能量管理算法就能适用不同的车型。应用层主要包括：能量管理、维护管理、故障诊断、车辆驱动、通信管理和驾驶人意图解释等。

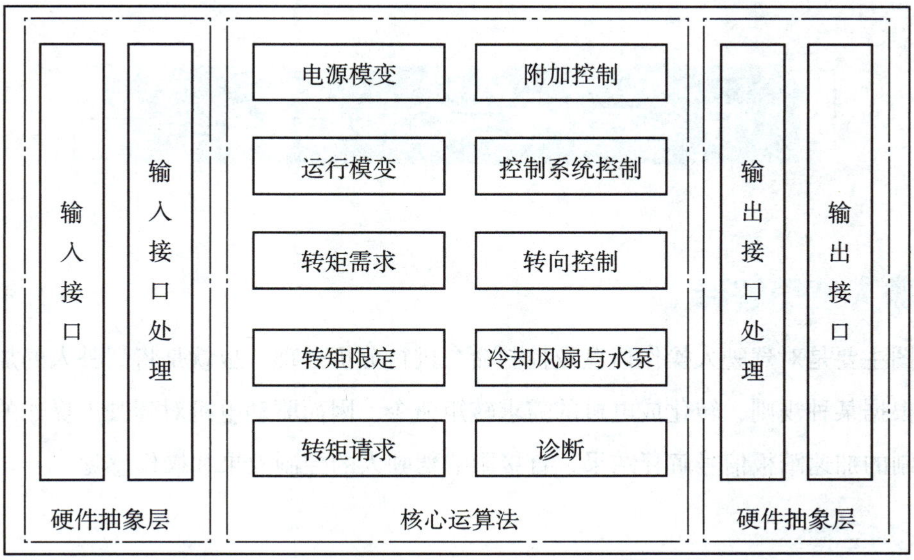

图 7–3　整车控制器软件架构图

软件模块主要有系统初始化模块、A/D 采集模块、I/O 接口模块、CAN 通信模块、电机控制模块、电池控制模块、看门狗模块、加速踏板模块、组合仪表模块、I/O 处理模块。

整车控制器的软件包括微处理器抽象层（I/O 驱动、通信驱动、存储驱动和单片机驱动）、ECU 抽象层（I/O 硬件抽象、通信硬件抽象、存储硬件抽象和 ECU 板上设备的驱动）、服务层（实时任务调度系统、函数库、存储服务和通信服务）、复杂驱动函数库和应用层组成。

微处理器抽象层是基础软件中最低的层，它包含各种驱动，是一个个软件模块，用于直接访问微控制器内的外设和外围接口。微控制器抽象层提供统一的接口，使上层软件独立于微控制器。它包括 I/O 驱动、通信驱动、存储驱动和单片机驱动。

ECU 抽象层连接微处理器抽象层的软件，它包含外部设备的驱动，为 ECU 提供外围设备的驱动程序，ECU 抽象层的实现与 ECU 硬件相关，与微控制器无关。ECU 抽象层不对硬件直接操作，都是通过微控制器抽象层的接口实现。它包括：I/O 硬件抽象、通信硬件抽象、存储硬件抽象和 ECU 板上设备的驱动。

复杂驱动库是一整个模块，不进行层次划分。它为处理复杂传感器和执行器实现特殊的功能和定时需求。它包含处理复杂的传感器和执行器的驱动模块，实现上与微控制器、ECU 和具体应用密切相关。

任务二　整车控制功能介绍

一、驾驶人意图解释

驾驶人意图主要是对驾驶人操作信息及控制命令进行分析处理，也就是将驾驶人的加速踏板信号和制动踏板信号根据某种规则，转化成电机的需求转矩命令。因而驱动电机对驾驶人操作的响应性能完全取决于整车控制的加速踏板信号解释结果，直接影响驾驶人的控制效果和操作感觉。

二、驱动控制

根据驾驶人对车辆的操纵输入（加速踏板、制动踏板以及选挡开关）、车辆状态、道路及环境状况，经分析和处理，向整车管理系统发出相应的指令，控制电机的驱动转矩来驱动车辆，以满足驾驶人对车辆驱动的动力性要求；同时根据车辆状态，向整车管理系统发出相应指令，保证安全性、舒适性。

三、制动能量回馈控制与能量优化管理

（一）制动能量回馈控制

整车控制器根据加速踏板和制动踏板的开度、车辆行驶状态信息以及动力电池的状态信息（如 SOC 值）来判断某一时刻能否进行制动能量回馈，在满足安全性能、制动性能以及驾驶人舒适性的前提下，回收部分能量，包括滑行和制动过程中的电机制动转矩控制。

电机具有回馈制动的性能，此时电机作为发电机，利用电动汽车的制动能量发电，同时将此能量存储在储能装置中，当满足充电条件时，将能量反充给动力电池组。在这一过程中，整车控制器根据加速踏板和制动踏板的开度以及动力电池的 SOC 值来判断某一时刻能否进行制动能量回馈，如果可以进行，整车控制器向电机控制器发出制动指令，回收部分能量。

1. 制动能量回收阶段

根据加速踏板和制动踏板信号，制动能量回收分为两个阶段（图 7-4）。阶段一是在车辆行驶过程中驾驶人松开加速踏板但没有踩下制动踏板开始（滑行）；阶段二是在驾驶人踩下了制动踏板后开始（制动）。

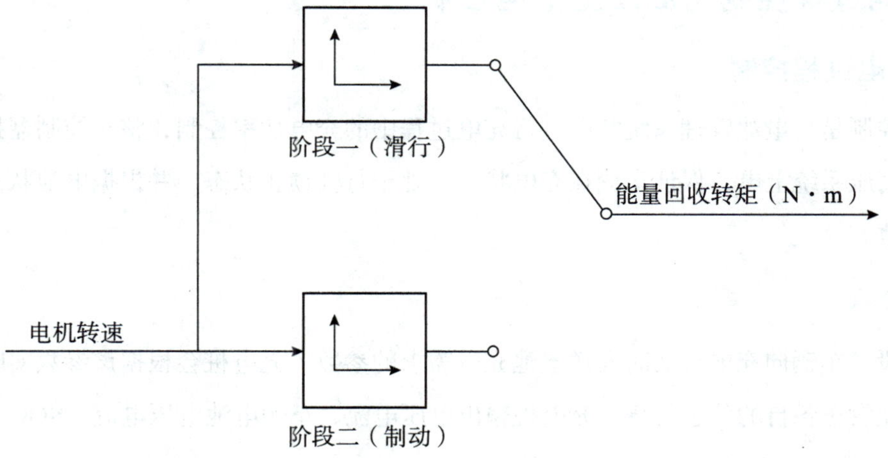

图 7–4　制动能量回收的两个阶段

2. 制动能量回馈的原则

在进行制动能量回馈时应遵循以下原则。

（1）能量回收制动不应该干预 ABS 的工作。

（2）当 ABS 进行制动力调节时，制动能量回收不应该工作。

（3）当 ABS 报警时，制动能量回收不应该工作。

（4）当电驱动系统有故障时，制动能量回收不应该工作。

（二）整车能量优化管理

通过对电动汽车的电机驱动系统、电池管理系统、传动系统以及其他车载能源动力系统（如空调、电动泵等）的协调和管理（图 7–5），提高整车能量利用效率，延长续驶里程。

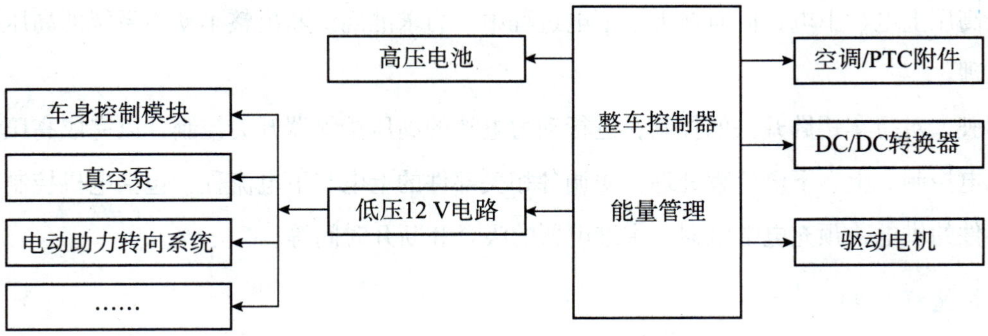

图 7–5　整车能量优化管理

在纯电动汽车中，电池除了给电机供电以外，还要给电动附件供电，因此，为了获得最大的续驶里程，整车控制器将负责整车的能量管理，以提高能量的利用率。在电池的 SOC 值比较低的时候，整车控制器将对某些电动附件发出指令，限制电动附件的输出功率，来增加续驶里程。

四、充电过程控制与高压上下电控制

（一）充电过程控制

充电过程控制是与电池管理系统共同进行充电过程中的充电功率控制，整车控制器接收到充电信号后，应该禁止高压系统上电，保证车辆在充电状态下处于行驶锁止状态，并根据电池状态信息限制充电功率，保护电池。

1. 充电阶段

在充电阶段，车辆向充电桩实时发送电池充电需求的参数，充电桩会根据该参数实时调整充电电压和电流，并相互发送各自的状态信息（充电桩输出电压电流、车辆电池电压电流、SOC 等）。

2. 充电结束阶段

车辆会根据 BMS 是否达到充满状态或是受到充电桩发来的“ 充电桩中止充电报文”来判断是否结束充电。满足以上充电结束条件，车辆会发送“车辆中止充电报文”，在确认充电电流小于 5 A 后断开。充电桩在达到操作人员设定的充电结束条件，或者收到汽车发来的“车辆中止充电报文”后，会发送“充电桩中止充电报文”，并控制充电桩停止充电。

（二）高压上下电控制

1. 高压上电、下电控制概述

纯电动汽车上电、下电控制的核心就是对动力系统高压电路通断的控制。对于上电、下电控制策略实现了以整车管理系统为控制核心的 EV 顺利上电、常规下电、紧急下电等关键功能。

纯电动汽车上下电控制目的：在已有整车动力系统结构的前提下，通过采集钥匙及踏板等驾驶人动作信号，并通过 CAN 总线、BMS （电池管理系统）及 MCU （电机控制器）等子系统进行通信，来控制整车安全高压上电、下电，同时在上、下电过程中，力求准确诊断出整车动力系统的高压故障并迅速做出相应处理。

根据驾驶人对行车钥匙开关的控制，进行动力电池的高压接触器开关控制，以完成高压设备的电源通断和预充电控制。上、下电流程处理：协调各相关部件的上电与下电流程，包括电机控制器、电池管理系统等部件的供电，预充电继电器、主继电器的吸合和断开时间等。

2. 上电过程控制

对于电动汽车高压系统的整个动力电路，存在着大量的容性负载。如果在高压电路接通过程中不采取有效的防范措施，高压电路在上电瞬间，由于系统电路容性负载的存在，将会对整个高压系统电路造成上电冲击。为此，在上电过程中需要对高压电路进行防电流瞬态冲击预充电。电动汽车在接到有效起动的命令组合信号之后，整车管理系统（VMS）低压上电，对高压电路系统进行高压上电前预诊断，如果 SOC 达到一定值，电压正常，并且电路无绝缘和短路等故障，接通防电流瞬态冲击预充电系统进行高压电路预充电。如果高压电路预充电在约定的正常时间范围内完成，则系统允许接通高压电路，否则禁止高压电路接通。

3. 下电过程控制

下电过程是指动力系统高压下电过程，在车辆遇到紧急情况时切断高压电源与动力系统的连接，保证乘员安全。高压下电包括正常停车断电和紧急故障断电。

正常停车断电时，整车管理系统接收到关机断电信号后电动汽车进入自动断电程序，按照时序完成动力系统的高压下电过程，并对下电过程进行诊断和检测。下电时启动计时器，表明下电时的持续时间。具体下电时序如下。

（1）VMS 发送电机停止工作的指令，当电机反馈已经停止工作，或电机通信故障，或定时器时间超过等待电机停止工作时间时，VMS 控制 DC-DC 变换器停止工作。

（2）延时等待继电器关闭时间 T 后，VMS 控制动力电池接触器断开。

（3）动力电池主接触器处于断开状态的条件下，在该步骤不进行紧急故障条件的检测。

如果此时钥匙转动到“ON”位，或者计时器时间超过延时等待继电器关闭时间，下电模式将切换到上电模式。

在正式断开高压接触器之前需对动力电池箱温度进行检测，在温度许可范围之内自动执行断电程序并进行一定时间延时，以保证 VMS 本身电源供电。检测温度超出范围许可，则控制风扇强制对电池箱进行降温，直到温度许可时进行高压下电。紧急故障下电可能发生在任何工况中，比如在车辆启动，运行、下电不同状态时，检测到紧急故障，如整车绝缘值过低、线路烧结等，则自动切断高压接触器，进行高压下电。如果高压下电时间过长，则强行切换到低压上电模式。当检测到紧急故障，且电机没有放电时，由下电模式进入紧急故障模式。在高压下电过程中利用自保信号保证低压有电。

五、电动化辅助系统管理

电动化辅助系统包括电动空调、电制动、电动助力转向。整车控制器应该根据动力电池以及低压电池状态，对 DC-DC 变换器、电动化辅助系统进行监控。

电动车辆在正常使用中，电动空调、电制动、电动助力转向等辅助功能是能源消耗的主要原因之一，并且随着环境温度、不同路况等因素的变化而变化，在辅助系统的工作中会引起不合理的应用与能量浪费，所以有效对车辆的辅助系统进行管控可以节省部分能源。

六、车辆状态的实时监测和显示与远程控制

（一）车辆状态的实时监测和显示

整车控制器应该对车辆的状态进行实时检测，并且将各个子系统的信息发送给车载信息显示，其过程是通过传感器和 CAN 总线，检测车辆状态、动力系统及相关电器附件各子系统状态信息，驱动显示仪表，将状态信息和故障诊断信息通过数字仪表显示出来。

（二）远程控制

（1）远程查询功能。用户可以通过手机 App 实时查询车辆状态，实时了解车辆的状况包括：剩余 SOC 值、续驶里程等。

（2）远程空调控制。无论是在炎热的夏季还是在寒冷的冬季，用户在出门前就可以通过手机指令实现远程的空调制冷、空调暖风和除霜功能。

（3）远程充电控制。用户离开车辆时将充电枪插入充电桩，并不进行立即充电，可以利用电价波谷并在家里实时查询 SOC 值，需要充电时通过手机 App 发送远程充电指令，进行充电操作。

七、故障诊断与处理

连续监视整车电控系统，进行故障诊断，并及时进行相应安全保护处理。根据传感器的输入及其他通过 CAN 总线通信得到的电机、电池、充电机等信息，对各种故障进行判断、等级分类、报警显示、存储故障码，供维修时查看。故障指示灯指示出故障类型和部分故障码。在行车过程中，根据故障内容作故障诊断与处理。

八、换挡及防溜车控制功能

（一）换挡控制功能

换挡控制功能（图 7–6）关系着驾驶人的驾驶安全，正确理解驾驶人意图，以及识别车辆合理的挡位，在基于模型开发的挡位管理模块中得到很好的优化，能在出现故障时做出相应处理保证整车安全，在驾驶人出现挡位误操作时通过仪表等提示驾驶人，使驾驶人能迅速做出纠正。

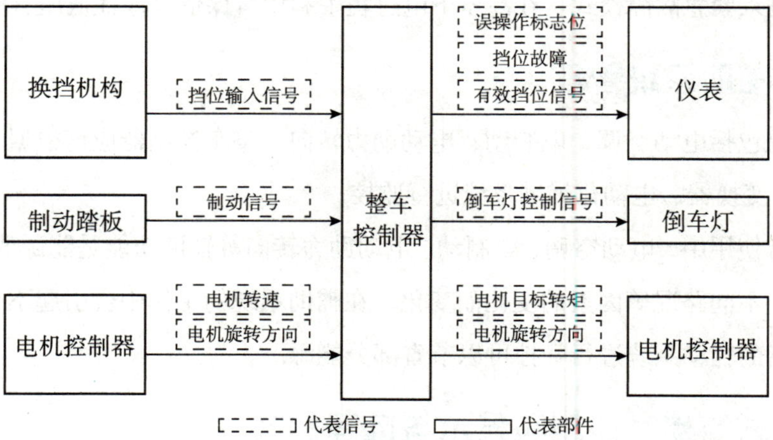

图 7–6　换挡控制功能

（二）防溜车功能控制

纯电动汽车在坡上起步时，驾驶人从松开制动踏板到踩加速踏板过程中，会出现整车向后溜车的现象。在坡上行驶过程中，如果驾驶人踩加速踏板的深度不够，整车会出现车速逐渐降到 0 然后向后溜车现象。为了防止纯电动车在坡上起步和运行时向后溜车现象，在整车控制策略中增加了防溜车功能（图 7–7）。防溜车功能可以保证整车在坡上起步时，向后溜车小于 10 cm；在整车坡上运行过程中如果动力不足时，整车车速会慢慢降到 0，然后保持 0 车速，不再向后溜车。

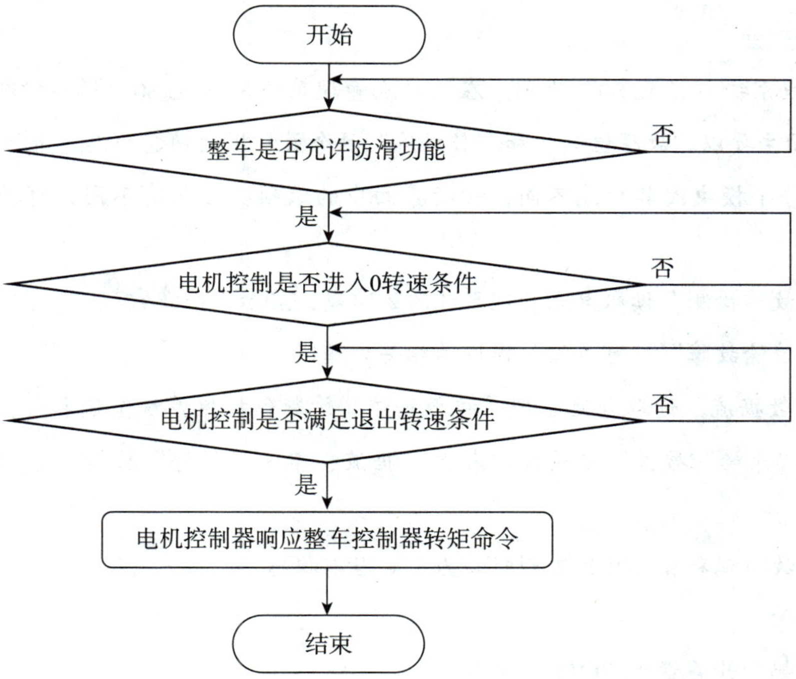

图 7-7　防溜车功能控制流程

项目实训

新能源汽车故障清除

1. 连接诊断仪套件

（1）打开诊断仪套件。

（2）取出诊断仪平板、诊断仪适配器 VDCI、OBD 线束和 USB 线束，并将其正确连接。

（3）将适配器连接至车辆 OBD 诊断接口。

（4）确认适配器上的“STATE”灯正常点亮并显示绿色。

注意事项：①将适配器连接至车辆 OBD 诊断接口之前须确保车辆起动开关处于“OFF”状态。②若 STATE 灯显示红色，则表示设备异常，需进行检修或更换。

（5）按下车辆起动开关至“ON”状态。

2. 全车扫描

（1）打开诊断仪平板开关。

（2）待初始界面出现后，单击“汽车诊断系统”，进入 VDS 汽车诊断系统。

（3）依次单击“乘用车”→“DM 系”→“秦”→“秦 17 款”→“秦 17 款通用款”，与车辆 OBD 建立连接，进入诊断界面。

（4）选择“ECU 模块”进行全车模块自动扫描。待扫描完成后，查看各模块状态是否正常。

注意事项：若有模块显示故障，可进入模块诊断界面，查看模块详细数据，以此判断故障的可能原因。

3. 单个模块测试

以“电池管理系统 - 三元 80”为例。在“电池管理系统 - 三元 80”模块诊断界面上，可以看到八个选项，下面主要以“故障检测”和“数据流”两个最常用的功能为例，进行演示。

注意事项：每个模块因其功能不同，诊断界面中的选项也会略有不同，可根据具体需求进行选择。

（1）单击“故障检测”读取电池管理系统的故障码，显示系统正常。

（2）单击“清除故障”，可清除该模块的相关故障码。

（3）单击“数据流”读取电池管理系统数据流，诊断仪提供系统全选和部分勾选两种方式查看数据流。单击“开始”按键，系统读取相关数据流，单击“暂停”按键，系统暂停读取相关数据流。

（4）可根据故障码和相关数据流判断动力电池当前状态。

4. 断开诊断仪

（1）将车辆起动开关置于“OFF”状态。

（2）将适配器插接器从 OBD 诊断接口处轻轻拔下，将诊断仪套件放回原位。

课 后 练 习

一、填空题

1. 整车控制器是新能源电动汽车的____________，整车控制系统结构组成是整个车辆的________。

2. 整车控制系统的控制模式通常分为________、________和________三种。

3. 电动汽车整车控制系统是由多个________构成的一个复杂系统，主要包括________、________等动力系统以及其他附件。

4. 制动能量回收分为两个阶段：阶段一是在车辆行驶过程中驾驶人________但没有踩下制动踏板开始，阶段二是在驾驶人________后开始。

二、简答题

1. 简述整车控制器软件架构图。

2. 整车能量优化管理是如何运行的？

3. 简述防溜车功能控制的工作原理。

参考文献

[1] 陈新，潘天堂．新能源汽车技术 [M]．南京：南京大学出版社，2019．

[2] 张斌，蔡春华．新能源汽车概论 [M]．北京：机械工业出版社，2019．

[3] 段万普．蓄电池使用和维护 [M]．北京：化学工业出版社，2019．

[4] 何宇漾，华奇．新能源汽车构造与维修维护 [M]．北京：清华大学出版社，2021．

[5] 王鸿波，周娜．新能源汽车日常使用与维护 [M]．北京：高等教育出版社，2020．

[6] 徐利强．新能源汽车辅助系统拆装与检测 [M]．北京：北京理工大学出版社，2020．

[7] 封安青，何泽刚，韩加增．新能源汽车认知与安全使用 [M]．北京：机械工业出版社，2021．

[8] 胡敏艺，蒋光辉．新能源汽车使用与维护 [M]．北京：机械工业出版社，2022．

[9] 韩哲石，刘涛，陈震．新能源汽车使用与维护 [M]．延吉：延边大学出版社，2023．

[10] 张建川．新能源汽车使用与维护 [M]．长春：东北师范大学出版社，2023．

[11] 张鹏炜，孙春凤．新能源汽车维护 [M]．北京：人民交通出版社，2024．